ANGLETERRE
D.A.Y.S.I.
ANVERS
BRUGES
GAND
LILLE
TOURNAY
CAMBRAY
BRUXELLES
NAMUR
LYEGE
COMTE DE FLANDRES
PAYS BAS ESPAGNOL
HAINAUT
DUCHÉ DE BRABANT
COMTE DE NAMUR
DUCHÉ DE LUXEMBOURG
LUXEMBOURG
TREVES
MAYENCE
WORMS
SPIRE
LANDAU
S. QUENTIN
LAON
COMPIEGNE
SOISSONS
RHEIMS
MONTMEDY
VERDUN
METZ
TOUL
CHALONS sur la Marne
Champagne
Lorraine
Alsace
STRASBOURG
BADE
SOUABE
FRIBOURG
PALATINAT
TROYES
AUXERRE
Langres
Avallon
VEZELAY
DIJON
Saulieu
FRANCHE COMTÉ
BESANCON
SALINS
BASLE
ZURICH
NEUFCHATEL
BERNE
SUISSE
LAUSANE
NEVERS
AUTUN
CHALON
Tournus
CLUNY
CHAROLLOIS
Charolles
Bourgogne
Nivernais
GENEVE
DUCHÉ DE SAVOIE
ANNECY
CHAMBERY
AOSTE
PIEMONT
TURIN
CLERMONT
Forez
Sauxillanges
la Chaise Dieu
LYON
VIENNE
GRENOBLE
LE PUY
Dauphiné
VALENCE
COMTAT
AVIGNON
ARLES
S. Gilles
S. Guilhem
Lodeve
MONTPELLIER
BEZIERS
Languedoc
AIX
Provence
MARSEILLE
Frejus
Nice
COMTÉ DE NICE
SEIGNEURIE DE GENES
Les Saintes Maries
Isles d'Hyeres
MER MEDITERRANÉE
PIGNAN
LES ITINÉRAIRES DES JACQUETS
CHEMIN 1
Bruges
Gand
Tournay
Cambray
Laon
Soissons
Senlis
Beauvay
Rouen
Caen
S. Michel
S. Denis
Chartres
Orleans
S. Benoit
Tours
Poitiers
Saintes
Soulac
Bordeaux
CHEMIN 2
Cologne
Aix la Chapelle
Lyege
Verdun
Rheims
Châlon Marne
Troyes
Auxerre
Vezelay
La Charité
S. Léonard
Limoges
Périgueux
CHEMIN 3
Clermont
Issoire
Brioude
Le Puy
Aurillac
Rocamadour
Figeac
Conques
Moissac
Agen
CHEMIN 4
Strasbourg
Dijon
Chalon Saone
Tournus
Lyon
Vienne
Marseille
Arles
S. Gilles
Stes Maries
S. Guilhem
Beziers
Narbonne
Toulouse
CAMINO
Jaca
S. Juan de la Peña
Leyre
Sanguena
Puente la Reina
Roncevaulx
Pampelune
Estella
Logrono
S. Domingo Calzada
Burgos
Carrion los Condes
Sahagun
Léon - oviedo
Astorga - Lugo
Ponferrada
Puertomarino
Sobrado
Compostelle
Oriens
S. EMPIRE
SUISSE
SAVOIE
COMTAT
D. Derveaux Sculp.

Peter Lindenthal

Auf dem Jakobsweg durch Österreich

Von Preßburg über Wien, Linz, Salzburg, Innsbruck und Feldkirch nach Maria Einsiedeln

Sechste, aktualisierte Auflage

Tyrolia-Verlag · Innsbruck-Wien

Titelbild: Die Schwaiger-Kapelle bei Unken

Mitglied der Verlagsgruppe „engagement“

Bibliografische Information Der Deutschen Nationalbibliothek
Die Deutsche Nationalbibliothek verzeichnet diese Publikation in der Deutschen Nationalbibliografie; detaillierte bibliografische Daten sind im Internet über http://dnb.d-nb.de abrufbar.

6. Auflage 2008

Umschlaggestaltung und Layout: TEAM ZWO Conzatti Herbert, Innsbruck
Bilder: Peter Lindenthal
Karten: © BEV 2008, vervielfältigt mit Genehmigung des BEV – Bundesamtes für Eich- und Vermessungswesen in Wien, EB 2008/00114.
Wegmarkierungen und Bearbeitung der Karten: Herbert Conzatti
Druck und Bindung: Alcione, Lavis (I)
ISBN 978-3-7022-2199-7
E-Mail: buchverlag@tyrolia.at
www.tyrolia.at

Vorwort

Das Zweite Vatikanische Konzil hat die Kirche als das pilgernde Gottesvolk dargestellt. Das Unterwegssein, das Wandern, das Pilgern ist ein zutiefst existentielles Geschehen. Zwischen dem Ausgang und dem Ziel liegt der Weg. Pilgern bedeutet unterwegs sein, und zwar nicht als Vereinzelte, sondern in Gemeinschaft. Pilger sein bedeutet Wegstationen durchgehen, innehalten, sich stärken und sich wieder aufmachen, das Ziel vor Augen. Pilgern bedeutet, das Notwendige mitnehmen und unnötigen Ballast abwerfen, um erleichtert zu sein und zielstrebig voranzugehen. Pilger sein heißt auch mit Belastungen unterwegs sein, die Sorgen und Anliegen mit auf den Weg nehmen, um sie ins Heiligtum zu bringen, vor Gott und die Gemeinschaft der Heiligen. Gerne nehme ich darum an Wallfahrten teil und gehe Pilgerwege. Ich fühle mich zutiefst als Wanderer und Pilger und bin froh, daß Gott alle Wege mitgeht und so viele den Weg begleiten. In Verbundenheit mit auf dem Weg, dem Ziel entgegen, wünscht gute Ankunft und gute Heimkehr, mit Gottes Segen,

Dr. Alois Kothgasser
Erzischof von Salzburg

Zur sechsten Auflage

Nach nur neun Jahren schon die sechste Auflage, das hatte ich mir in meinen kühnsten Träumen nicht vorgestellt. Um so mehr freue ich mich über diese Bestätigung, daß immer mehr Menschen das Pilgern, das gehend Reisen, wieder als etwas Wertvolles und Wichtiges für ihr Leben entdeckt haben. Oder auch einfach als schöne und sinnvolle Möglichkeit, Urlaub zu machen und sich selbst aus einer neuen Perspektive zu erfahren.
Die traditionelle Frömmigkeit hat neuen Wegen der Sinn- und Gottsuche Platz gemacht. Das hat viel Raum für Neues geschaffen, dieses „Neue" kann aber auch Fehlentwicklungen und Irrwege – um beim Bild des Gehens zu bleiben – beinhalten. Wir leben in einer Zeit, in der *alles* zur Ware werden kann und in vielen Fällen leider auch wird. Die Natur zum Fitness-Gerät, die Freizeit zur Konsumzeit, das Fest mit Freunden zum Event, die Sinnsuche zur kommerziell aggressiven Esoterik, die Beichte (oder das ehrliche Gespräch mit einem Freund) zur Therapiesitzung und das Pilgern zum exotischen Selbsterfahrungstrip, zum Rettungsanker für den darniederliegenden Tourismus, zum Recyclingverfahren (pilgern „light") für eine reibungs- und widerstandslose Wiedereingliederung in einen Alltag, der gekennzeichnet ist durch Zeitdruck und -mangel, Streß, Konsumzwang, Materialismus und Sinn-Armut.
Pilgern im 21. Jahrhundert bedeutet für mich auch bereit zu sein, mein Leben zu verändern in Richtung mehr Sein und weniger Haben. Kaum jemand pilgert heute, um schneller in den Himmel zu kommen. Wenn ich Tage, Wochen, Monate als Pilger unterwegs war und danach genau so weiterlebe wie vorher, warum bin ich dann gepilgert? Nur um sagen zu können: Auch ich war in Santiago?
Deshalb möchte ich meine Hoffnung, daß sich möglichst viele Menschen auf den Weg machen, um eine weitere ergänzen: Mögen sie sich als *Pilger* auf den Weg machen – und danach als Pilger weitergehen!

Peter Lindenthal, im Feber 2008

Einleitung

Jede große Religion kennt, ehrt und pflegt Pilgertraditionen. Die Initiationsreisen der Indianer Amerikas, die Mekka-Fahrten der Moslems oder die christlichen Wallfahrten zu den Gräbern der Apostel sind in erster Linie religiös motiviert, das Pilgern war aber immer auch ein Sich-dem-Fremden-Aussetzen, ein Hinaustreten vom Bekannten in das Unbekannte. Das Wort Pilger leitet sich vom lateinischen peregrinus ab, das zunächst keine religiöse Bedeutung hatte, sondern soviel wie Reisender, Fremder, Ausländer bedeutete.

Der christliche Pilger des Mittelalters war auf der Suche nach einem vollkommenen Ablaß, er erfüllte ein Gelübde oder war angetrieben vom Wunsch, zumindest einmal in seinem Leben eine der drei großen heiligen Stätten des Christentums zu besuchen: Jerusalem, Rom oder Santiago de Compostela, um hier zu beten. Gerade die Jakobspilgerschaft, die Reise an das Grab des Apostels Jakobus des Älteren in finis terrae, dem „Ende der Welt" im äußersten Nordwesten Spaniens, bot dem mittelalterlichen Menschen aber auch eine gesellschaftlich nicht nur akzeptierte, sondern hoch angesehene Gelegenheit, sozusagen mit dem offiziellen Segen der Kirche, Haus und Hof zu verlassen. Er konnte in die Fremde ziehen, seinen Horizont in jeder Hinsicht beträchtlich erweitern und natürlich auch Abenteuer jeder Art erleben.

In den vergangenen Jahren verzeichneten alle wichtigen Wallfahrtsorte Europas einen rasch wachsenden Zustrom von Menschen aller sozialen Schichten – und auch aller Religionen. So begegnete ich auf meiner Pilgerfahrt nach Santiago einer Gruppe von Belgiern, der auch vier praktizierende Moslems angehörten – im Islam werden alle zwölf Apostel als Propheten verehrt –, und in einer Herberge begegnete ich einem Amerikaner jüdischer Abstammung, der mit dem Christentum schon gar nichts am Hut hatte ... Die Frage nach dem Warum ist im Grunde nicht schwer zu beantworten:

Das Gehen als die natürlichste und älteste Art des Reisens, bei der man nie den Kontakt zur Erde verliert, hat bis heute nichts von seiner Faszination verloren, vor allem, wenn man auf alten, historischen, religiösen Wegen unter-

Im Wienerwald führt der Jakobsweg an einem 1529 von den Türken zerstörten Franziskanerkloster vorbei

wegs ist. Bei der „horizontalen“ Art des Gehens – im Gegensatz zur „vertikalen“ Berg- oder Klettertour – durchquert man Kulturlandschaft, man sieht, was angebaut wird, sieht, wo und wie die Menschen wohnen, wie sie ihre Häuser bauen, wo sie beten, wo wichtige, oft tragische oder dramatische Ereignisse stattgefunden haben, welche die Geschichte dieser Menschen geprägt haben. Man sieht Wegkreuze, Pestsäulen, Kapellen, Kirchen, Klöster, Burgen, alte Mühlen, Meilensteine, Poststationen. Man nimmt Geschichte als etwas Lebendiges wahr, wird selber Teil von ihr.

Doch vor allem begegnet man den Menschen selbst, welche dieses Land bewohnen, auf ihrer Ebene, in ihrer Geschwindigkeit, in ihrem Rhythmus. Man kommt zwar als Fremder, aber nicht als Eindringling, sondern als Besucher. Die Reisegeschwindigkeit von vier Kilometern pro Stunde erlaubt es, jederzeit ohne Brems- und Ausweichmanöver stehenzubleiben für einen Plausch mit der Bäuerin oder dem Hirten, um eine Inschrift zu lesen, um jungen Hunden beim Spielen zuzusehen, um ein junges Schaf aus dem Maschendraht zu befreien, in dem es sich verfangen hat, sogar um einem Regenwurm bei seinem Lebenswerk zu helfen, nämlich eine kleine Landstraße zu überqueren. Auch wenn man nicht stehenbleibt, sieht, hört, riecht und fühlt man das Land, durch das man geht. Und es ist nie gleich, nie langweilig.
In einer Zeit, in der das kurze, oberflächliche Abenteuer, der kurzfristige, immer höher dosierte Adrenalinstoß, die Degradierung der Natur zum Fitneßgerät zur Regel zu werden scheint, gibt es immer mehr Menschen, die damit nicht mehr zufrieden sind, die etwas anderes suchen, die in ihr Leben wieder Tiefe, Langsamkeit, Intensität und auch Spiritualität bringen wollen.

Im neunten Jahrhundert wurde im Nordwesten Spaniens, in Galizien, das Grab des Apostels Jakobus des Älteren entdeckt. Ob es historisches Faktum oder Legende ist, daß Jünger des Apostels seinen Leichnam nach dem in Jerusalem erlittenen Märtyrertod hierhergebracht hatten, ist ohne Bedeutung. Wichtig ist, was der Weg seit über tausend Jahren für die Menschen bedeutet. Je-

Wallfahrtskapelle Maria Ellend bei Herzogenburg

denfalls setzte nur kurze Zeit später ein nicht mehr versiegender Strom von Pilgern aus ganz Europa nach Santiago de Compostela ein. Im 12. und 13. Jahrhundert überflügelte Santiago die bisherigen klassischen Pilgerziele der Christenheit, Jerusalem und Rom (Grab der Apostel Petrus und Paulus) an Anziehungskraft und Bedeutung. Viele berühmte Persönlichkeiten ließen es sich nicht nehmen, selbst an das Grab des Apostels zu pilgern, darunter König Ludwig VII. von Frankreich (1154), Heinrich der Löwe (1190), Franz von Assisi (1213), die hl. Isabella von Portugal (1325), die hl. Brigitta von Schweden (1341), El Cid und Kaiser Karl V. Zwei Zahlen sollen – stellvertretend für andere – diesen unvorstellbaren Strom von Pilgern veranschaulichen: Zu Beginn des 14. Jahrhunderts beherbergte das Pyrenäenkloster Roncesvalles (noch heute ist dieser magische Ort der klassische Startpunkt des spanischen Jakobsweges!) in einem einzigen Jahr mehr als 30.000 Pilger, und das Dorf Ostabat am Fuße der Pyrenäen auf französischer Seite, das heute aus ein paar Bauernhäusern besteht, verfügte im Mittelalter über die Bettenkapazität, um 500 Pilger auf einmal aufzunehmen.

Santiago war immer eine internationale, eine europäische Wallfahrt. Seriöse Schätzungen gehen davon aus, daß es Dutzende von Millionen von Pilgern

Plaiknerkapelle in Leutasch, Darstellung der berühmten Hühnerlegende

waren, die im zweiten christlichen Jahrtausend aus ganz Europa nach Santiago de Compostela gezogen sind. Istanbul, Budapest, Warschau, Oslo und London waren die entferntesten Punkte, von denen im Mittelalter Pilger ihre beschwerliche Reise in Angriff genommen haben – und manch ein Jakobspilger hat seine Heimat nicht wiedergesehen.
Entsprechend verzweigt ist das Netz von „Jakobswegen", das ganz Europa durchzog. Es ist klar, daß – abgesehen von einigen Abschnitten in Spanien – für die Pilger keine eigenen Wege gebaut wurden. Jeder Pilger trachtete danach, möglichst gut frequentierte Wege zu benutzen, weil sie ihm Sicherheit boten: Hier war sein Pilgerstatus – Pilger waren mit einem Begleitschreiben ihres Pfarrers oder Bischofs versehen – bekannt, anerkannt und respektiert, hier gab es gastfreundliche Pfarrer, Klöster und Herbergen und hier waren die Chancen größer, sich mit anderen Pilgern zusammenzutun. So kristallisierten sich auch in großer Entfernung von Santiago de Compostela (von Wien nach Santiago sind es 3200 km!) Routen heraus, die mehr als andere Wege von Pilgern frequentiert wurden und deren Verlauf heute noch bestehende Hospize, Kirchen und Kapellen oder unmittelbare Spuren der Jakobspilger markieren.
Ein besonderes Indiz sind Kirchen und Kapellen, die dem Apostel Jakobus geweiht sind. Es wäre falsch, von jeder Jakobskirche auf die Existenz eines Pilgerweges zu schließen, bei den Jakobskirchen auf oder am Fuße von Paßübergängen (z. B. St. Jakob am Arlberg), an wichtigen alten Handelswegen oder an Kreuzungspunkten von solchen (z. B. Innsbruck, Strass am Eingang des Zillertales) liegt dieser Schluß jedoch nahe.

Die Zeit der Reformation und der Gegenreformation mit dem Aufblühen regionaler und nationaler Marienwallfahrten führte zu einem – vorübergehenden – Nachlassen der Pilgertradition nach Santiago. In Frankreich war es sodann die Französische Revolution, die mit ihrer radikalen Entklerikalisierung des Landes die Jakobspilgerschaft fast zum Erliegen brachte.
Aber heute gehen sie wieder. Als ich von Arles in Südfrankreich aus unterwegs nach Santiago war, begegnete ich Pilgern aus 12 verschiedenen Ländern. Es ist, als würden sich die Menschen wieder auf das Wesentliche besinnen, als würden sie das vereinte Europa – der spanische Jakobsweg wurde 1987 vom Europarat zur ersten europäischen Kulturstraße erklärt – auf ihre Weise erspüren, ergehen wollen. Von Juni bis August 1996 wurden im Pilgersekretariat neben der Kathedrale von Santiago 110.000 Pilger aus der ganzen Welt registriert, d. h. nur Fußgänger, Radfahrer oder Reiter, denn nur solche gelten offiziell als Pilger.

In Spanien besteht seit Jahrhunderten ein dichtes Netz von Pilgerherbergen, welche die Pilger kostenlos oder gegen einen geringen Betrag aufnehmen. In Frankreich sind zwei der vier großen Zubringerrouten durchgehend als Weitwanderwege ausgeschildert, und es ist eine Struktur von Selbstversorgerhäusern im Entstehen, in denen die Pilger für umgerechnet 80 bis 100 Schilling übernachten, sich duschen und kochen können. In der Schweiz, in Deutschland und auch in Österreich sind zur Zeit intensive Forschungsarbeiten im Gange, um die historischen Jakobswege zu rekonstruieren und so das Netz von Pilgerwegen, das im Mittelalter ganz Europa überspannte, zu vervollständigen. Mit dem vorliegenden Führer wurde bis dato der am weitesten im Osten liegende Punkt erschlossen, die Porta Hungarica, durch welche die Menschen des Ostens den weiten Weg zum Grab des Apostels angetreten sind. Für die

Jakobsweg-Forschung gilt, Wege zu finden, die dem Verlauf alter Jakobswege folgen, die begehbar sind und – gleich wie im Mittelalter – Gnadenstätten am Weg mit einbeziehen. Es gehört aber auch dazu, die Tradition der Pilgerherbergen v. a. in Klöstern und Pfarrhöfen wiederzubeleben.

Der österreichische Jakobsweg folgt im wesentlichen zwei historisch bedeutsamen Wegen. Von Hainburg über Wien bis Linz stellt die Donau den grünen Faden dar, an den wir uns halten. Hier bauten die Römer ihre Donaulimesstraße, hier zogen Völker und Heerscharen von Osten nach Westen und von Westen nach Osten. Während die Donau einen großen Bogen nach Norden bis hinunter nach Passau und Regensburg beschreibt, führte die alte römische Heeresstraße (die heutige B 1) am nördlichen Rand der Alpen doch teilweise in gebirgige Gegenden. Über Wels, Salzburg, Lofer, Innsbruck, den Arlberg und Feldkirch gehen wir im Grunde stets nach Südwesten und streben Maria Einsiedeln zu.
Der Angelpunkt dieser kürzesten Verbindung aus dem ostösterreichischen, böhmischen und ungarischen Raum nach Santiago war der 1800 m hohe Arlberg. Der Bau der ersten Saumstraße über den Paß (1312) und schließlich die Gründung des Hospizes St. Christoph am Arlberg (1386) nahmen dem gefürchteten Übergang viel von seinem Schrecken. Auch die Entstehung und Verdichtung kirchlicher Strukturen (Klöster und Pfarren) in Tirol im 13. Jahrhundert erleichterte das Pilgern wesentlich. Der Pilgerstrom durch Tirol nahm ein derartiges Ausmaß an, daß die Tiroler Landesordnung von 1526 es den „Jacobs Bruedern" ausdrücklich verwehrte, „mit ungebührlichen Staeben und neben den rechten Landstrassen zu wanndlen". Auch das im Osten Österreichs heute noch viel verwendete Schimpfwort „Pülcher" ist auf den zunehmend schlechten Ruf der Pilger zurückzuführen, unter die sich mehr und mehr Vagabunden und anderes Gesindel mischten.
Unser (Etappen-)Ziel auf dem Weg zum hl. Jakob, der Wallfahrtsort Maria Einsiedeln, war seit jeher Sammelpunkt der Jakobspilger. Hier beginnt die sogenannte „Oberstraß", zu der der Servitenmönch Hermannus Künig von Vacha 1495 einen Pilgerführer veröffentlichte. Und auch heute liegen gleich drei neue Schweizer Jakobsweg-Führer vor, die Einsiedeln zum idealen Anknüpfungspunkt für den österreichischen Jakobspilger machen.

EIN DUTZEND PRAKTISCHER TIPS UND ERLÄUTERUNGEN VON A BIS Z

ASPHALT
Eine Tatsache, der man im Mitteleuropa des 20. Jahrhunderts nicht aus dem Weg gehen kann, wenn man ein ganzes Land durchwandert. Die Suche nach asphaltlosen Strecken ist mit der Grund für Abweichungen des Jakobsweges von der historischen Route (siehe auch „Authentizität"). Aber um eine möglichst direkte, auf das Ziel Santiago ausgerichtete Linie beizubehalten, müssen asphaltierte Strecken in Kauf genommen werden. Verglichen mit dem französischen und dem spanischen Jakobsweg ist jedoch der Anteil an asphaltierten Wegen und Straßen in Österreich erstaunlich und erfreulich gering, und noch dazu ist es gelungen, vielbefahrene Hauptstraßen fast zur Gänze zu vermeiden.

AUSRÜSTUNG

Wenig ist hier viel. Jedes Gramm zuviel macht sich sofort über einschneidende Rucksackriemen bemerkbar. Zehn bis zwölf Kilogramm Gesamtgewicht sollten nicht überschritten werden, doch das ist machbar, da Hochgebirgsaurüstung nicht erforderlich ist.
Das Wichtigste sind die Schuhe: feste, gut gefederte Trekkingschuhe (keine Tennisschuhe), da ja doch mit Kälte, Nässe, Stein und Schlamm gerechnet werden muß. Ein leichter Schlafsack, Windjacke, Regenponcho, Pullover, leichte Wanderhose, Shorts, Hut und Stock (sollte Körperlänge haben) oder Wanderstöcke, Socken, Hemd- und Wäschegarnitur zum Wechseln, Näh-, Wasch- (Kernseife für Körper und Wäsche) und Verbandszeug (Hirschtalg für die Füße!), Taschenmesser, Taschenlampe (oder Kerzen – sind leichter und geben besseres Licht), eine große Wasserflasche (viel trinken ist sehr wichtig) und Alu-Becher sind in etwa die Basisausrüstung eines Pilgers.
Wenn noch Platz im Rucksack (am besten eignet sich ein Trekking-Rucksack mit Hüftgurt) ist, sind weiters folgende „Luxusgüter" sehr angenehm: ein leichter Campingkocher mit Geschirr (plus Schneidbrett) für Jause mit Tee oder Kaffee unterwegs und für eine warme Suppe am Abend, Alumatte und Biwaksack erhöhen die Autonomie beträchtlich, und der Komfort steigt mit geistiger und sonstiger Literatur. Aber ich warne, Bücher sind schwer!

AUTHENTIZITÄT

Neben dem Aspekt der Wanderbarkeit und der spirituell-religiösen Dimension (Miteinbeziehung lokaler und regionaler Wallfahrtsorte in den Jakobsweg) stand bei der Erforschung und Festlegung des österreichischen Jakobsweges das Bemühen um eine möglichst große Entsprechung mit den historischen Pilgerrouten ganz im Vordergrund. Doch letztlich kann das Ergebnis der Optimierung dieser Faktoren nur ein Kompromiß sein (siehe auch „Asphalt").
Und welcher Weg ist authentisch? Jener, dem die Pilger vor 700 Jahren gefolgt sind, oder jener vor 250 Jahren (unter Maria Theresia wurden viele Straßen gebaut)? Oder gar jener von heute? Auch Pilgerwege waren und sind dem großen Gesetz der Geschichte, der ständigen Veränderung, unterworfen. Was gleich blieb, ist das Bestreben jedes einzelnen, sein Ziel Santiago möglichst rasch und auch möglichst sicher zu erreichen. Und wenn sich die Voraussetzungen dafür änderten (neue Brücken, Herbergen, Paßübergänge, neue Wallfahrtsorte, kriegerische Konflikte in bestimmten Gebieten, extreme Winter ...), änderte sich auch der Weg. Oft werde ich gefragt, wo denn eigentlich der Jakobsweg beginnt. Meine Antwort darauf ist immer: „Dort, wo ich mich auf den Weg nach Santiago mache, beginnt mein Jakobsweg."
Es bestand nie eine vorgeschriebene und genormte Route, auch dieses Buch ist nur ein – möglichst gut recherchierter und gut überlegter – Vorschlag.

BEGEGNUNG MIT HUNDEN

Bellende Hunde beißen nicht, heißt es. Stimmt, aber nur solange sie bellen. Was machen sie, wenn sie aufhören zu bellen? Erst ein tiefes Knurren oder ein entblößtes Gebiß zeigen Gefahr an, egal ob aus Angst oder Aggression heraus. Wenn also ein Hund bellend auf mich zuläuft, will er mir zuerst einmal nur etwas mitteilen: einen Gruß, eine Frage („Wer bist du?"), eine Warnung („Du betrittst jetzt mein Territorium, bleib lieber stehen!") – Aggression ist das keine. Deshalb: stehen bleiben, NICHT weglaufen, dem Hund den Handrücken entgegenhalten, mit ruhiger Stimme mit ihm reden, wenn's geht, in die

Knie gehen, und ihn ohne Angst anschauen. In den meisten Fällen wird seine Neugier siegen, er wird vorsichtig näher kommen, meine Hand beschnüffeln, und sobald er mit dem Schwanz zu wedeln beginnt, ist die Partie gewonnen. Freilaufende Hunde sind selten aggressiv gegen Menschen, und wenn doch einmal die Aggression nicht weichen will, ist es wichtig, Ruhe zu bewahren und auch auszustrahlen, auf jeden Fall kein Signal auszusenden, das vom Hund als Aggression gedeutet werden könnte (weglaufen, schreien, mit dem Stock drohen, mit dem Fuß treten).

BESCHILDERUNG

Ein Pilgerweg ist kein Produkt „prêt à porter", er soll gar nicht perfekt markiert sein. Zum Pilgern gehört unabdingbar auch das Irren, die Suche nach dem richtigen Weg, die Frage bzw. Bitte an den Einheimischen. Aber dennoch: Die Strecke bis zum Arlbergpaß wurde von mir an wichtigen Stellen – Weggabelungen, Abzweigungen usw. – ausgeschildert (in Holz eingebrannte Jakobsmuschel bzw. mittlerweile schon fast verblaßte Stempel). Die Schilder sind als Zusatzinformation zum Buch gedacht, sie sollen bei schwierigen Stellen helfen und sollen vor allem den Weg auch materiell Realität werden lassen.
Leider wurden im Laufe der Jahre schon viele Schilder entfernt, nicht immer werde ich davon informiert. Dafür aber beginnt der Weg jetzt auch lokal und regional „zu greifen", immer mehr engagierte Einzelpersonen und Gruppen übernehmen die Betreuung von bestimmten Abschnitten. Meistens folgen sie der Wegbeschreibung im Buch, in manchen Fällen haben sich jedoch touristische Interessen durchgesetzt, was unnötige und beschwerliche Umwege zur Folge hat. Soweit diese mir bekannt sind, weise ich an den entsprechenden Stellen darauf hin. Auf jeden Fall empfehle ich, im Zweifelsfall nicht den gelben (zwischen Göttweig und Melk) bzw. blau-gelben (in Salzburg und Tirol) Schildern zu folgen, sondern der Beschreibung im Buch.

ETAPPENLÄNGE

Die Länge der 28 vorgeschlagenen Etappen variiert zwischen 25 und 35 Kilometern. Das entspricht bei einer durchschnittlichen Gehgeschwindigkeit von vier Kilometern pro Stunde einer täglichen Gehzeit von sechs bis achteinhalb Stunden. Die angegebenen Zeiten für die einzelnen Abschnitte sind reine *Geh*-Zeiten und auf einen guten Geher abgestimmt. Also auch abzüglich Trink-, Pinkel-, Foto-, Kartenschaupausen und sonstiges. Es ist keine Schande, wenn man länger braucht, aber es ist von meiner Erfahrung her durchaus machbar. Die Pilger im Mittelalter legten bis zu 60 Kilometer täglich zurück! Aber jeder kann die Tagesetappen auf seinen individuellen Gehrhythmus abstimmen. Es ist also nicht nötig, Österreich in genau 28 Tagen zu durchqueren, es können auch 20 oder 40 Tage sein – „wie es euch gefällt". Deshalb sind nicht nur bei den Etappenendpunkten Übernachtungsmöglichkeiten angegeben, sondern entlang der ganzen Strecke. Bei den 28 Tagen sind auch keine Ruhetage oder längere Aufenthalte in den größeren Städten – die dies durchaus wert sind – einkalkuliert. Individuelle Gestaltungsfreiheit war mir immer sehr wichtig, und ich denke, nicht nur mir.

HÖHENMETER

Im Buch fehlt jeglicher Hinweis auf zu überwindende Höhenmeter, wie dies bei guten Wanderführern üblich ist. Ich habe darauf verzichtet, weil der Weg hauptsächlich Tälern und Flußläufen folgt. Außerdem habe ich dort, wo das Gelände kupiert ist, diesem Umstand durch kürzere Tagesetappen Rechnung getragen.

Der größte Höhenunterschied ist über den Arlbergpaß zu bewältigen, aber auch dieser vollzieht sich, bis auf die letzte Stunde, eher sanft und gemächlich.

KARTENMATERIAL

Nach meiner Erfahrung orientiert man sich am besten mit Originalkarten. Man kann den Weg nachvollziehen, sich autonom für Abkürzungen oder Varianten entscheiden, sieht Zubringerstrecken oder Abstecher. Deshalb sind in diesem Buch auch die Originalkarten 1:50.000 des Österreichischen Bundesamtes für Eich- und Vermessungswesen – leicht verkleinert – abgebildet. 1 cm auf der Karte entspricht 571 Meter. Die einzelnen Teilkarten, die uns als Grundlage dienten, sind aber nicht alle zur selben Zeit entstanden bzw. erneuert worden, was teilweise unterschiedliche Farbtöne, aber auch unterschiedlichen Informationsgehalt zur Folge hat. So weit wie möglich haben wir dies auszugleichen versucht, für etwaige Ungenauigkeiten bitten wir um Verständnis.
Ganz wichtig: Beim Gehen mit Hilfe der Karte seine Position auf dem Weg *regelmäßig* bestimmen, *mit* der Karte gehen!

KUNST UND KULTUR

Das Buch beinhaltet selbstredend kunsthistorische Informationen, vor allem solche, die auf den Jakobsweg, auf den Pilgerapostel und andere Pilgerheilige wie Rochus, Christophorus oder Koloman hinweisen. Weiters wird auf die Geschichte von Städten, Klöstern und Burgen eingegangen, die am Weg liegen. Aber das Buch erhebt keinerlei Anspruch darauf, ein Kunst- und Kulturführer für den beschriebenen Weg (etwa 800 km, 135 Orte!) zu sein. Das würde den Rahmen bei weitem sprengen und den Rucksack unnötig belasten. Außerdem gibt es für den kunsthistorisch interessierten Pilger jede Menge anspruchsvoller und hochwertiger Literatur.

PILGER UND PILGERINNEN

Der Weg steht allen offen, die – aus welchen Gründen auch immer – ihn begehen wollen. Beim Erforschen, Konzipieren und Schreiben hatte ich aber in erster Linie jene im Auge, die sich als Pilger verstehen. Die Unterkünfte in Pfarren und Klöstern sind für solche reserviert, und ich bitte Sie, sich vor Ih-

Driftsteig an der Saalach

rer Abreise einen Begleitbrief des Pfarrers Ihrer Heimatgemeinde zu besorgen. Pilgerausweise sind für Österreich nicht nötig.
Obzwar die große Mehrheit aller Pilger im Mittelalter männlich war und auch der Vorname Pilgrim männlich ist, müßte ich heute korrekterweise immer Pilgerinnen und Pilger sagen, wenn ich Pilger meine. Ich muß gestehen, ich habe große Probleme mit dem großen I und auch mit der doppelten, auf beide Geschlechter hinweisenden Nennung. Daher habe ich beschlossen, es der englischen Sprache gleichzutun (die sich übrigens von der deutschen herleitet) und Pilger zu sagen, wenn ich Pilgerinnen und Pilger meine. Und hoffe, daß viele Frauen den österreichischen Jakobsweg begehen und beleben!

RADFAHRER

Grundsätzlich pilgert man zu Fuß, der Weg ist in erster Linie für Fußwanderer konzipiert. Um aber auch Mountainbikern die Möglichkeit zu geben, den Weg oder Teile davon abzufahren, habe ich am Schluß jeder Etappe einen Hinweis auf ihre „Mountainbikeeignung" hinzugefügt. Ich habe aber nicht recherchiert, ob das Radfahren auf bestimmten Wegen auch tatsächlich erlaubt ist. Die Erlaubnis sollte also unbedingt jeder vor Ort selbst einholen!

UNTERKÜNFTE

Auf der gesamten Strecke gibt es natürlich teurere und komfortablere Übernachtungsmöglichkeiten als jene, die im Buch aufgelistet sind. Auch hier soll die individuelle Wahlfreiheit nicht behindert werden. Pensionen und Hotels sind in ganz Österreich gut ausgeschildert und über Reisebüros und Tourismusverbände leicht zu kontaktieren. Im Buch habe ich mich auf die preisgünstigsten – meistens Privatzimmer und Bauernhöfe, unbedingt rechtzeitig vorher anrufen! –, einfachsten und der Route am nächsten liegenden Möglichkeiten konzentriert, ganz im Sinne des Pilgerns als eine einfache und auf das Wesentliche beschränkte Lebensführung. Pfarren und Klöster bieten in etwa den Standard der spanischen Pilgerherbergen, also Schlaf-, Koch- und Waschgelegenheit (nicht immer Dusche), und erfreulicherweise gibt es immer mehr Beispiele von manchmal überwältigender Gastfreundschaft in ganz Österreich, wobei ich mit Nachdruck betone: Gastfreundschaft nehme ich dankbar an, wenn sie geboten wird, ich darf sie aber niemals fordern!

WARNUNG

Eine obskure Gruppe hat sich des Abschnittes von Göttweig nach Melk bemächtigt und – entgegen der getroffenen Abmachung – nicht nur den Weg an mehreren Stellen umgeleitet, sondern weist auf den sehr aufwendig produzierten Übersichtstafeln und Wanderkarten gar nicht mehr auf den „Originalweg" aus meinem Buch hin. Also: Nicht den gelben Schildern nachgehen!
In Salzburg und Tirol wird der Jakobsweg touristisch vermarktet, die mit EU-Geldern finanzierte Beschilderung (gelb-blau) ist zwar sehr dicht, folgt jedoch leider nicht immer der Originalroute. Hier ist ebenso Konzentration gefragt, denn es ist äußerst ärgerlich, wenn man – meistens zu spät – daraufkommt, daß man auf einen Umweg geschickt wurde.

WEGE – ALS SCHLUSSWORT

Wege leben mit den Menschen, die sie benützen, und mit den Zielen, denen die Menschen auf ihnen zustreben. Möge der österreichische Jakobsweg durch möglichst viele Menschen leben und wachsen!

27,5 km – 6 bis 7 Std.

Wolfsthal, 3,5 km vor der slowakischen Grenze, Endstation der aus Wien kommenden Bahnlinie und Durchgangsort des Europäischen Weitwanderweges, ist der ideale Beginn für unsere Österreichdurchquerung.
Die erste Etappe des österreichischen Jakobsweges ist sozusagen zwischen zwei Jakobskirchen „aufgehängt“: Sowohl die Kirche von Wolfsthal als auch die von Regelsbrunn ist dem Apostel geweiht. Der Weg an der Donau zwischen Preßburg und Wien ist äußerst geschichtsträchtig. Die Hainburger Pforte („Porta Hungarica“) war immer schon das Tor zum Westen bzw. zum Osten, und seit Menschengedenken zogen hier Heerscharen und Pilger vorbei. Ein Denkmal in Hainburg erinnert an den ersten Kreuzzug des Gottfried von Bouillon, und an die Jakobspilger, die aus Ungarn kamen, erinnert – es ist nicht bewiesen, doch der Schluß ist legitim – die romanische Rundkapelle von Petronell, die im 12. Jahrhundert von den Templer-Rittern erbaut worden sein soll, welche für den Jakobsweg von großer Bedeutung waren.
Wir kommen vorbei an Carnuntum, der Hauptstadt Pannoniens, der nordöstlichsten Provinz des römischen Imperiums; in Bad Deutsch-Altenburg kreuzten sich zwei der ältesten und wichtigsten Verkehrsadern Europas, nämlich die von Norden kommende Bernsteinstraße und die Nibelungenstraße, die von Westen her donauabwärts verläuft. So ist es nicht verwunderlich, daß auch die Pilger auf ihrem Weg nach Santiago de Compostela die donauaufwärts verlaufende Römerstraße benützten. Heute ist dies die Bundesstraße nach Preßburg, es ist daher ratsam – wie in der Folge noch öfter – andere Wege zu suchen. Bis Wien bietet sich dafür der Treppelweg entlang der Donau an.
Der Pilger von heute hat zudem das Vergnügen, durch den Nationalpark „Stopfenreuther Au“ zu wandern, was ein wunderbares Erlebnis ist. Flora und Fauna sind in diesem Gebiet einzigartig.

Wolfsthal – Hainburg (ca. 2 Std.)

Von der Jakobskirche von Wolfsthal ① auf der Straße nach Westen bis zu einer Marienstatue, bei der nach rechts der rot-weiß-rot markierte Europäische Fernwanderweg abbiegt, dem wir bis Bad Deutsch-Altenburg folgen werden. Zuerst auf einer kleinen Asphaltstraße bis zur Donau, dann der Donau entlang stromaufwärts (zwei Abzweigungen nach links werden nicht beachtet). Kurz weg von der Donau, hinauf, an der Ruine Röthelstein (1190 erstmals urkundlich erwähnt, vermutlich von den Templern zum Schutz des Weges gebaut) vorbei, bei der anschließenden Gabelung nach rechts und wieder zum Treppelweg.

Hainburg – Petronell (ca. 2 Std.)

In Hainburg ② verläuft der Treppelweg entlang der Bahnlinie, dann wird er zum asphaltierten Radweg (Markierung E4), der bis zur Donaubrücke führt. Unter der Brücke durch, danach nach links (Markierung 999 und 02 – Österreichischer Zentralalpenweg), ein Stück nach S bis zur Straße, auf ihr nach rechts (W), am Steinbruch vorbei und weiter bis zum Museum Carnuntum und seinem Park. Dort nach links abbiegen (S), das Kurbad von Bad Deutsch-Altenburg durchqueren, unter einer Fußgängerbrücke durch und gleich danach nach rechts (Markierung) und einem kleinen Kanal entlang ein Stück nach Süden.

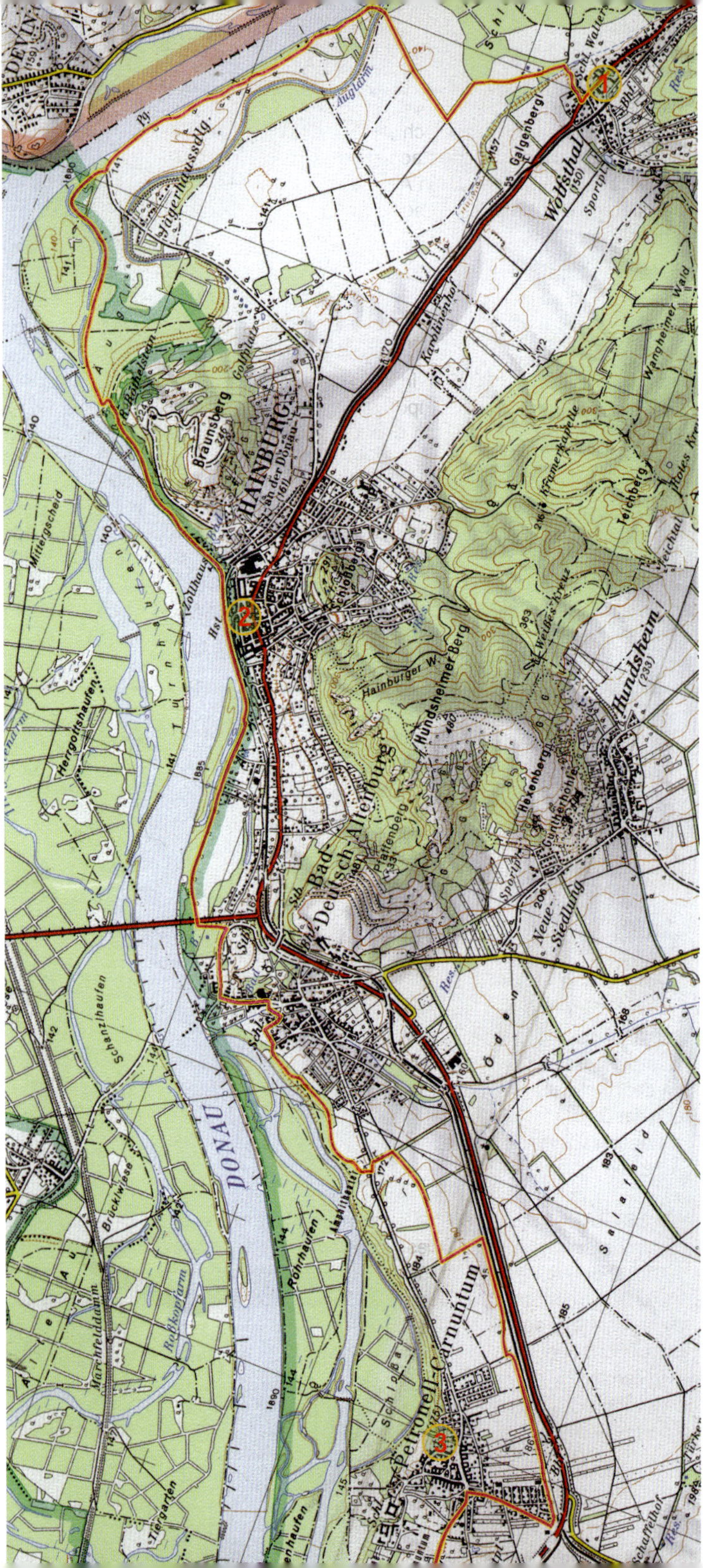
DEVIN
Wolfsthal
Galgenberg
Karolinenhof
HAINBURG
an der Donau
Braunsberg
Schlossberg
Teichberg
Wangheimer Wald
Hainburger W.
Hundsheimer Berg
Hundsheim
Bad Deutsch Altenburg
Pfaffenberg
Hexenberg
Neue Siedlung
Mittelgscheid
Herrgottshaufen
Schanzlhaufen
DONAU
Brückwiese
Rohrhaufen
Marchfelddamm
Petronell-Carnuntum
Tiergarten
1
2
3

Wo der Weg auf die Straße stößt, nach rechts, am Pfarrhaus vorbei und gleich nachher wieder nach rechts (N, Markierung 999, 02). Der Weg führt in den Wald, bei der Gabelung nach links, auch wenn die Markierung rot übermalt ist. Weiter bis zum ersten Amphitheater und beim Gasthaus die Straße überqueren. Der Weg, als Weg 02 markiert, führt über die Felder bis zur Bahnlinie und dann, parallel zu ihr verlaufend, bis zum Bahnhof von Petronell-Carnuntum ③. Ein hoher weißer Silo-Turm dient zur Orientierung.

Petronell – Regelsbrunn (ca. 2 Std.)

Vom Bahnhof ungefähr 500 m in den Ort hinein, bei der Kreuzung entweder nach SW zum „Heidentor" (imposantes römisches Bauwerk) oder weiter in den Ort hinein zur romanischen Rundkapelle. Vom „Heidentor" führt der Weg über das zweite Amphitheater, von der Rundkirche auf der Straße bis zur „Palastruine". Vor der „Palastruine" (Thermen) auf einer Forststraße nach links in den Wald hinein. Bei der Gabelung (Häuschen der EVN) nach links und am

Waldrand bis Wildungsmauer. Wenn der Weg am Waldrand bis Wildungsmauer zu beschwerlich ist, kann man nur auf die Bundesstraße ausweichen. Von der Kirche von Wildungsmauer hinunter zur Donau und am Treppelweg, der beim Donauarm links (SW) weiterführt, entlang. In der Folge wird der Weg zum engen und verwachsenen Pfad, der bis Regelsbrunn führt. Zur Jakobskirche von Regelsbrunn ④ gibt es zuletzt einen kleinen Anstieg.

WOLFSTHAL (erwähnt 1144) dürfte eine fränkische Gründung aus jener Zeit sein, in der die Ungarn aus diesem Gebiet verdrängt wurden, dem 11. Jahrhundert. Die Kirche, in der jetzigen Form aus der ersten Hälfte des 18. Jahrhunderts, ist dem hl. Jakobus geweiht. Im Inneren steht diesem die Statue des hl. Rochus gegenüber, was die Bedeutung des Ortes für Pilger noch unterstreicht. Seit dem 18. Jahrhundert ist die Kirche zudem ein wichtiger Marienwallfahrtsort („Maria am Birnbaum"). Im Jahre 1749 wurde 30.000 mal die Hl. Kommunion ausgeteilt!

- *Fam. Korseska, Hauptstr. 39, Tel. 02165/63511*
- *Villa Pannonica, Villagasse 9, Tel. 0664/3812074*

Romanische Rundkapelle in Petronell

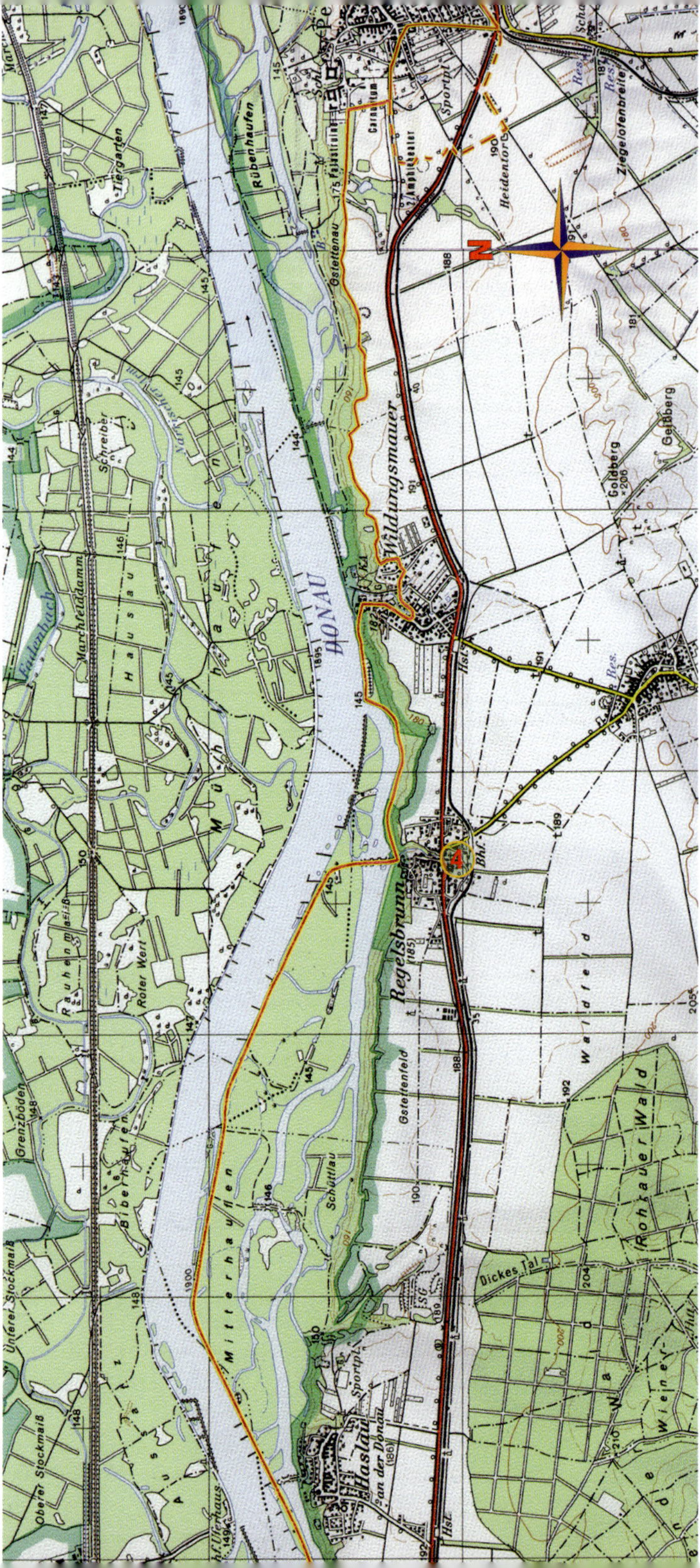
DONAU
Wildungsmauer
Regelsbrunn
Haslau
an der Donau
Rohrauer Wald
Dickes Tal
Heidentor
Amphitheater
Carnuntum
Goldberg
Gelbberg
Ziegelofenbreite
Rübenhaufen
Gstettenau
Gstettenfeld
Schüttlau
Mitterhaufen
Biberhaufen
Roter Wert
Rauhenmaiß
Grenzböden
Unterer Stockmaiß
Oberer Stockmaiß
Marchfeldamm
Hausau
Schreiber
Tiergarten
Waldfeld

HAINBURG. Die Burg, die der Stadt den Namen gab, stammt aus dem Ende des 9., Beginn des 10. Jahrhunderts. Die Blütezeit der östlichsten Stadt Österreichs begann unter den Babenbergern und endete mit den Türkenkriegen (1683).

Die Pfarrkirche St. Philipp und St. Jakob (1236 erwähnt) wurde um 1700 im barocken Stil ausgebaut. Der ehemalige Karner ist ein romanischer Rundbau aus dem 13. Jahrhundert, von der dazugehörenden alten romanischen Pfarrkirche sind nur noch einige Kapitelle im Pfarrgarten erhalten. Die Rochuskapelle auf dem Friedhof stammt aus dem 17. Jahrhundert. Heute ist Hainburg vor allem als Hauptort des Nationalparks Donau-Auen bekannt. Der Pilger genießt das Privileg, einen Teil dieses durch seine Flora und Fauna einzigartigen Gebietes zu durchwandern.

• Annemarie Schweiger, Hollitzerallee 28, Tel. 02165/64316 oder 63453

BAD DEUTSCH-ALTENBURG. Seine Geschichte reicht weit in die Römerzeit zurück, seine Jodquellen linderten schon vor fast 2000 Jahren die Leiden der römischen Legionäre (und später der Pilger?). Die romanische Pfeilerbasilika (1020 erwähnt) wurde durch den frühgotischen Westturm ergänzt und enthält im Inneren auch gotische Elemente (Chor aus dem 14. Jh.). Der spätromanische Rundbau des Karners stammt aus dem 13. Jahrhundert.

• Pension W. und M. Madle, Badgasse 22, Tel. 02165/62763

PETRONELL-CARNUNTUM. Die Gemeinde, 1142 zum Markt erhoben, liegt am östlichen Rand der einstigen römischen Provinzhauptstadt Carnuntum, die bis zu 70.000 Einwohner hatte. Aus dieser Zeit sind heute noch die sogenannten „Palastruinen“, zwei Amphitheater (mit einem Fassungsvermögen von 13.000 bzw. 7000 Personen!), der rechte Lagertorturm und das „Heidentor“ (ein römisches Grabmal des 2. Jahrhunderts?) zu besichtigen.

Die Pfarrkirche St. Petronilla (1125 erwähnt) ist ein romanischer Bau, ihre Innenausstattung wurde barockisiert. Für Jakobspilger besonders wichtig ist die von den Templern (?) erbaute Rundkapelle aus dem 12. Jahrhundert, einer der wertvollsten romanischen Rundbauten Österreichs. Heute dient die – leider verschlossene – Kapelle als Gruftkapelle der Familie Abensberg-Traun.

• Gasthof „Zum Heidentor“, Hauptstr. 44, Tel. 02163/2201

Hofeinfahrt in Hainburg

WILDUNGSMAUER. Die Pfarrkirche St. Nikolaus, ursprünglich ein Wehrturm, ist ein Juwel der romanischen Baukunst (1230), eine der wenigen nahezu original erhaltenen romanischen Kirchen Österreichs. Ein Besuch ist Pflicht! (Den Schlüssel bekommt man im Haus vor der Kirche.) Der hl. Nikolaus ist der Patron der Fischer, die Lage von Wildungsmauer direkt oberhalb der Donau erklärt dies. Gleichzeitig ist er aber auch der Patron der Reisenden. Wir werden ihm auf unserer Reise durch Österreich noch oft begegnen.
• *Emmi Scharmer, HNr. 21, Tel. 02163/23 75*

REGELSBRUNN lag an der Römerstraße von Carnuntum nach Vindobona, aus der im Laufe der Jahrhunderte eine wichtige Post- und heute Bundesstraße geworden ist. Die alte Poststation am Ortseingang mit ihrem Innenhof (um 1780) zeugt davon. Ein Hinweis auf den Pilgerweg ist die (auf 30 km schon die dritte!) dem hl. Jakobus geweihte Kirche.
• *Im Ort gibt es keine Unterkunftsmöglichkeiten, nur preisgünstige Mittagsmenüs im Gasthof Kratky. Es empfiehlt sich, die Etappe entweder noch bis Maria Ellend zu verlängern oder schon in Wildungsmauer zu beenden.*

MOUNTAINBIKEEIGNUNG: Bis auf das letzte Teilstück, die Strecke Wildungsmauer–Regelsbrunn, ist die gesamte Etappe befahrbar. Ausweichmöglichkeit ist aber gegeben.
ÖFFENTLICHER VERKEHR: Alle Orte liegen an der Bahnlinie Wien–Wolfsthal (Endstation).

Heidentor bei Carnuntum

REGELSBRUNN – SCHWECHAT E 2

28 km – 7 Std.

Dieser Tag gehört fast zur Gänze der Donau in ihrer Pracht, dem Strom, den Auen, den Frachtkähnen, den pittoresken Fischerhütten am Ufer, der Stille und – den Mücken, vor allem im Sommer. Also, Mückenmittel unbedingt im Rucksack mitführen! Über den Treppelweg und die Uferwege der Fischa und der Schwechat ist es möglich, der Bundesstraße und dem Flughafen praktisch zur Gänze auszuweichen, und man gelangt am Ufer der Schwechat bis zur Jakobskirche von Schwechat vor den Toren Wiens.

Regelsbrunn – Fischamend (ca. 3 Std.)

Von Regelsbrunn wieder hinunter zum Treppelpfad an der Donau und dort weiter stromaufwärts. Die Orte Haslau und Maria Ellend ① befinden sich auf der Höhe und kommen gar nicht in Sicht. Auf dem Treppelweg bis zur Mündung der Fischa vorgehen, nicht den Forstweg nehmen, der knapp vor der Mündung nach links in den Wald hineinführt. Laut Rückmeldungen von Pilgern entfernen die Fischer immer wieder die angebrachten Markierungen – sie verteidigen sozusagen ihr Territorium. Deshalb in der Folge konzentriert

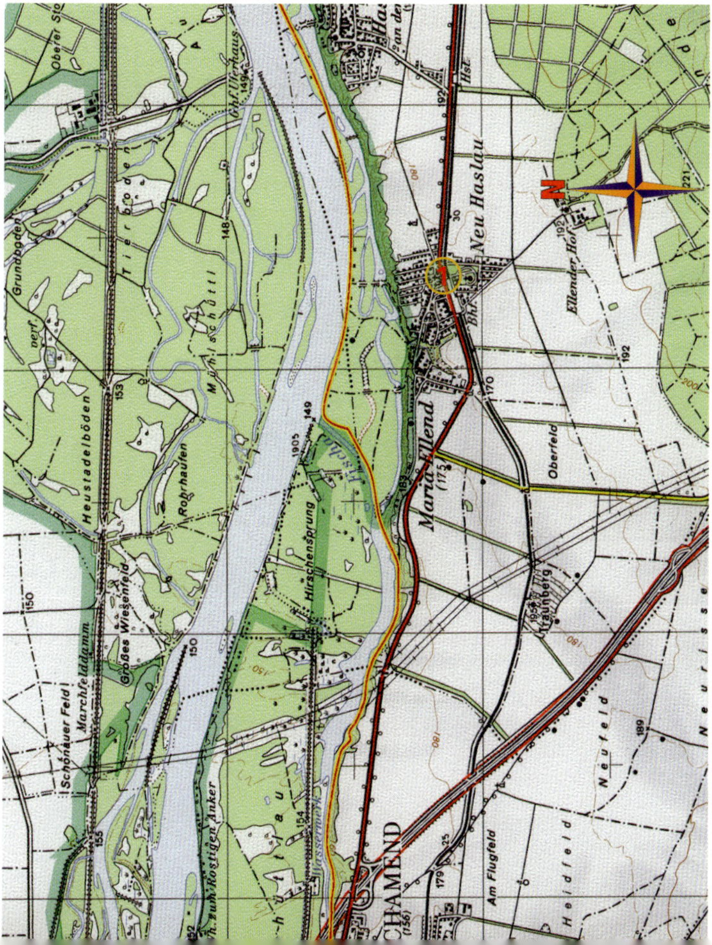

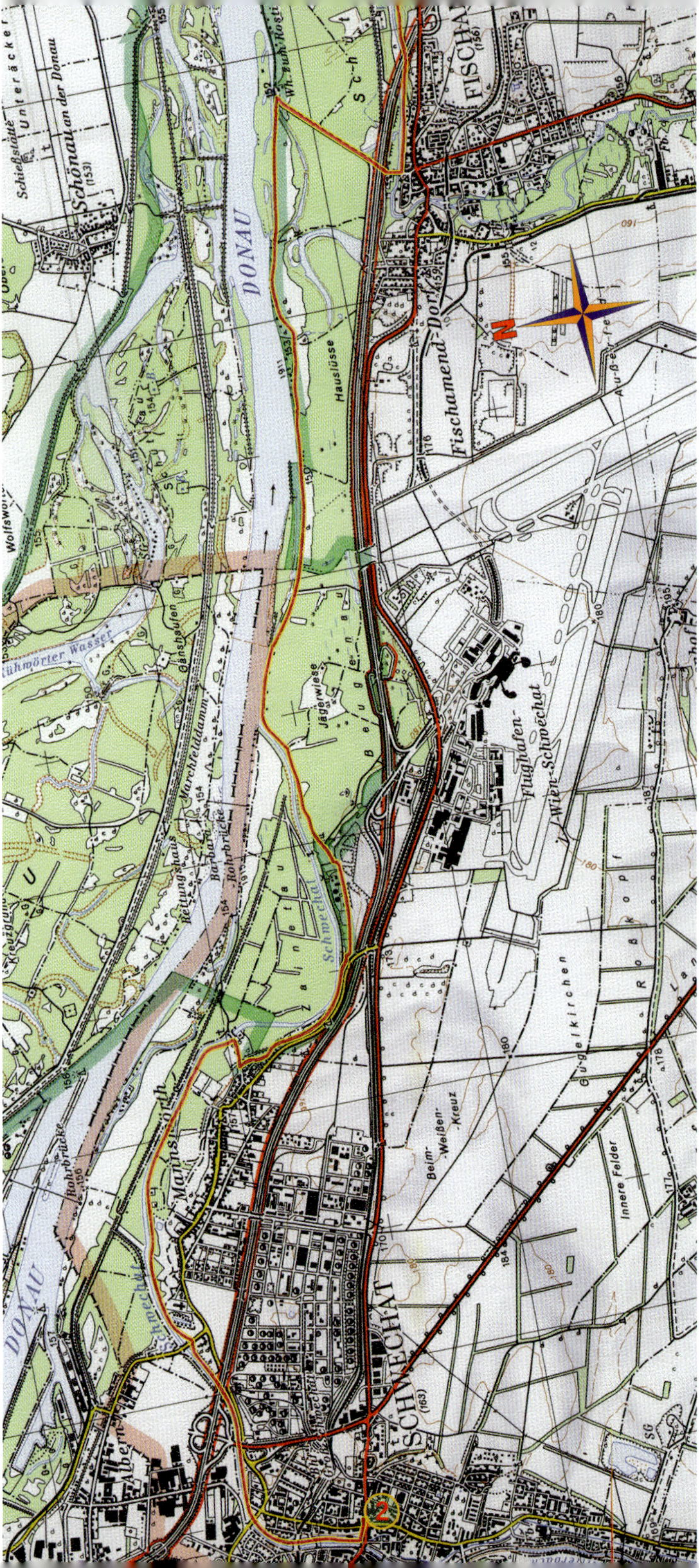

Schönau an der Donau
DONAU
Fischamend-Dorf
Flughafen Wien-Schwechat
Schwechat
SCHWECHAT
Mannswörth
Innere Felder
Gugelkirchen
Hauslüsse
Jägerwiese
Marchfelddamm
Rettungshaus
Rohrbrücke
Gänshaufen
N

gehen! Der Pfad an der Fischamündung ist zu Beginn sehr schwach ausgeprägt und verläuft etwas vom Ufer entfernt. Wir stoßen auf einen asphaltierten Weg, auf diesem nach rechts weiter. Später hört der Asphalt wieder auf, ein Schotterweg führt unter der Autobahn durch, immer dem Ufer der Fischa entlang bis Fischamend.

Fischamend – Schwechat (ca. 3 Std.)

Bei der Kirche – schon von weitem ist ihr kupferner Zwiebelturm zu sehen – nach rechts, auf der Brücke über die Fischa, geradeaus weiter, unter der Autobahn durch und auf der Straße geradeaus weiter nach N. Etwa 150 m vor dem Restaurant „Rostiger Anker“ führt ein kleiner Holzsteg nach links über

Weg durch die Donau-Auen

einen Bach. Auf einem kleinen Pfad geht es durch ein Waldstück und dann auf einem Wiesenweg am Donauarm entlang bis zum Donauufer und damit wieder einem Treppelweg. Bis zur Mündung der Schwechat in die Donau auf dem Treppelweg bleiben, die Abzweigungen nach links nicht beachten. Der Weg mündet in eine Schotterstraße, die am Klärwerk vorbeiführt und schließlich auf die Mannswörther Straße stößt. Nach etwa 800 m, beim Ortsschild „Mannswörth", rechts abbiegen (Gatter), ungefähr 300 m auf dem Dammweg gehen, dann wieder rechts in eine Allee abbiegen, die zur Schwechat zurückführt. Beim Haus (rechter Hand, die Schwechat nicht überqueren) nach links. Es beginnt der Uferweg, der flußaufwärts praktisch bis in den Ort hinein führt. Bei der vierten Brücke nach der Unterquerung der Autobahn ungefähr 100 m nach links bis zur Jakobskirche von Schwechat ②.

HASLAU AN DER DONAU
- *Gasthof Anna Geyer, Hauptstr. 14, Tel. 02232/80203*
- *Familie Seiler, Hauptstraße, Tel. 02232/80037*

MARIA ELLEND ist der traditionelle Wallfahrtsort der Wiener Fleischhauer, seine barocke Wallfahrtskirche wurde 1770 erbaut.
- *Gasthof Strasser, Bahnhofsplatz 1, Tel. 02232/80230*

FISCHAMEND ist ein alter Markt an der Fischa mit einem romanischen Marktturm (1051) und einer barocken Pfarrkirche (1745), die anstelle einer gotischen Kirche aus dem 14. Jahrhundert errichtet wurde.
- *Annemarie Rohrbach, Schulgasse 1, Tel. 02232/76279*

SCHWECHAT. Die ursprüngliche romanische Kirche zum hl. Jakobus fiel am Ende des Zweiten Weltkrieges einem Bombenangriff zum Opfer. Der Platz vor der neuen Kirche ist von Statuen aller zwölf Apostel gesäumt. Heute ist Schwechat vor allem als Standort des internationalen Flughafens und der größten Erdölraffinerie Österreichs bekannt.
- *Einfache Unterkunftsmöglichkeit für Pilger im Pfarrhaus (Schlafsack!), Hauptplatz 5, Tel. 01/7076475-0*

MOUNTAINBIKEEIGNUNG: Die gesamte Strecke ist befahrbar. Der Pfad von der Mündung der Fischa bis zum Güterweg nach Fischamend ist etwas schwieriger.
ÖFFENTLICHER VERKEHR: Alle Orte liegen an der Bahnlinie Wien–Wolfsthal. In Schwechat befindet sich der internationale Flughafen Wiens.

Jakobuskirche Schwechat

WIEN

Wie andere von den Römern gegründete Städte Mitteleuropas versank auch Vindobona, die Stadt, in der Kaiser Marc Aurel starb, nach dem Zusammenbruch des Imperiums in den „dunklen" Jahrhunderten der Völkerwanderung. Obwohl man von einer kontinuierlichen Besiedlung ausgehen kann, dauerte es bis 881, bis „Wenia" in Zusammenhang mit einer Magyarenschlacht in einer Quelle erwähnt wurde. Entscheidend für die Geschichte Wiens war der Feldzug, bei dem es Karl dem Großen gelang, die Awaren wieder über das Hainburger Tor hinaus zurückzudrängen, nachdem sie – wie andere Völker aus dem Osten vor (und nach) ihnen – dem uralten Verkehrsweg Donau stromaufwärts folgend große Teile Mitteleuropas nicht nur bedroht, sondern unter ihre Herrschaft gebracht hatten. Damit und durch die Vergabe des Landes an Gefolgsleute, Klöster und Bischöfe schaffte er die Voraussetzung für die Entwicklung der abendländischen Zivilisation in diesem Raum, ohne die auch die Jakobspilgerschaft nicht denkbar ist.
976 wurden die Babenberger mit der Ostmark belehnt und machten Wien bis 1200 zu einer der bedeutendsten Städte im deutschen Sprachraum. Die Mauern, die erst 1858 dem „Ring", der Wiener Prachtstraße, weichen mußten, gehen in ihrem Ursprung auf diese Zeit zurück. Innerhalb des Rings stehen die ältesten Bauten der Stadt. Vor allem die Kirchen strahlen noch stark den Charakter der Baustile ihrer Entstehungsepoche, Romanik bzw. Gotik, aus.
Im Jahre 1278 besiegten die Habsburger den Böhmenkönig Ottokar Przemysl und wurden so die Herren Wiens. Das aus der Schweiz stammende Geschlecht sollte die Geschichte der Stadt, Österreichs, Europas und auch der Welt 640 (!) Jahre lang entscheidend gestalten bzw. mitgestalten. Von 1438 bis 1806 waren sie ununterbrochen die Träger der Deutschen Kaiserkrone, von 1804 bis 1918 war Wien die Hauptstadt eines mächtigen Vielvölkerstaates und hatte zur Jahrhundertwende bereits über zwei Millionen Einwohner. Ein Blick in das Wiener Telefonbuch vermittelt eine gute Vorstellung, aus wie vielen Ländern die Menschen kamen, deren Kinder und Enkel heute in der Stadt leben ...
Der Zusammenbruch der k. und k. Monarchie, zwei Weltkriege und sieben Jahre nationalsozialistischer Diktatur stürzten ganz Österreich, vor allem aber die Hauptstadt, in eine tiefe Identitätskrise, von der sie sich seither jedoch mehr als erholt hat. Als dritte UNO-Hauptstadt und als blühende Kulturstadt genießt Wien heute wieder Weltruf.

Der Glanz und die Größe, die Wien unter den Habsburgern erlebte, ist hör- und sichtbar. Die großen Meister der Wiener Klassik, Haydn, Mozart, Beethoven und Schubert – von denen nur Schubert ein „echter" Wiener war –, haben der Nachwelt unvergeßliche und in ihrer Schönheit unerreichte Werke hinterlassen, während die Spuren der größten Baumeister des Barock in den Bauten des imperialen Wien zu bewundern sind: Vater und Sohn Fischer von Erlach in der Hofburg, in der Nationalbibliothek, im ehemaligen Winterpalais Prinz Eugens, in der Reitschule, im Palais Lobkowitz und in der Karlskirche – um nur einige zu nennen, Johann Lukas von Hildebrandt im Bundeskanzleramt (die ehemalige Geheime Hofkanzlei, in der der „Wiener Kongreß" tagte), im Palais Kinsky, in der Piaristenkirche usw.
Allein um alle Kirchen der Innenstadt zu beschreiben, bedürfte es mehrerer Seiten, um sie zu besuchen mehrerer Tage, und um Wien halbwegs kennenzulernen, mehrerer Wochen. Deshalb beschränke ich mich auf eine Kurzbeschreibung dreier Gotteshäuser. Es sind dies der Stephansdom und die zwei ältesten Kirchen Wiens.

Der Dom St. Stephan zählt zu den vollendetsten Schöpfungen der Gotik. Vom ersten romanischen Bau, 1147 geweiht, ist nichts mehr erhalten, von seinem romanischen Nachfolger, 1263 geweiht, wurde die Westfassade mit den Heidentürmen und dem Riesentor in den gotischen Bau integriert, dessen Grundsteinlegung 1359 erfolgte. Erst 150 Jahre später wurde die Bautätigkeit in etwa abgeschlossen, obwohl später noch Ergänzungen vorgenommen wurden und die Ausstattung im 17. und 18. Jahrhundert barockisiert wurde.
Die ältesten Kirchen Wiens sind St. Peter und St. Ruprecht. Nach der Legende wurde die Peterskirche von Karl dem Großen gegründet und soll sogar auf eine christliche Kirche des 4. Jahrhunderts zurückgehen. Der heutige Bau ist ab 1703 gänzlich neu errichtet worden und trägt die Handschrift des Lukas von Hildebrandt. Die Ruprechtskirche soll um 740 gegründet worden sein und wurde schon im Mittelalter als Wiens älteste Kirche bezeichnet. Der hl. Ruprecht war um 700 der erste Bischof von Salzburg. Vor wenigen Jahren wurde dieses Kleinod der Romanik sorgfältig restauriert.

Wien hat einige Bezüge zu Jakobus. Das von Heinrich Jasomirgott 1155 gegründete Benediktiner-Schottenstift, bis 1418 von Mönchen des Schottenklosters St. Jakob (!) in Regensburg geführt, hatte die Aufgabe, Pilger und Kreuzfahrer zu betreuen. Friedrich Barbarossa etwa zog 1189 über Wien in den Dritten Kreuzzug. Bis 1784 stand am südöstlichen Rand des ersten Bezirkes die Kirche St. Jakob auf der Hülben (um 1300), wo nach einer Legende im 12. Jahrhundert eine Jakobsstatue angeschwemmt worden sein soll. Seit 1217 gab es in Wien ein Hospiz der Johanniter (heute die Malteserkirche in der Kärntnerstraße), seit 1251 ein Jakobshospiz des Deutschen Ritterordens, und zu guter Letzt war Jakob der Schutzpatron zur Zeit der Türkenbelagerungen (1529 und 1683), was sich in der Benennung zahlreicher Kirchen in der Umgebung Wiens nach dem Pilgerapostel und „Matamoros" (Maurentöter) Jakobus niederschlug. So schmückte auch die Decke der Schwechater Jakobskirche (1944 durch einen Bombenangriff zerstört) eine Darstellung der Schlacht von Clavijo.

Wer die Millionenstadt zu Fuß durchqueren will, dem sei dies unbenommen. Wien wird in ca. 1 Tagesetappe südlich umgangen: Wanderweg 888 entlang der Liesing, über Kledering, Unterlaa, Oberlaa, Alt-Erlaa, Lainzer Tiergarten, Laaber Steig, Baunzen (Weg Nr. 44 und 444).
Ich persönlich halte es nicht für eine Verletzung des Authentizitätsanspruchs, wenn ein Pilger des 20. Jahrhunderts es vorzieht, die Stadt mit öffentlichen Verkehrsmitteln zu durchqueren. Es ist die persönliche Entscheidung jedes einzelnen, denn wer setzt den Maßstab für „echtes" Pilgern?
Also mit „Öffis": Vom Bahnhof Schwechat geht die Schnellbahn S 7 nach Wien, Station „Landstraße Mitte". Dort umsteigen in die U4 bis zur Endstation Hütteldorf, von wo uns die S 50 nach Purkersdorf-Gablitz bringt.
Wer es nicht ganz so eilig hat und eine barocke Wallfahrtskirche besuchen möchte, kann auch mit der Straßenbahnlinie 49 bis zur Endstation Hütteldorf fahren und schon von dort den Weg über die Linzer Straße, den Wallfahrtsort Maria Brunn und am Wien-Fluß entlang in Angriff nehmen.
Unterkunftsmöglichkeiten gibt es in Wien natürlich jede Menge, mit preisgünstigen Privatzimmern sieht es aber schlecht aus. Zum Geldsparen empfehle ich die Übernachtung in der Pfarre Schwechat und von dort aus Wien zu besuchen, oder zuerst Wien zu besuchen und dann in Purkersdorf zu übernachten. Zudem gibt es etwa 2 1/2 Stunden nach Purkersdorf, in Ried am Riederberg, schon das nächste Quartier, d. h., wer am Nachmittag von Wien aufbricht, kann diese preisgünstigere Variante noch problemlos erreichen.

29 km – ca. 7 Std.

Man könnte diese Etappe auch „Der Wald und die Mühen der Ebene“ nennen. Bis Ried am Riederberg kommen wir in den Genuß der Pracht und Schönheit des Wienerwaldes. Nur im Winter – obwohl auch der seine Reize hat – zeigt sich der Weg von einer weniger schönen Seite, denn da verwandelt sich der Lehmboden in schweren und tiefen Morast, der ein Fortkommen zur Qual macht. Aber wer geht schon im Winter auf dem Jakobsweg? Ein beeindruckender Platz ist die Ruine des Franziskanerklosters, das 1529, während der ersten Türkenbelagerung Wiens, von den Türken zerstört worden war und nicht mehr aufgebaut wurde. Am Wegrand, unmittelbar vor der Ruine, entspringt unter einem Baum eine kleine Quelle, Kreuze und Heiligenbilder am Baum und neben der Quelle weisen darauf hin, daß ihr heilende Kräfte zugesprochen werden. Wer weiß, seit wann.

Sowohl im Wienerwald als auch im Tullner Feld (ab Ried) befinden wir uns immer in unmittelbarer Nähe der Bundesstraße B 1, an deren Stelle eine wichtige Poststraße verlief, die 1731 gebaut wurde und als wichtige Ost-West-Verbindung natürlich auch von Pilgern begangen wurde. Die begehbaren Alternativen zur Bundesstraße sind im Tullner Feld nicht gerade üppig, deshalb auch „die Mühen der Ebene“. In den Waldstücken südlich und nördlich der B 1 verlaufen Forstwege kreuz und quer, früher vorhandene Markierungen sind stark verblaßt oder überhaupt verschwunden. Bis zu einer einheitlichen Markierung des österreichischen Jakobsweges heißt es also, sehr konzentriert der Wegbeschreibung zu folgen, grundsätzlich ist immer die Ost-West-Richtung beizubehalten.

Purkersdorf – Ried am Riederberg (ca. 2½ Std.)

An der Nordseite des Bahnhofs Purkersdorf-Gablitz beginnt die weiß-grün-weiße Markierung des „Adolf-Samper-Weges“, der zum Troppberg führt. Vom Bahnhof zur Hauptstraße, dort nach links, dann gleich schräg rechts den Berg hinauf, dann noch einmal rechts abbiegen. Der Weg kreuzt andere Wanderwege mit roten bzw. blauen Markierungen – wir sind schließlich im Wienerwald, dem Naherholungsgebiet der Wiener –, jedoch immer auf dem grün markierten Weg bleiben. Nach dem „Roten Marterl“ aufpassen, es zweigen mehrere Wege ab, auf die Markierung achten! Dann in Fallinie relativ steil die Flanke des Troppberges hinauf, scharf nach links etwa 50 m bergab gehen und wieder rechts, den Berg also an seiner Westflanke umgehen. Ein Abstecher von etwa 10 min führt auf die Spitze des Troppberges zur Aussichtswarte (sehr lohnend, 24 m, 128 Stufen, bei schönem Wetter mit einem wunderbaren Rundblick!).

Ab der Abzweigung (des Abstechers) heißt es, der roten Markierung Richtung Riederberg (NW) zu folgen. Der Weg führt durch den Wald bergab, kommt an den Waldrand, schwenkt nach N, führt ein kurzes Stück auf der Wiese am Rand des Waldes entlang, bis er an einem Acker endet. Dieser wird schräg nach links auf einer Länge von etwa 50 m überquert. Am Baum am Ende des Ackers ist wieder die rote Markierung zu sehen. Der Feldweg, der nach rechts nach Rabenstein (Jausenstation) führt, wird überquert, wir gehen über einen Wiesenweg (Markierung) wieder in den Wald und eine relativ steile Forststraße am Rand eines Bächleins bergab. Nach etwa 300 m geht es zum Bächlein hinunter und am Gegenhang wieder hinauf, durch Wald und später Unterholz bis zu einer Forststraße, der wir wenige Meter nach rechts bis zu

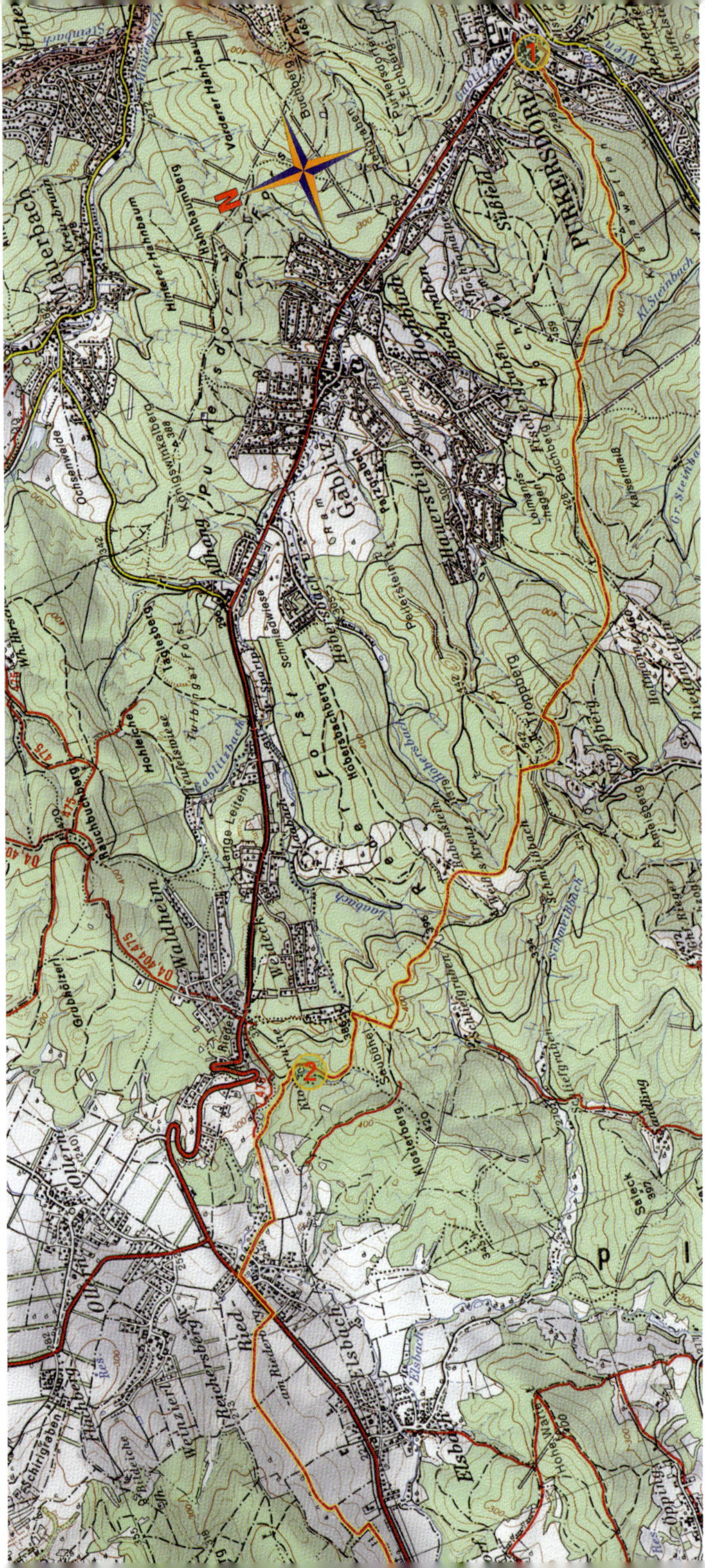
PURKERSDORF
Gablitz
Mauerbach
Hochbuch
Hauersteig
Waldheim
Elsbach
Ried
Ollern
Klosterberg
Troppberg
N

einer Lichtung folgen. Die Lichtung wird geradeaus (nicht auf der Forststraße!) auf einem Pfad überquert, wir gehen am ersten freistehenden Baum (Markierung) vorbei, queren die nächste Forststraße (immer noch auf der Lichtung), und etwa 20 m links (westlich) vom zweiten freistehenden Baum führt der Pfad ziemlich genau nördlich wieder in den Wald. (Weder die Forststraße nach links noch die nach rechts nehmen!) Der Weg verläuft leicht bergab durch den Wald, bis er in eine größere Forststraße mündet. Nicht der grünen Markierung nach links (Riederberg) folgen, sondern etwa 100 m nach rechts bis zur nächsten Abzweigung nach links gehen (Schild „Klosterruine“, blaue Markierung). An der Ruine vorbei, bergab, über eine kleine Holzbrücke, gleich darauf nach links. Der Weg führt am Waldrand in nordwestliche Richtung bergab und über das nächste Bächlein. Schließlich beginnt ein Wirtschaftsweg – später asphaltiert – der uns bis Ried am Riederberg bringt. Der Weg ist von der Ruine bis Ried blau-weiß markiert.

Ried am Riederberg – Siegersdorf (ca. 2¾ Std.)

Etwa 400 m auf der Hauptstraße nach W, knapp vor einer aufgelassenen Tankstelle auf einen Feldweg nach rechts abbiegen. Der Weg schwenkt nach NW, dann nach W und verläuft parallel zur Bundesstraße. Es werden drei N-S verlaufende Wege gequert, beim vierten ca. 50 m in Richtung Bundesstraße gehen, dann wieder nach Westen abbiegen und auf dem Feldweg bleiben. Etwa 200 m nach den ersten Häusern von Sieghartskirchen mündet der Weg in die Hauptstraße, auf der wir den Ort durchqueren.

Bei der Kapelle am Ortsausgang biegen wir links ab und nehmen die Straße, die bergauf an einem Sendeturm vorbei, und nach einer Rechts-Links-Kurve in den Wald hineinführt. Die Bundesstraße befindet sich seit Sieghartskirchen nördlich von uns, wir bleiben parallel zu ihr und folgen dem Waldweg westwärts. Nach einem Wegkreuz senkt er sich allmählich nach Siegersdorf. Wir stoßen auf einen Wirtschaftsweg und gehen nach rechts. Nach einer langgezogenen Linkskurve wird der Weg zur kleinen Asphaltstraße, die einem Bach entlang nach Siegersdorf hinein- und nordwestlich wieder hinausführt.

Siegersdorf – Würmla (1¾ Std.)

Über eine Brücke gelangen wir zu einer nord-südlich verlaufenden Straße, auf der wir etwa 150 m nach S gehen bis zu einem Parkplatz unter Pappeln am rechten Straßenrand. Dort gehen wir in fast 180 Grad etwa 30 m auf einem Feldweg zurück, also nördlich, und nehmen den zweiten Weg, der nach links, also westlich, ansteigt und schließlich in den Wald hineinführt. Im Wald bei der ersten Gabelung rechts, dann den deutlicher ausgeprägten Weg bis an den Waldrand, dem wir nach rechts ca. 200 m in einem Linksbogen folgen. Der Weg führt wieder in den Wald (nach rechts), bei der Gabelung nach etwa 10 m gehen wir links, gleich darauf noch einmal links und folgen dem deutlich ausgeprägten Forstweg. Nach etwa 200 m kommt wieder eine Gabelung, diesmal geht es rechts – leicht bergab, am rechten Rand eines Jungwaldes – weiter.

Bei der nächsten Waldwegkreuzung gehen wir geradeaus und kommen auf eine kleine Lichtung mit der „Bildeiche“, einem Marienheiligtum, das der Jungfrau von Medjugorje geweiht ist. Links an ihm vorbei gehen wir nach Westen, es beginnt eine manchmal etwas verwaschene rot-weiße Markierung, der wir

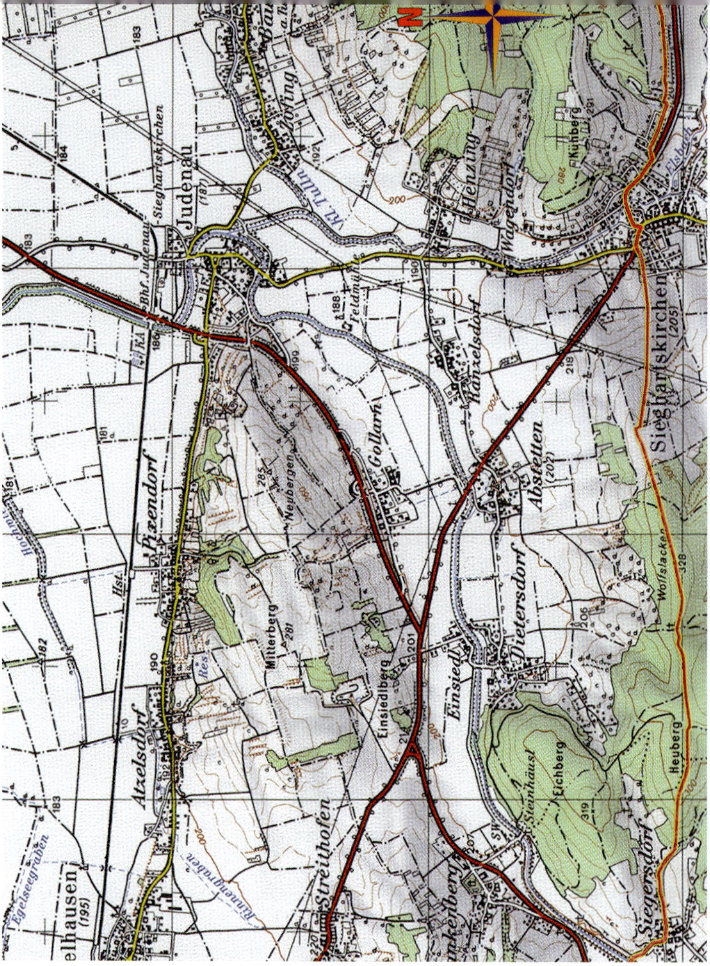

bis Würmla folgen: Vorbei am Wegkreuz „Zur Eisernen Hand", gleich danach links, bei der darauffolgenden Gabelung wieder links, ein Stück am Waldrand bleiben, dann dem Hauptweg folgen, der sich vom Waldrand entfernt. Linker Hand beginnen die ersten Häuser von Holzleiten. Wer in Würmla übernachtet, geht geradeaus weiter. Wer seine Tagesetappe noch verlängert, biegt dort, wo die Berggasse nach links hinunterführt, rechts ab und steigt wieder zum Waldrand empor. Von dort geht es weiter nach Westen bis zu einer Nord-Süd verlaufenden Straße und geradeaus weiter nach Diendorf.

PURKERSDORF, am Westrand von Wien gelegen, wurde mittlerweile fast schon von der Metropole aufgesogen. Mit der Eröffnung der Poststraße im Jahre 1731 wurde der Ort zur wichtigen Poststation. Schmuckstücke sind das frühklassizistische ehemalige Postgebäude (1796) des Postmeisters Josef von Fürnberg und die ehemalige Wasserburg (1158 erwähnt), die 1642 umgebaut wurde und heute als Amtsgebäude dient. Die Pfarrkirche ①, ein barocker Saalbau (mit gotischem Chor und Südostturm) aus dem 17. Jahrhundert, ist Jakobus d. Ä. geweiht, mit Sicherheit ein Hinweis auf die Bedeutung des Weges auch für Pilger.

• Fam. Wachter, Wiener Straße 63, Tel. 02231/63581

RIED AM RIEDERBERG liegt an der alten Poststraße am Fuß des Wienerwaldes und am Beginn des Tullner Feldes. Pfarre seit 1211, ist die heutige Pfarrkirche zum hl. Johannes d. T. ein klassizistischer Bau vom Beginn des 19. Jahrhunderts. Knapp vor dem Ort kommt der Pilger an der Ruine des 1456 gegründeten, 1509 abgebrannten, wiederaufgebauten und 1529 endgültig durch die Türken zerstörten Franziskanerklosters „zu unserer lieben Frau im Paradies" ② vorbei, das dem hl. Laurentius geweiht war.
Die unter einem Baum entspringende Quelle in unmittelbarer Nähe der Ruine, mit religiösen Symbolen geschmückt und heute noch instand gehalten, läßt vermuten, daß das Kloster mit Bedacht in der Nähe eines Quellheiligtums errichtet wurde. Heute finden wieder Wallfahrten zur Klosterruine statt.
• *Gasthof Schmied, an der Bundesstraße, Tel. 02271/2218*

SIEGHARTSKIRCHEN. Der Ort geht bis ins 11. Jahrhundert zurück (1051), schon 1227 wurde er zum Markt erhoben. Die Pfarrkirche zur hl. Margarete weist spätromanische (der Westturm mit einem Rundbogenportal von 1260), gotische (die Strebepfeiler) und barocke Elemente auf. Die Einrichtung ist einheitlich spätbarock.

Wegkreuz „Eiserne Hand" im Tullner Feld

WÜRMLA. Die Pfarrkirche St. Ulrich ist ein spätbarockes, saalartiges Langhaus, die Pfarre selbst ist viel älter, 1253 fand sie ihre erste urkundliche Erwähnung.

- *Pfarrer Erich Resch, Tel. 02275/8220, gibt gerne Auskunft über Pilgerunterkünfte in Würmla.*
- *Verein „Gelebte Menschlichkeit" (Marienvilla), Hauptstr. 30, Tel. 02275/40111 oder Pfarrer Resch*
- *Gasthof Burger, 3042 Würmla, Tel. 02275/8225, Dienstag Ruhetag*

MOUNTAINBIKEEIGNUNG: Bei trockenem Wetter kein Problem, bis auf ein kurzes Stück nach der Klosterruine. Erheblich schwieriger werden die Waldstücke (Purkersdorf–Ried, Sieghartskirchen–Würmla) bei Regenwetter. Der Lehmboden verwandelt sich in einen auch für Fußgänger mehr als lästigen tiefen Morast.

ÖFFENTLICHER VERKEHR: Purkersdorf liegt an der Bahnlinie Wien–St. Pölten, Würmla an der Busstrecke Wien–Herzogenburg.

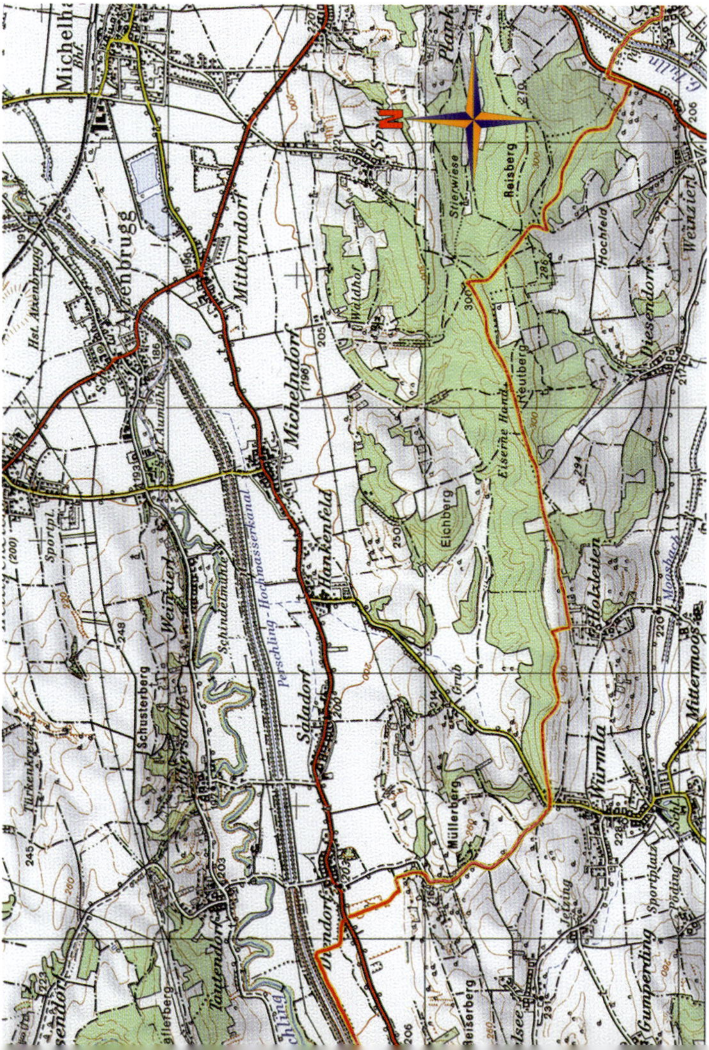

27 km – ca. 6 bis 7 Std.

Die B 1 schwenkt vor Herzogenburg, bei Kapelln, nach Süden und führt zur niederösterreichischen Landeshauptstadt St. Pölten. Der Pilger konnte über diese Route weiter in Richtung Melk gehen, aber es gab auch eine Variante, die von Herzogenburg zur Donaulimesstraße führte. Da einerseits Autobahn, Eisenbahn und Bundesstraße die Route über St. Pölten ziemlich „verstopfen", andererseits die Nordvariante die traumhaft schöne, viel besungene und geschichtsträchtige Wachau berührt und dann durch den heute noch unberührten Dunkelsteiner Wald verläuft, beschreibe ich in der Folge die Wachauer Variante. Ich gebe gerne zu, daß die zahlreichen „Kellergassen", in denen die köstlichen Wachauer Weißweine nicht nur gelagert, sondern auch gerne ausgeschenkt werden, mir diese Entscheidung sehr leicht gemacht haben.
Paudorf, unser Etappenziel, ist seit Jahrhunderten Kreuzungspunkt zweier wichtiger europäischer Pilgerwege: Hier trifft unsere von Osten kommende Route nach Santiago de Compostela auf den von Norden kommenden „Brünner Gnadenweg" (auch „Zellerweg", seit 1360 dokumentiert) nach Mariazell, dem bedeutendsten österreichischen Wallfahrtsort, der heute noch viel und immer häufiger begangen wird. Sogenannte „Zellerkreuze" in den Orten rund um Göttweig (Steinaweg, Kleinwien, Paudorf, Höfarth) geben heute noch Zeugnis vom Pilgerweg nach Mariazell.

Würmla – Langmannersdorf (ca. 1 Std.)

Die N-S verlaufende Straße überqueren und etwa 1,2 km auf der nach NW führenden Straße (nach Diendorf) gehen. Nach dem Begrenzungspfahl „0,8 km" am linken Straßenrand (nach der scharfen Rechtskurve) links abbiegen und an einem grünen Haus vorbeigehen. Wir nehmen nicht den nach links ansteigenden Weg, sondern schwenken nach W und biegen 100 m später nach rechts ab. Der Güterweg bringt uns unter der Unterführung durch zur Bundesstraße. Wir überqueren sie, wenden uns nur 20 m nach links und nehmen den Weg, der zwischen den Häusern in Richtung Hochwasserkanal (NW) führt. (Einmal wird vorher noch ein Güterweg gequert.) Am Kanal entlang kommen wir zur Brücke, über diese nach Langmannersdorf (N).

Langmannersdorf – Herzogenburg (ca. 2½ Std.)

Auf der Hauptstraße etwa 100 m nach links, dann das Dorf nach rechts auf der Straße nach Gutenbrunn (der „Kleinen Barockstraße") verlassen. Vor der Hochspannungsleitung zweigt ein Güterweg nach links ab, parallel zu ihr gehen wir nach NW, an einem Bildstock bei einer Wegkreuzung geradeaus weiter und auf die bewaldeten Hügel im NW zu. Wir nehmen den Feldweg, der zuerst etwa 1 km am Waldrand entlang und dann in den Wald hinein führt. Bei der ersten Gabelung gehen wir leicht bergauf nach links, wir lassen zwei schwache Abzweigungen links liegen, bei einer „Gänsefuß"-Gabelung (Dreiergabelung) nehmen wir den rechten, deutlicheren Weg. Er stößt auf eine Forststraße, wir nehmen sie nach links (bergab) und kommen wieder aus dem Wald heraus. In etwa 200 m Entfernung sehen wir das Denkmal, das den geographischen Mittelpunkt Niederösterreichs markiert.

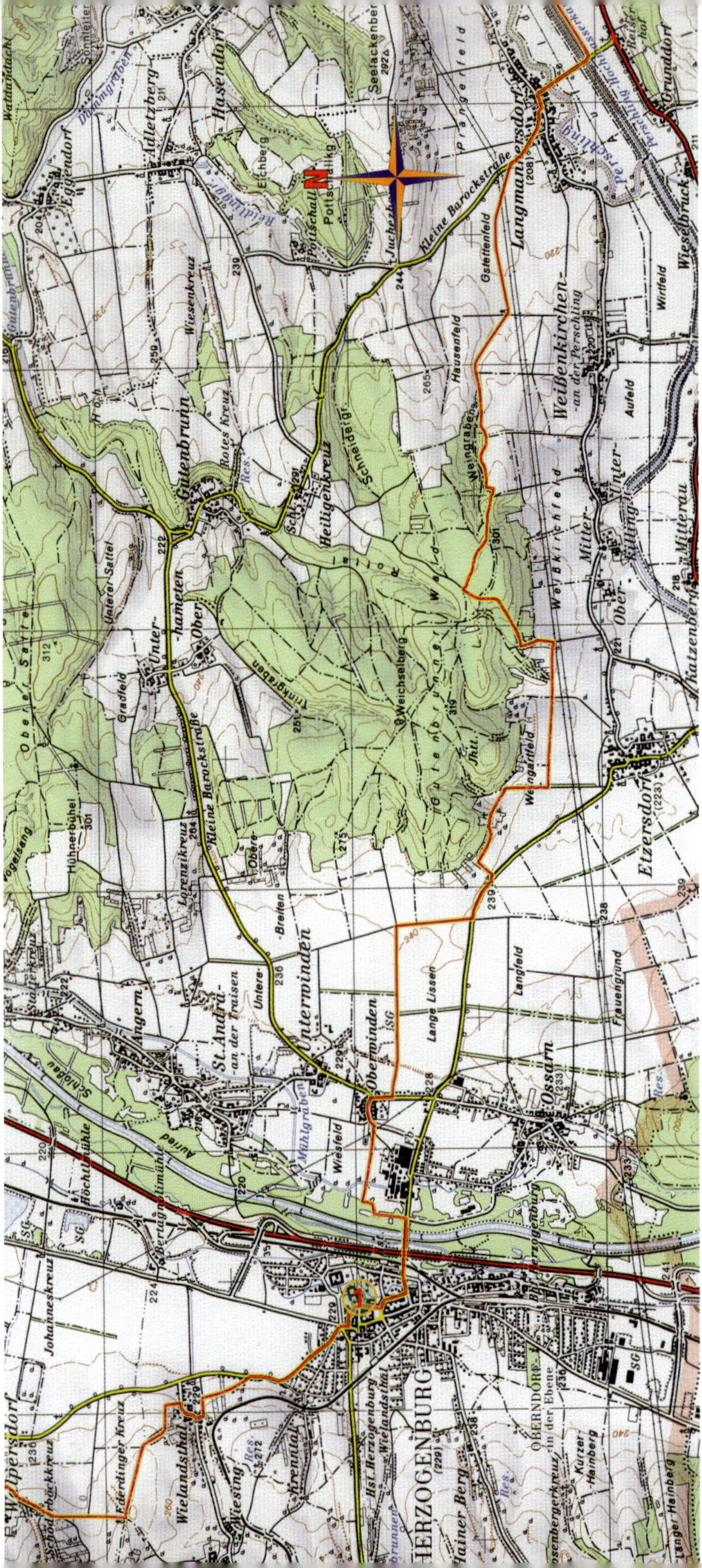

Herzogenburg
Oberndorf in der Ebene
Wielandsthal
St. Andrä an der Traisen
Angern
Unterwinden
Oberwinden
Ossarn
Etzersdorf
Gutenbrunn
Heiligenkreuz
Weißenkirchen an der Perschling
Langmannersdorf
Hasendorf
Adletzberg
Eggendorf
Wiesenbruck
Katzenberg
Weichselberg
Kleine Barockstraße
Traisen
Perschling
Mühlgraben

Ein Wiesenweg führt am Waldrand in einer langen Geraden, etwa 1,2 km, nach W, bis zu einem Wegkreuz mit Bank. Wir gehen nach rechts leicht bergauf auf den Wald zu, bei der Gabelung gehen wir links (NW) und bei der nächsten wieder links weiter. Der Wiesenweg führt in einem Linksbogen zur Straße, der wir etwa 400 m nach NW folgen. Über Wirtschaftswege nähern wir uns Herzogenburg ①: Zuerst etwa 600 m nach rechts (N), bei der Kreuzung nach links (W), etwa 1,4 km bis zur Asphaltstraße. Auf ihr nach rechts in den Weiler Oberwinden hinein, die Kapelle umgehen und dann nach W den Ort verlassen. In der Linkskurve der Straße, die zum Werk (gut erkennbar) führt, gehen wir auf einem Wiesenweg geradeaus auf den Waldrand zu. Der Pfad schlängelt sich nach S, überquert einen Kanal, wird zur Schotterstraße und mündet schließlich in die Hauptstraße, über die wir in die Stadt gelangen. Vom Ostrand des Hauptplatzes sind es nur wenige Meter zum Platz vor der Stiftskirche.

Herzogenburg – Maria Ellend (ca. 1¾ Std.)

Wir verlassen die Stadt nach N, bleiben etwa 1 km auf der Straße nach Walpersdorf, bevor wir (ca. 350 m nach der Rechtskurve) nach links bergauf abbiegen (Markierung 12/1). Der Weg stößt auf einen Ost-West verlaufenden anderen Weg, wir folgen ihm auf ein altes Haus zu. Vor diesem gehen wir rechts hinunter und in den Weiler Wielandsthal hinein. Auf der Straße gehen wir ein kurzes Stück nach rechts (O), nach der Rechtskurve zweigen wir nach links (N) auf den Weg Nr. 12/1 ab. Wir gehen nach NW. Beim Bildstock (Eferdinger Kreuz) biegen wir rechts ab und kommen am Schöderböckkreuz vorbei die erste Kellergasse bergab nach Walpersdorf.
Wir umgehen den Schloßpark gegen den Uhrzeigersinn, auf der Nordseite führt die Straße vorbei, die wir nur 50 m nach rechts nehmen, um gleich im spitzen Winkel nach links (NW) bergauf in eine weitere Kellergasse einzubie-

gen. Bei der Kreuzung nach etwa 400 m gehen wir geradeaus weiter und gelangen nach Anzenberg. Wir durchqueren das Dorf auf der Straße nach links (W), bis wir vor dem Dorfende (Ortstafel in Sicht) wieder nach rechts (N) abbiegen. Der asphaltierte Weg geht bergauf, der Asphalt endet, wir gehen am Rampelkreuz geradeaus vorbei, und 20 m später nehmen wir bei der Gabelung den Wiesenweg nach links. Bei der Kreuzung am Roten Kreuz gehen wir geradeaus weiter und gelangen am Rand des Waldes zur kleinen, malerisch auf einem Hügel liegenden Wallfahrtskapelle Maria Ellend ②. Ein wunderbarer Platz zum Jausnen, Rasten, Verweilen ...

Maria Ellend – Paudorf (ca. ¾ Std.)

Wir bleiben am Waldrand, gehen den Hügel bergab, zuerst am Rand eines Feldes, dann auf einem Wiesenweg. Es beginnt eine kleine Asphaltstraße,

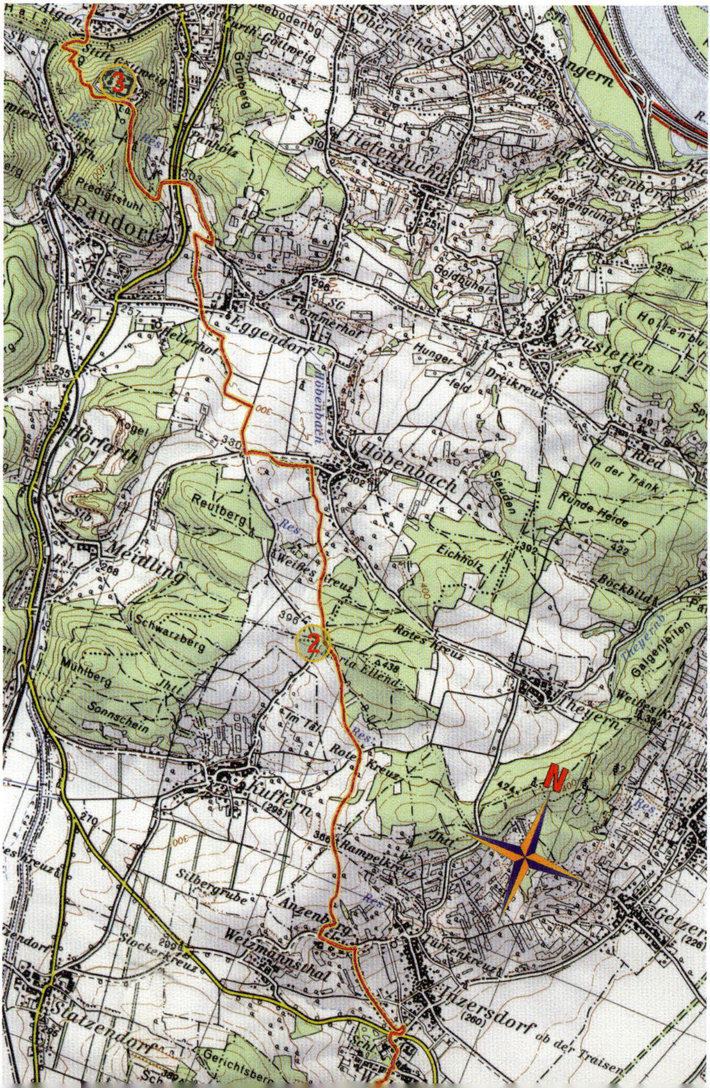

auf der wir am Sportplatz vorbei nach Höbenbach gelangen. Wir nehmen die Straße nach links, betreten aber gleich die Kellergasse, die uns leicht ansteigend wieder zur Straße (nach W) zurückbringt. Nach etwa 200 m verlassen wir diese nach rechts (N). Bei der zweiten Möglichkeit, nach etwa 600 m, biegen wir in den Güterweg nach links ab, der Weg geht zuerst westlich, dann nordwestlich bis Eggendorf. Wer in Paudorf übernachtet, biegt vor der Straße wieder nach SW ab und kommt am Waldrand nach 300 m zum Hellerhof, dem Pfarrhof von Paudorf.

Wer weitergehen will, überquert die Straße und geht geradeaus die nächste Kellergasse nach N bergauf.

HERZOGENBURG. 764 durch den bayrischen Herzog Tassilo III. gegründet. 1244 wurde das 1121 gegründete Augustiner-Chorherrenstift St. Georgen an der Donau nach Herzogenburg verlegt. Der barocke Bau wurde von Jakob Prandtauer entworfen, der bis zu seinem Tod die Bauarbeiten auch selbst beaufsichtigte. Das Werk wurde von Joseph Munggenast vollendet. Im Stiftsgebäude ist eine Kunstsammlung mit bedeutenden Schätzen untergebracht, es beherbergt u. a. eine reichhaltige Ausstellung von gotischen Flügelaltären und Glasgemälden. Die Stiftskirche St. Georg und Stephan wurde ab 1743 nach Sprengung der alten Kirche von Franz Munggenast erbaut, die Weihe erfolgte 1785. Im Inneren sind herrliche Deckenfresken von Bartholomäus Altomonte und Daniel Gran zu sehen.
Ein für Pilger interessantes Detail: Nach einer Legende wurde ein adeliger Herr, der sich im tiefverschneiten Wald verirrt hatte, durch einen Hirsch gerettet, der ihn auf den rechten Weg zurückführte. Seither finden auch Wall-

fahrten zu einem Bild der Heiligen Maria vom Rechten Weg in der Kirche statt. Vielleicht auch für Pilger ein Anlaß, um den rechten Weg zu bitten?

- *Übernachtungsmöglichkeit im Gästetrakt des Stiftes, Stiftsgasse 3, aber unbedingt vorher anrufen (Tel. 02782/83112-0)!*
- *Gasthof K. Buchsbaum, Bahnhofspl. 6, Tel. 02782/83277*
- *Gasthof „Zur Linde", Auring 10, Tel. 02782/83422*

WALPERSDORF. Das dem Ort seinen Namen gebende geschichtsträchtige Feudalschloß geht auf das bayerische Geschlecht der Walpersdorfer zurück, das vom Beginn des 12. Jahrhunderts bis 1334 hier seinen Sitz hatte. Mehrere adelige Geschlechter hatten seither das Schloß in ihrem Besitz, von denen die Freiherren von Jörger und die Grafen von Sinzendorf sein heutiges Erscheinungsbild durch großzügige Umbauten und Erweiterungen (16. bzw. 17. Jahrhundert) prägten.

- *Petrus-Claver-Sodalität, im Schloß, Tel. 02782/84083*
- *Gasthaus Stelzhammer, Dorfstraße 1, 3131 Inzersdorf/Traisen, Tel. 02782/84807*

PAUDORF. Der prächtige Gutshof „Hellerhof", ein barocker Vierflügelhof aus dem 17. Jahrhundert, ist alles, was vom einstigen Dietmannsdorf übriggeblieben ist. Er gehört zum Stift Göttweig und dient der Pfarre Paudorf als Pfarrhof. Seine Kapelle wurde 1618 geweiht. Ganz im Sinne der uralten, heute wieder auflebenden Tradition der Gastfreundschaft Pilgern gegenüber dient der Hellerhof auch heute wieder als Pilgerherberge.

- *Matratzenlager bei Pfarrer Udo Fischer, 3511 Paudorf, Tel. 02736/7340*
- *Frühstückspension Barbara, Hollenburger Str. 17, 3511 Krustetten (ca. 2 km östlich), Tel. 02739/2119*

MOUNTAINBIKEEIGNUNG: Bis auf das Waldstück hinter Langmannersdorf (aber auch nur bei schlechtem Wetter) und ein kurzes Stück nach der Wallfahrtskapelle Maria Ellend ist die ganze Strecke problemlos befahrbar.
ÖFFENTLICHER VERKEHR: Herzogenburg und Paudorf sind sowohl mit Bus als auch mit Bahn erreichbar.

Blick auf das Stift Göttweig

24 km – ca. 6 Std.

Mit ihren etwa sechs Stunden Gehzeit gehört diese Etappe zu den kürzeren, auf Grund der doch recht zahlreichen Steigungen im Dunkelsteiner Wald hat sie es aber doch in sich. Außerdem bleibt genügend Zeit, um das Stift Göttweig zu besuchen. Es gehört zu den größten und prächtigsten Österreichs. Der Umstand, daß die Entfernung zwischen den beiden Benediktinerstiften Göttweig und Melk in einer – zwar langen, aber doch machbaren – Tagesetappe zu überbrücken möglich war, dürfte nicht wenige Pilger im Mittelalter bewogen haben, den längeren und durch den riesigen Dunkelsteiner Wald damals vielleicht auch gefährlicheren nördlichen Weg zu wählen. Heutzutage ist dieser längere Teil der Etappe Walderlebnis pur. Als ich den Weg im Sommer 1998 abging, begegnete ich auf der ganzen Strecke nur zwei Waldarbeitern. Daß Pilger tatsächlich dieses Plateau begingen, wird dadurch sehr wahrscheinlich, daß das Stück der Römerstraße westlich von Mautern, das auch wir benützen (es sind zwar nur wenige Meter), eindeutig zum Plateau hin ansteigt.

Paudorf – Mautern (ca. 2 Std.)

Wir überqueren die Straße beim Ortsschild Paudorf und gehen geradeaus, bergauf, eine Kellergasse nach N. Der Weg biegt in spitzem Winkel nach O und mündet in die Straße, der wir nach links (W) folgen. Wir überqueren die N-S verlaufende Straße und steigen zum schon von weitem sichtbaren Stift Göttweig ③ hinauf (schöne Kreuzwegstationen am Straßenrand).
Der Eingang des Stiftes liegt nördlich, der Weiterweg bringt uns jedoch südlich am Stift vorbei und senkt sich dann als Wanderweg, rot-weiß markiert, den Hang hinunter. Wir folgen der Beschilderung Steinaweg. Bei der Wegkreuzung im Wald gehen wir in Richtung Aigen weiter, unter der Eisenbahn durch, nach Aigen hinein und überqueren den Halterbach. In der Linkskurve der Straße geht ein gepflasterter Weg relativ steil nach rechts (NW) ab. Der Weg erreicht ein Plateau, schwenkt nach N und senkt sich wieder in einen Graben, wo wir nach links (W) bis zu einer Kreuzung gehen. Beim Baum in der Mitte der Kreuzung zweigen wir nach rechts (N!) ab. Seit Aigen gehen wir auf asphaltierten Wirtschaftswegen durch Weingärten, so weit das Auge reicht.
Wir gehen auf dem Güterweg etwa 20 min nach NW, Abzweigungen nach links und rechts werden nicht beachtet. Der Kirchturm von Mautern kommt in Sicht, auf den steuern wir zu. Bei einer Gabelung (mit Kreuz) gehen wir rechts auf der Allee bis zur Hauptstraße und von dort nach Mautern hinein.

Mautern – Maria Langegg (ca. 4 Std.)

Wir durchqueren Mautern und gehen etwa 1 km auf der Straße bis Mauternbach. Am Ortsende steigt die Straße in einer Linkskurve an, nach dieser biegen wir bergauf nach rechts ab (Schild Ferdinandswarte). Gleich danach kommt das Stück der alten Limesstraße der Römer. Der Weg ist gut markiert, er führt am Waldrand nach W-SW. Nach einem Abschnitt über offenes Gelände gehen wir sowohl an der Abzweigung zur Ferdinandswarte als auch etwas später an der Abzweigung nach Oberbergern vorbei (nicht den Umweg über den Ort nehmen) und nähern uns wieder dem Wald. Der Weg führt ein paar Meter in den Wald hinein, dann verläuft er parallel zum Waldrand in Richtung SW. Kurz be-

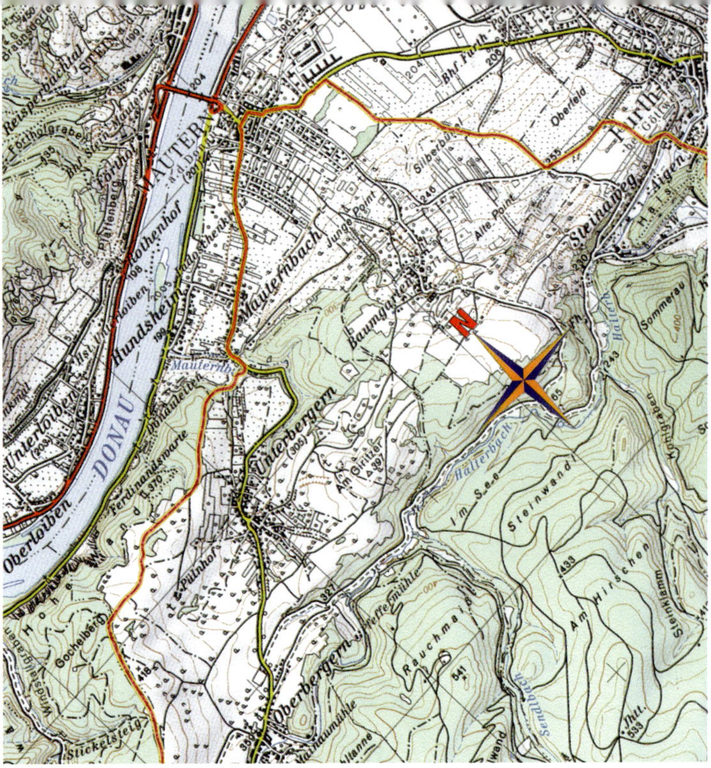

vor er auf eine von links kommende Straße stößt, gehen wir etwa 100 m nach rechts in den Wald hinein zu einer Kreuzung von zwei asphaltierten Straßen (nicht dem gelben Schild geradeaus folgen, großer Umweg!). Wir folgen der Straße nach Schenkenbrunn etwa 50 m nach links und nehmen dann den Forstweg nach rechts, der – manchmal etwas verwachsen – in einem weiten Rechtsbogen in den Seeleitengraben hinunterführt. Wir nehmen dort die Forststraße grabenaufwärts. Bei der ersten Gabelung gehen wir links weiter, sozusagen im Graben bleibend. Nach etwa 15 min kreuzen wir den Wanderweg 653, wir bleiben auf der Forststraße. Bei der nächsten Gabelung steigen wir relativ steil nach links einen Hohlweg hinauf, nach einem dunklen Waldstück und einer Lichtung mündet der Weg in eine Forststraße, auf der wir rechts (bergauf, N) weitergehen. Die Forststraße steigt an und schwenkt nach S. Am Kreuzberg begegnen wir der ersten Beschilderung nach Maria Langegg ①. Wir bleiben am Waldrand, die Forststraße vollzieht einen steileren Rechtsbogen in den Wald hinein. Am Ende des Bogens und der Steigung zweigt nach links ein Pfad ab. Achtung: Die blau-weiße Markierung ist sehr undeutlich!
Der ziemlich verwachsene Pfad führt zu einer weiteren Forststraße, der wir bergauf an einem Schranken vorbei bis zu einer Kreuzung von mehreren Forststraßen, dem sogenannten „Kastlkreuz", folgen. Von dort ist der Weg hinunter zum Wallfahrtsort Maria Langegg (nach rechts zuerst steil) gut beschildert.

GÖTTWEIG. 1094 übernehmen die Benediktiner das 1083 von Bischof Altmann von Passau gegründete Augustiner-Chorherrenstift. Es beginnt eine Blütezeit, die sich zuerst in der Gründung weiterer Stifte äußert (Garsten 1107, Seitenstetten 1116) und die ihren Höhepunkt unter Abt Gottfried Bessel

(1714–1749) findet. Die gewaltige Barockanlage des Johann Lukas von Hildebrandt, die eigentlich nur die frühbarocke Stiftskirche Mariä Himmelfahrt, die Hälfte des alten gotischen Schlosses und die Erentrudiskapelle (13. Jh., vermutlich Nachfolgebau einer vorchristlichen Kultstätte) ausklammert, gibt beredtes Zeugnis davon. Wären alle Pläne des Johann Lukas von Hildebrandt verwirklicht worden, stünde heute eines der großartigsten barocken Klosterschlösser Europas in der Wachau. Große Teile des Klosters sind heute als Museum der Öffentlichkeit zugänglich gemacht worden.
Die Präsenz dieses wichtigen Benediktinerklosters (man denke an die enge Verbindung von Cluny zum Jakobsweg in Spanien) und seine Ausstrahlung in die gesamte Umgebung ließen wohl viele Jakobspilger den Weg über Göttweig wählen. Dazu kommt, daß im 12. Jahrhundert das Grab des Gründers, des hl. Altmann, selbst Ziel von zahlreichen Wallfahrten war.

MAUTERN. Schon 907 war der Ort zur Stadt erhoben worden, seine Geschichte geht aber bis in die Römerzeit zurück. Hier stand das römische Mi-

litärlager Favianis. Mautern wird auch als „Mutaren" im Nibelungenlied genannt. Der Ort lag also eindeutig an einer wichtigen Verkehrsader. Die gotische Pfarrkirche St. Stephan stammt aus dem frühen 15. Jahrhundert, die Pfarre besteht seit 1050 und gehört zum Stift Göttweig. Die Margarethenkapelle (1083 erwähnt) wurde auf den Resten einer römischen Mauer erbaut, vor ihr sieht man noch den römischen Stadtgraben. Sehenswert ist noch der Nikolaihof, ein Wirtschaftshof, ursprünglich in Passauer Besitz, mit der Agapitkapelle, die schon 985 in einem Synodenbericht erwähnt wird.
- *Ilse Brauneis, Grüner Weg 37, Tel. 02732/85188*
- *Helga Schweigl, Hundsheim 20 (nach Mautern), Tel. 02732/85750*

ROSSATZ. Obwohl nicht direkt am Weg liegend und heute zu Fuß nur über beschwerliches Gehen auf der Straße (von Mautern 7 km nach W) zu erreichen, sei dennoch die Jakobskirche von Rossatz genannt. Ihre Entstehung in der Frühgotik (1320) läßt den Schluß zu, daß die Jakobspilgerschaft in dieser Gegend bekannt war und gepflegt wurde.

MARIA LANGEGG. Zum Dank für eine Gesundung wurde hier eine Kapelle errichtet und 40 Jahre später den Serviten übergeben. Der Ort entwickelte

Am Rande des Dunkelsteiner Waldes

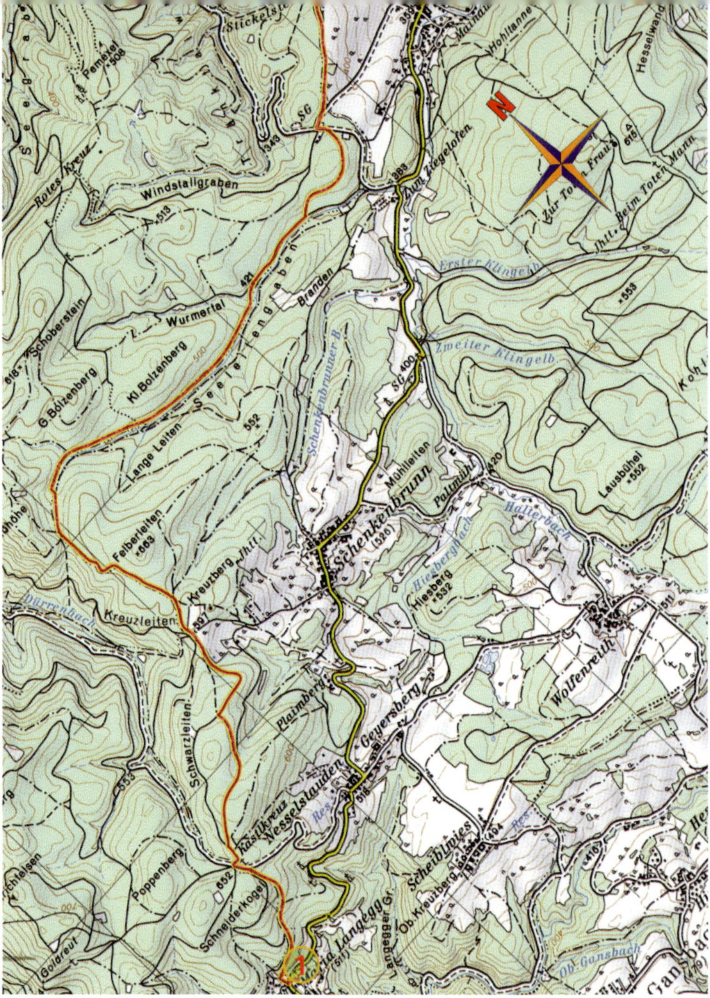

sich mehr und mehr zum beliebten Wallfahrtsziel, und aus der Kapelle wurde in mehreren Bauabschnitten ein Kloster, dessen Kirche Mariä Geburt (mit einem prächtigen Hochaltar) schließlich 1773 geweiht wurde. Heute beherbergt das Kloster die „Katholische Gemeinschaft der Seligpreisungen", die 1973 in Frankreich gegründet wurde und der hl. Therese von Lisieux geweiht ist.

- *Im Kloster (unbedingt vorher anrufen, ein Platz kann nicht garantiert werden!), 3642 Aggsbach Dorf, Maria Langegg 1, Tel. 02753/393*
- *Josef Speiser, Maria Langegg 3, Tel. 02753/70058*

MOUNTAINBIKEEIGNUNG: Für die Strecke Göttweig–Aigen empfiehlt es sich, auf die Straße über Furth auszuweichen, und von Mauternbach bis Maria Langegg rate ich, die Straße über Oberbergern und Schenkenbrunn zu benützen, obwohl es dazwischen schon auch mit dem Rad zu befahrende Abschnitte gibt.

ÖFFENTLICHER VERKEHR: Der Ausgangspunkt liegt an der Bahnlinie, Mautern ist mit dem Bus erreichbar.

26 km – ca. 6 Std.

Diese Etappe bringt uns nach Melk, das mit Sicherheit zu den wichtigsten Stationen des österreichischen Jakobsweges gehörte. Von Melk nach Westen führte die Donaulimesstraße an der Donau entlang über Pöchlarn nach Ybbs. Bevor wir aber nach Melk gelangen, müssen wir noch den Dunkelsteiner Wald hinter uns lassen und kommen dabei an der Klause Aggsbach und an Wolfstein vorüber, wo wir neben dem Pilgerheiligen auch dem hl. Wolfgang begegnen. Und schließlich kommen wir nach langer „Abstinenz" bei Schönbühel wieder an die Donau, der der Jakobsweg seit Wolfsthal folgt.
Der historische Weg verlief mit Sicherheit auf der Römerstraße am südlichen Donauufer, ich habe aber aus verschiedenen Gründen eine Variante nördlich der Donau gewählt: Bundesstraße, Auto- und Eisenbahn machen den südlichen Uferstreifen sehr eng, zum Gehen bleibt nur mehr der Donau-Radwanderweg, und der ist durchgehend asphaltiert, außerdem herrscht hier im Sommer dichtester Radverkehr. Hingegen ist das Plateau nördlich der Donau beinahe menschenleer, wunderschön und bietet traumhafte Ausblicke auf das Stift Melk. Zudem erlaubt die nördliche Variante den Besuch von zwei wichtigen Plätzen: Artstetten mit seiner Jakobskirche und den Wallfahrtsort Maria Taferl. Diese Route ist ein Vorschlag, ein wesentlicher Aspekt beim Pilgern zu Fuß ist ja, daß man seinen Weg frei wählen kann.

Maria Langegg – Wolfstein (ca. 2 Std.)

Wir umgehen die Kirche an der Ostseite. Der Weg führt am „Klosterstüberl", in dem man gut und preiswert essen kann, vorbei nach unten (auf keinen Fall den gelben Schildern folgen, sie führen den Weg über die Ruine Aggstein, ein riesiger Umweg, mit zusätzlichen Steigungen!).
Nach einigen Kreuzwegstationen, dort wo der Kreuzweg nach links schwenkt, gehen wir geradeaus weiter bergab bis zum Waldrand. Dort wenden wir uns nach links, wieder in den Wald hinein und steil bergab zu einem Wendeplatz. Vom Wendeplatz weg nicht die Forststraße nehmen, sondern den kleinen, undeutlichen Pfad (sehr undeutlich markiert), der steil nach unten geht, praktisch in der Fallinie des kleinen Bächleins. Der Pfad mündet in die Straße nach Aggsbach, ihr folgen wir talauswärts bis zum Dorfeingang. Im Ort nehmen wir die Straße nach Wolfstein (links) und kommen an der Kartause vorbei. Ungefähr 10 min nach der Kartause zweigt nach rechts ein rot-weiß markierter Wanderweg nach Wolfstein ① ab. Er verläuft höher im Wald parallel zur Straße und erspart uns fast zwei Straßenkilometer.

Wolfstein – Emmersdorf (ca. 2¼ Std.)

Gleich nach Wolfstein zweigt eine Forststraße (durch einen Schranken versperrt) nach rechts ins Raintal ab. Bei der Gabelung nach einem Marterl gehen wir links, weiter bachaufwärts. Der Weg führt aus dem Wald heraus und steigt weiter an. Auf der Hügelkuppe, bei einem Bildstock, biegen wir rechts (W) ab (nicht geradeaus dem gelben Schild nach, Umweg über Gerolding!) und gelangen über einen Feldweg zum Purzellerhof, der an der Straße liegt. Wir gehen auf der Straße etwa 200 m Richtung N-NW, bei der kleinen Marienkapelle biegen wir wieder links ab (nicht auf der Straße bleiben!) und ge-

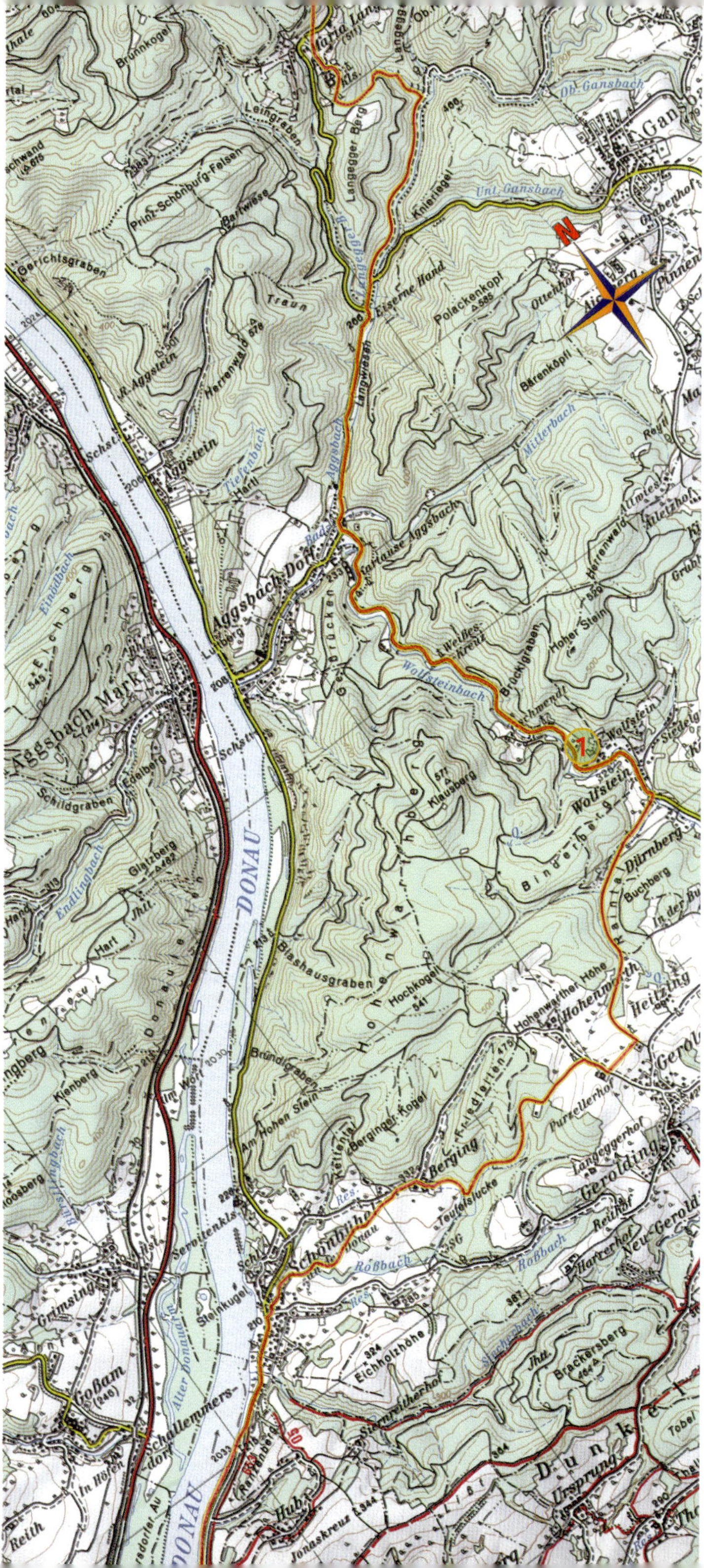

Brunnkogel
Leingraben
Langegger Berg
Prinz-Schönburg-Felsen
Bartwiese
Gerichtsgraben
Traun
Herrenwald 578
R. Aggstein
Ob. Gansbach
Unt. Gansbach
Knieriegel
Langegger B.
Eiserne Hand
Polackenkopf
Ottenhof
Bärenkopf
Mitterbach
Langwiesen
Aggsbach
Aggstein
Tiefenbach
Hartl
Kartause Aggsbach
Aggsbach-Dorf
Aggsbach Markt
Weißes Kreuz
Wolfsteinbach
Brücklgraben
Hoher Stein
Herrenwald
Wolfstein
Klausberg
Binderberg
Dürnberg
Buchberg
Schildgraben
Edelberg
Glatzberg
Endlingbach
DONAU
Hart
Blashausgraben
Hochkogel 541
Hohenwarther Höhe
Hohenwarth
Heitzing
Kienberg
Bründlgraben
Am Hohen Stein
Berginger Kogel
Kiedlerieten 475
Purzellerhof
Berging
Langeggerhof
Geroldinger
Teufelslucke
Schönbühel
Roßbach
Harrerhof
Neu-Gerold
Grimsing
Seroitenkls.
Steinkugel
Eichholzhöhe
Stierreitherhof
Brackersberg
Goßam
Alter Donauarm
Schallemmersdorf
Hub
Jonaskreuz
Dunkel
Ursprung
Reith
In Höfen
Tobel

hen rechts von einer alleinstehenden Villa auf dem Forstweg in den Wald hinein. Achtung: Der Forstweg beschreibt einen Linksbogen, leicht bergab. Nach der Kurve, am Beginn der langen Geraden, zweigt links ein Pfad ab (Markierung!) und führt relativ steil durch den Buchenwald hinunter. Am Ende vollzieht er eine scharfe Biegung nach rechts und verläuft am Waldrand bis zum Weiler Berging, den wir in nordwestliche Richtung durchqueren. Vor dem Ortsende-Schild zweigt der Wanderweg 653 (Markierung) nach links ab.

Mit dem Schloß Schönbühel schon vor Augen gehen wir über Wiesen hinunter zur Ortschaft Schönbühel, überqueren die Bundesstraße und kommen zum Treppelweg an der Donau. Er wird zum asphaltierten Radweg, und auf diesem gelangen wir donauaufwärts zur neuen, schon weithin sichtbaren Donaubrücke. (Die gelben Schilder ignorieren wir, so ersparen wir uns einen Umweg und ziemlich einige Höhenmeter.) Wer Melk ② besuchen will oder sich für die Variante über Pöchlarn entschieden hat, unterquert die Brücke und bleibt am südlichen Donauufer. (Um nach Urfahr ans nördliche Ufer zu gelangen, müssen wir nicht mehr zurück zur großen Donaubrücke. Wir kommen von der Uferstraße im Ort über eine Brücke in die Donauauen, auf Auwegen nach Westen zum Kraftwerk Melk und überqueren dort die Donau.) Wer Melk ausläßt und gleich ans Nordufer will, geht noch ein Stück vor der Donaubrücke hinauf zur Bundesstraße und nimmt die Treppe, die gleich nach der Brücke über die Pielach nach links zur Donaubrücke hinaufsteigt. Über die Brücke kommen wir nach Emmersdorf.

Emmersdorf – Leiben (ca. 1½ Std.)

Für etwa 5 km müssen wir jetzt den Weg mit den zahlreichen Radfahrern teilen, die den Donau-Radwanderweg bevölkern. Wir werden mit wunderschönen Ausblicken auf das Stift Melk und mit schönen Rast- und Jausenplätzen an der Donau mehr als entschädigt. Wir lassen die Ortschaften Emmersdorf, Luberegg und Weitenegg rechts liegen, erst beim Weiler Urfahr gehen wir in den Ort hinein. Dort gehen wir etwa 30 m nach rechts, also zurück nach Osten, um dann auf steilen Treppen, die Eisenbahngeleise überquerend, hangaufwärts der rot-weißen Markierung folgend die Donau unter uns zu lassen. Der anfangs steile Hang wird flacher, wir erreichen eine kleine Straße. Auf ihr gelangen wir nach rechts bis Leiben, Ortsteil Weinzierl.

Schloß Schönbühel an der Donau

AGGSBACH. Die ehemalige Kartause Marienpforte wurden 1380 gegründet und mit 12 Mönchen besiedelt, die Kirche Mariä Himmelfahrt wurde 1392 geweiht. Von der ursprünglichen großen Anlage ist noch der gotische Kreuzgang erhalten, der Rest stammt vor allem aus dem 16. und 17. Jahrhundert.

WOLFSTEIN. Die Burg Wolfstein – die Ruine ist gut auf einem Hügel sichtbar – hatte eine Kapelle, die dem hl. Jakob geweiht war. Im Mittelalter kamen die Leute von weit her, um zu ihm zu beten, da man ihn für das gute Wetter verantwortlich machte. Dies soll nach einer Legende den Neid der Bauern der Nachbargemeinde erweckt haben, die beschlossen, ihn zu entführen. Der Heilige hielt es an seinem neuen Standort aber nicht lange aus und kehrte eines Nachts, bei Sturm und Eiseskälte, alleine in seine Kapelle in Wolfstein zurück.

Aggsbach-Klause

Erwähnenswert ist weiters der große Findling mit einem Bildstock neben der Straße. Der Bildstock stellt den hl. Wolfgang dar, wie er auf ebendiesem Findling sitzt. Der Legende nach setzte sich der hl. Bischof Wolfgang im Zuge seiner Missionierungstätigkeit in dieser Gegend auf den Findling, um zu rasten und um ein Stück Brot zu verzehren. Da die Spatzen ihm aber andauernd das Brot stibitzten, stampfte er zornig mit seinem Fuß auf und verfluchte die Spatzen. Seither gibt es in dieser Gegend keine Spatzen mehr und der große Findling ist durch den gewaltigen Tritt gespalten.

SCHÖNBÜHEL AN DER DONAU. Im Jahre 1666 errichteten Serviten hier ein Kloster und die Kirche St. Rosalie. Hinter dem Hochaltar liegt – eingebaut – eine Nachbildung der Grabkammer Christi. Unter dieser Grotte ließ der Stifter, Graf Starhemberg, der Donau zugewandt, auch eine Nachbildung der Bethlehemskapelle bauen.
Das Schloß Schönbühel, dessen alte Mauern vom Beginn des 12. Jahrhunderts in den jetzigen Neubau von 1819–21 einbezogen wurden, liegt auf einem Felsvorsprung über der Donau. Es befindet sich in Privatbesitz und kann nicht besichtigt werden.
• vor Schönbühel: der Kirchenwirt in Gerolding, Tel. 02752/8200
• Hildegard Miedler, Schönbühel 81, Tel. 02752/8421

MELK. Die römische Limesstraße von Arelape (Pöchlarn) nach Namare (Melk) führte am Donauufer entlang. Schon zu dieser Zeit befand sich auf dem Stiftsfelsen eine Siedlung. Das Medelike des Nibelungenliedes wird urkundlich 831 das erste Mal erwähnt und diente um 900 den Ungarn als Grenzfeste (der Name ist slawischen Ursprungs und bedeutet Grenze), bis es 976 von Leopold I. erobert wurde. 1089 siedelte Leopold II. die Benediktiner aus Lambach an, und 1131 wurden die Gebeine des hl. Koloman aus Stockerau hierher überführt. Im 15. Jahrhundert ging vom Stift eine Reform der Ordensregel aus, die sogenannte „Melker Reform", welche die Straffung der Disziplin vor allem in den österreichischen und süddeutschen Benediktinerklöstern zum Ziel hatte.
Das heutige Erscheinungsbild des Stiftes entstand nach einem verheerenden Brand im Jahre 1683, der das Kloster vollkommen zerstörte. Von 1700 bis

Stift Melk

1726 wurde das Kloster nach den Plänen und unter der Leitung von Jakob Prandtauer von Grund auf neu gebaut und von seinem Nachfolger Munggenast vollendet. Die einheitliche barocke Schloßanlage auf dem Granitfelsen über der Donau, dessen volle Pracht nur vom Strom aus ganz erfaßt werden kann, ist das größte niederösterreichische Kloster und zählt zu den bedeutendsten Schöpfungen barocker Baukunst in Europa. Die Stiftskirche Peter und Paul mit den drei größten Schätzen des Klosters, dem „Melker Kreuz" (1362), dem „Tragaltärchen Swanhilds" (Gattin des Markgrafen Ernst von Babenberg) und dem „Kopfreliquiar" aus dem 13. Jahrhundert sowie die europaweit einzigartige Bibliothek mit ihren 580.000 (!) Bänden seien aus der Fülle der kunsthistorischen Kostbarkeiten hervorgehoben.
Im linken Seitenschiff der Stiftskirche und auf dem Brunnen auf dem Rathausplatz in der alten Stadt findet sich die Figur des hl. Pilgers Koloman.

- *Jugendherberge, Abt-Karl-Straße 42, Tel. 02752/52681 (Jugendherbergsausweis erforderlich)*
- *Familie Grafeneder, Johann-Steinböck-Straße 5, Tel. 02752/53674*
- *Willibald Lechner, Wiener Straße 11, Tel. 02752/52859*

EMMERSDORF AN DER DONAU war schon in Urzeiten besiedelt und wurde 1171 erstmals urkundlich erwähnt. Sein wirtschaftlicher Aufschwung als Wassermautstation (zwischen Krems und Passau gab es bis 1497 – Linz – keine Brücke!) führte 1259 zur Markterhebung. Beeindruckend sind die Hochwassermarken an den Häusern entlang der Durchzugsstraße an der Donau. Die Pfarrkirche St. Nikolaus ist ein spätgotischer Bau (1336) mit einem vermutlich noch älteren Kern und einem barockisierten Westturm.

- *Haus Kremser, Rote-Kreuz-Str. 9, Tel. 02752/71878*
- *Franz Perser, Hofamt 24, Tel. 02752/71291*
- *Haus Fleischmann, Emmersdorf 92, Tel. 02752/71972*

LEIBEN. Dem Ort auf der Ebene nördlich der Donau wurde 1513 das Marktrecht verliehen, seine erste urkundliche Erwähnung fand er aber schon zu Beginn des 12. Jahrhunderts. Seine weithin sichtbare spätgotische Hallenkirche St. Corona wurde zwischen 1400 und 1500 erbaut. Das im 12. Jahrhundert erstmals erwähnte Schloß Leiben blickt auf ein bewegtes Schicksal zurück. Nach mehreren Zerstörungen und Besitzerwechseln kam es schließlich in den Besitz der Habsburger, und seit 1918 ist es Eigentum der Österreichischen Bundesforste.

- *Gasthof Traube, Leiben 7, Tel. 02752/71252*
- *Fam. Kaufmann, Mampasberg 16, Tel. 02752/72352*

MOUNTAINBIKEEIGNUNG: Von Maria Langegg hinunter nach Aggsbach muß die Straße benutzt werden, bis Wolfstein sind dann Weg und Straße identisch. Auf dem steilen Hohlweg durch den Buchenwald zwischen Wolfstein und Schönau muß das Rad zumindest teilweise geschoben werden. Vom Weiler Berging bis Schönbühel empfehle ich, die Straße zu nehmen, ebenso für den Abschnitt von Urfahr hinauf zur Straße nach Leiben. Für den Radfahrer bietet sich der Donau-Radwanderweg durch die Wachau als Alternative zum vorgeschlagenen Weg an.
ÖFFENTLICHER VERKEHR: Alle Orte sind mit Bus erreichbar, Emmersdorf und Urfahr liegen an der Bahnlinie.

25 km – ca. 6 Std.

Wir sind weit entfernt von Tourismus und Verkehr und können die sanfte Landschaft des Plateaus in vollen Zügen genießen. Wald, Wiesen und Felder wechseln sich ab, einige der Güterwege, auf denen wir gehen, sind zwar asphaltiert, aber wir werden kaum durch Fahrzeuge gestört. Der Platz vor der Basilika Maria Taferl ist ideal zum Rasten, bevor es wieder zur Donau hinunter und an ihr südliches Ufer geht. Eine angenehme, relativ kurze und sowohl landschaftlich als auch kulturell sehr interessante Etappe. Gerade richtig zum Atemholen vor den längeren Etappen, die an den nächsten Tagen auf uns warten.

Leiben – Maria Taferl (ca. 2½ Std.)

Von Leiben gehen wir auf einer kleinen Straße geradeaus nach W, es ist der Wanderweg 22 nach Maria Taferl (rot-weiße Markierung). Hinter dem Weiler Losau hört der Asphalt auf, und wir kommen auf Feld- und Waldwegen nach Hasling, immer auf der Markierung 22. Achtung: Nach dem ersten kleinen Waldstück kommt eine Lichtung. Am Ende dieser Lichtung zweigt vom Güterweg nach links ein Pfad ab und führt zu einem Bächlein hinunter. Wir gehen den Gegenhang hinauf und stoßen auf die Straße nach Hasling. Bei der Gabelung vor dem Ort links. Wir durchqueren den Ort (eine Rechts- und eine Linkskurve) und verlassen ihn auf dem asphaltierten Güterweg (immer noch mit 22 M. T. markiert), der uns nach Artstetten ① bringt.

In Artstetten geht es bergauf zum Ortskern am Fuß des Schloßhügels. Um den Ort zu verlassen, gehen wir den Linksbogen der Straße bergab aus, biegen dann rechts ab (SW), kommen am Friedhof vorbei und gelangen auf einem Wiesenweg zum Bauernhof „Ziegelstadel". Oberhalb des Hofes führt uns ein Weg über die Wiesen (SW) bis zum Feldweg, auf dem wir nach Unterthalheim gelangen. Knapp vor dem Ort bekommen wir auch die Markierung

Blick auf Schloß Artstetten

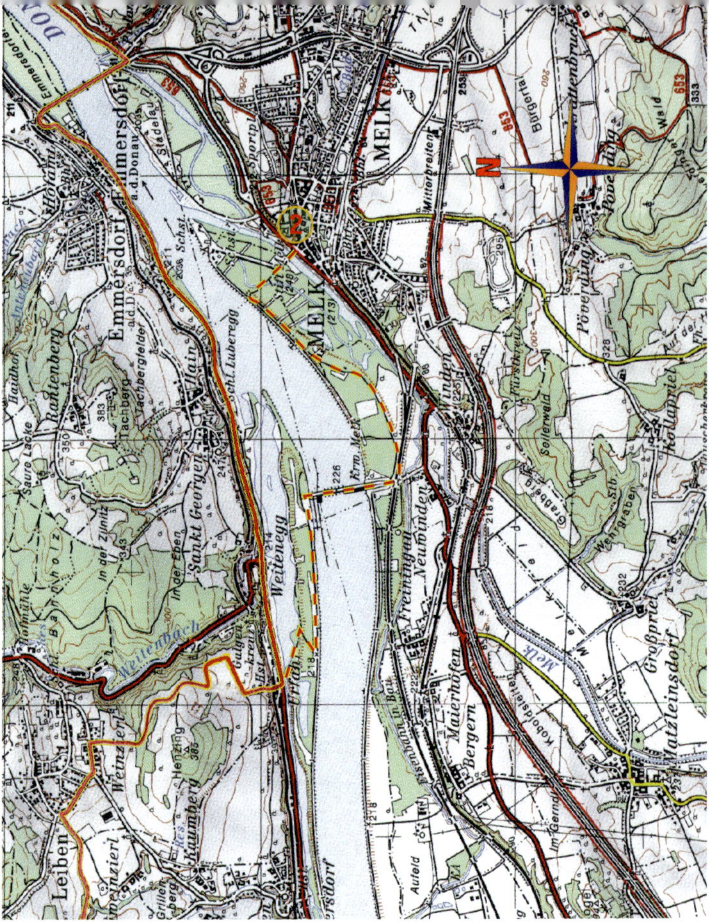

wieder zu Gesicht, die seit Artstetten schon verloren schien. Man kann sagen, daß von Unterthalheim alle Wege nach Maria Taferl führen. Es ist also bloß eine Frage der persönlichen Präferenz, für welchen der vielen Wege man sich entscheidet. Ich bin den Weg „M. T. 11/15“ weiter nach Westen gegangen. Zuerst geht es bergauf, bei der ersten Gabelung nach dem Ort rechts, bei der nächsten links. Auf der Hochfläche sind schon die Türme von Maria Taferl ② zu erblicken, man kann sich nicht mehr verirren. Wir kreuzen einen Feldweg, gehen weiter nach W und stoßen auf eine Asphaltstraße, der wir südlich auf den Ort zu folgen. In der scharfen Linkskurve geht der Weg geradeaus hinauf zur Basilika.

Maria Taferl – Ybbs (ca. 3 Std.)

Vom Platz vor der Kirche führt der Weg Nr. 3, dann 16 vom Landesehrenmal steil nach links hinunter, quert die Straße und bringt uns an die Donau, nach Marbach. Bis Gottsdorf bleiben wir nun auf dem Radwanderweg am Nordufer. In Gottsdorf biegen wir vor der Kirche nach rechts ab, wenden uns bei der Kreuzung nach links und dann gleich wieder nach rechts. Über die Felder führt uns zuerst eine kleine Straße, dann ab der Kreuzung mit einer NS verlaufenden Straße ein Feldweg zu den ersten Häusern von Persenbeug. Parallel zur Bundesstraße (oder auf ihr) durchqueren wir die Siedlung und gelangen zur Kirche. Von dort gehen wir hinunter zur Donau, unterqueren die Staumauer und gehen danach bei der ersten Möglichkeit nach rechts hinauf zur Straße, auf der wir zurück zur Staumauer und auf dieser ans Südufer der Donau gelangen. (Nach Ybbs 20 bis 30 Minuten stromabwärts). Hier klinken wir uns in den ab Seite 55 beschriebenen Weg ein.

ARTSTETTEN. Etwas westlich von Leiben schmiegt sich das kleine Dorf (1259 erwähnt) um Schloß und Kirche. Das mehrfach umgebaute Renaissanceschloß wurde wahrscheinlich auf den Grundfesten einer mittelalterlichen Burg errichtet. Es kam 1823 in den Besitz der Habsburger. Bis zu seinem Tod in Sarajevo war es Eigentum und Wohnsitz des Thronfolgers Franz Ferdinand I. und seiner Frau Sophie von Hohenberg. Beide sind in der Familiengruft der Hohenberg unterhalb der Kirche begraben.
Die Pfarrkirche zum hl. Jakobus ist älter als das Schloß und war ursprünglich ein freistehender gotischer Bau (1343 erwähnt), der Ende des 17. Jahrhunderts zum barocken Saalbau erweitert und bis zum Schloß verlängert wurde. Der Pilgerapostel säumt zusammen mit dem hl. Leopold (dem Patron Österreichs) das Altarblatt des linken Seitenaltars, weiters zeigt ihn das ehemalige Hochaltarbild von 1788 in der Maurenschlacht.

- *Bauernhof „Blumenthalhof", Fam. Spiesmayer, Ziegelstadel 3 (5 min nach Artstetten), Tel. 07413/8289*
- *Johanna Reisinger, 3672 Unterthalheim 34 (20 min nach Artstetten), Tel. 07413/7910*

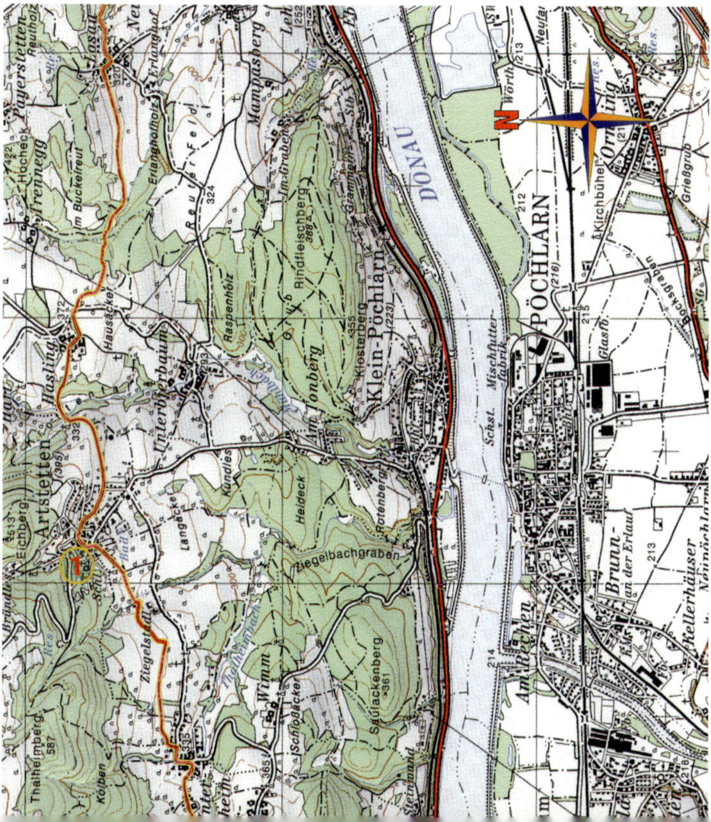

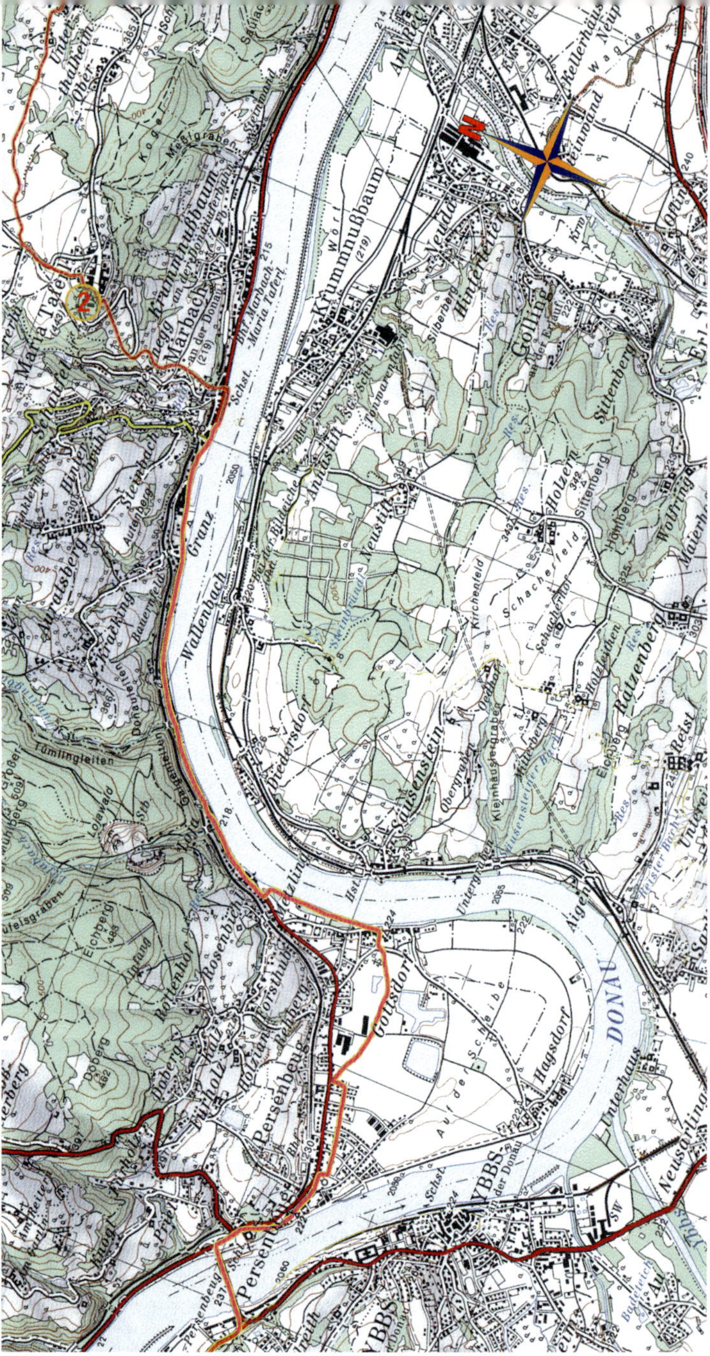

MARIA TAFERL, Landeswallfahrtsort von Niederösterreich. Nach einer Legende fanden 1633 und 1642 bei einer Kreuzeiche Wunderheilungen statt, welche nach dem Einsetzen einer geschnitzten Pietà in den Baum noch zunahmen. Der „Taferlstein" vor der Kirche weist aber auf einen möglicherweise

keltischen Ursprung des Heiligtums hin. Die erste Kapelle, Ausdruck des wachsenden Pilgerstroms, wurde schon 1659 errichtet. In den Jahren der Türkenbedrohung erlangte der Wallfahrtsort eine weit über die Region hinausragende Bedeutung. Noch heute kommen Pilger aus dem böhmischen Raum nach Maria Taferl. Die Basilika zur Schmerzhaften Muttergottes ist ein barocker Bau, an dem mehrere große Baumeister gearbeitet haben und der schließlich 1711 durch Jakob Prandtauer vollendet wurde.

- *Pilgergasthof „Zum Goldenen Löwen“ im Zentrum, Tel. 07413/340*
- *Poldi Hinterleither, Maria Taferl 28, Tel. 07413/7839*

MARBACH AN DER DONAU, ursprünglich ein wichtiger Holzhandelsplatz, erlebte mit der Wallfahrt nach Maria Taferl einen großen Aufschwung. Es wird vermutet, daß sich an dieser Stelle schon im 9. Jahrhundert eine Taufkirche befand, von einer Pfarre St. Martin ist seit dem Ende des 12. Jahrhunderts die Rede. Die heutige Kirche stammt, bis auf den gotischen Chor und den barocken Südturm, aus dem 19. Jahrhundert. Seitlich des Hochaltars finden wir eine Statue des hl. Rochus von 1747.

PERSENBEUG-GOTTSDORF. Das Wahrzeichen des Ortes, Schloss Persenbeug, (schon 883 erstmalig erwähnt), kam um 1800 in den Besitz der Habsburger – ist es heute noch – und ist Geburtsstätte des letzten Habsburgerkaisers, Karl I. Seine Lage an der Donau, am Übergang vom Nibelungengau zu dem ob seiner gefährlichen Strudel gefürchteten Strudengau, hat seine Geschichte bis zur Errichtung des Donaukraftswerks (1954–58) wesentlich bestimmt. An diese Zeit erinnert u.a. das „Schiffsmeisterhaus“ aus der Mitte des 16. Jahrhunderts. In der Pfarrkirche St. Peter und Paul in Gottsdorf (gotisch, mit Resten des romanischen Vorgängerbaus und dem barocken Westturm) können wir das Altarbild von Paul Troger (1712/14) und Fresken aus der zweiten Hälfte des 16. Jahrhunderts bewundern.
Auch die spätgotische Florianikapelle (seit einer Spende Kaiser Maximilians ist auch sein Namensvetter Kirchenpatron) im Ort verdient unseren Besuch.

Blick auf Maria Taferl

Günstige Übernachtungsmöglichkeiten in:
- *Metzling (Wachauerstr. 57, Tel. 07412/52443; Wachauerstr. 91, Tel. 07412/52254, 54207).*
- *Gottsdorf (Donaustr. 34, Tel. 07412/52843; Donaustr. 38, Tel. 07412/ 53353, 56656) und*
- *Persenbeug (Nibelungenstr. 62, Tel. 07412/58955; Pappelstr. 3, Tel. 07412/53515)*

YBBS AN DER DONAU. In der Nähe oder an der Stelle der heutigen Stadt (seit 1309) stand schon zur Römerzeit eine Ansiedlung. Wir befinden uns wieder auf der Donaulimesstraße. Im 8. Jahrhundert gründete das Hochstift Salzburg eine Siedlung, urkundlich wird „Yppesburg" 837 erstmals erwähnt. Als Handels-, Transport- und Mautstadt (die Salz- und die Eisenstraße führten hier an die Donau) errang Ybbs Reichtum und Einfluß. Kriege und verheerende Brände (1716 und 1868) setzten der Stadt sehr zu, einige wichtige Bauwerke (vor allem das Passauer Kastenamt mit angezeichneten historischen Wasserständen) blieben jedoch bis heute erhalten. Durch den Bau des Donaukraftwerks in den 50er Jahren dieses Jahrhunderts wurde eine Straßenverbindung ans Nordufer geschaffen. Der damit erfolgte Anschluß an das moderne Verkehrsnetz verhalf der Stadt zu einem neuen Aufschwung.

Die Pfarrkirche St. Lorenz ist ein spätgotischer Bau, entstanden um 1490 (Chor 1512). Im Hof der Kirche erkennt man schwach das in roten Linien gezeichnete spätgotische Fresko des hl. Christophorus, es wird leider als nicht mehr restaurierbar bezeichnet. Im Inneren sieht man im nördlichen Seitenschiff, am Sebastianaltar, rechts vom Bild des Märtyrers die Statue des hl. Rochus.
- *Hilda Stoiber, Aug.-Steindl-Gasse 10 (am Ortseingang), Tel. 07412/58061*
- *Maria Brunner, Angernstr. 7 (im Zentrum), Tel. 07412/53487*
- *Gasthof „Zum Goldenen Adler", Kirchengasse 15 (Zentrum), Tel. 07412/ 52232*

MOUNTAINBIKEEIGNUNG: Von Artstetten nach Unterthalheim sollte die Straße benützt werden, ebenso von Maria Taferl hinunter nach Marbach. Dann Radweg bis Persenbeug.
ÖFFENTLICHER VERKEHR: Alle Orte sind mit Bus erreichbar, Marbach, Persenbeug und Ybbs liegen an der Bahnlinie.

Wegsäule bei Artstetten

31 km – ca. 8 Std.

Es steht außer Zweifel, daß die Jakobspilger im Mittelalter die Trasse der Römerstraße benützten, die durchs Tal der Ybbs nach Amstetten verlief. Diese vom Gelände her logische Ost-West-Verbindung ist aber auch von anderen erkannt worden, mit dem Ergebnis, daß heute alle wichtigen Verkehrsverbindungen nach Westen hier verlaufen: Bundesstraße, Auto- und Eisenbahn. Für Pilger zu Fuß ist da nicht mehr viel Platz. Es gibt (und gab) jedoch eine Alternative, die nicht nur landschaftlich äußerst reizvoll und fein zu gehen ist, sondern auch kulturell und historisch einige interessante „Schmankerln" aufzuweisen hat. Und darüber hinaus dürfte sie auch im Mittelalter begangen worden sein. Jedenfalls läßt dies die Existenz der Jakobskirche von Neustadtl an der Donau vermuten. Der Wallfahrtsort Kollmitzberg und das berühmte Stift Ardagger machen diese Etappe vollends zu einer der schönsten. Nicht zu vergessen ist auch der gastronomisch-lukullische Aspekt: Wir kommen ins Mostviertel, das, wie der Name schon verrät, für seinen exzellenten Most bekannt ist. Besonders im Spätsommer und Frühherbst gehen wir durch einen einzigen Obstgarten. Um die Verpflegung brauchen wir uns während der nächsten Tage keine Sorgen zu machen!

Ybbs – Hengstberg (ca. 2½ Std.)

Wir gehen an der Kirche und am Hauptplatz vorbei zum Donauufer und dort auf dem Radweg stromaufwärts bis zur Donausperre und -brücke. Wir bleiben am südlichen Ufer und gehen auf der kleinen Straße etwa 400 m weiter nach W, bis der Weitwanderweg 08 (rot-weiß markiert) links den Hang hinauf abzweigt. Der Weg führt an ein paar Häusern vorbei, ein Stück durch den Wald, dann über Wiesen bis zu einer kleinen Straße (Schild Ortsende Ybbs). Auf der Straße gehen wir rechts und bei der Gabelung nach etwa 100 m links. Von dort etwa ein weiterer Kilometer auf Asphalt.

Gleich nach der Stelle, wo von rechts ein Forstweg in die Straße mündet, aufpassen: Nach rechts abbiegen, aber erst bei der zweiten Möglichkeit. Die Markierung ist deutlicher als der Weg. Er führt durch den Wald und ist teilweise ziemlich verwachsen (bei Regen eher unangenehm). Er stößt schließlich auf eine Forststraße, auf der es links weitergeht. Eine Straße wird gequert, dem nächsten Forstweg folgen wir nach rechts. Die Markierung ist immer gut sichtbar. Vor dem Bauernhof am Waldrand biegen wir nach links in den Wald ab und verlassen gleich darauf den Forstweg nach rechts, leicht bergauf. Hier ist wieder die Markierung deutlicher als der Weg. Er vollzieht eine große Rechtskurve, am Schluß direkt am Waldrand, und mündet in die Straße. Diese bringt uns nach links in etwa 2 km, teilweise steil ansteigend, auf die Hügelkuppe (571 m, höchster Punkt mit guter Fernsicht bei schönem Wetter) am Fuß des Hengstberges.

Hengstberg – Neustadtl an der Donau (ca. 2½ Std.)

Der Weitwanderweg 08 zweigt gleich nach der Hügelkuppe, beim Bauernhof Pichelbauer (Übernachtungsmöglichkeit), rechts ab und macht eine Schleife übers Donauufer, was einen beträchtlichen Umweg bedeutet. Wir bleiben auf der Straße, gehen ein Stück bergab, und erst beim nächsten Bauernhof an der Straße, einem großen Vierkanthof („Steiger"), biegen wir rechts ab, bei der T-

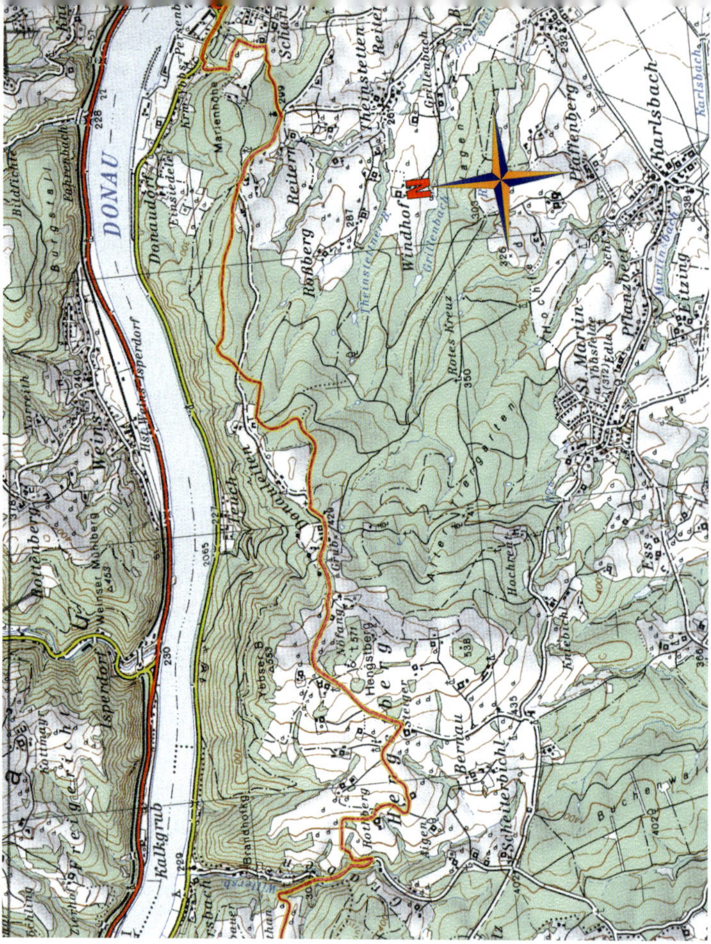

Kreuzung links und bei der folgenden Kreuzung wieder rechts (N). Wir lassen den letzten Hof links liegen und folgen einem Wiesenweg (rot-weiße Markierung) bergab. Der Weg führt nach einer Linkskurve durch ein kleines Gehölz und von dort am Rand eines Feldes geradeaus bergab auf den linken Waldrand zu. Gut aufpassen, weder der Weg noch die Markierung sind hier sehr deutlich! Nach einem kurzen Waldstück wird der Pfad zum breiteren Forstweg, der bergab zur Straße führt. Nach etwa 500 m in Richtung Donau (N) verlassen wir die Straße bei einem Haus nach links bergauf (Abzweigung sehr gut markiert). Auf der Anhöhe steht der Hof „Winthan", hier beginnt wieder Asphalt.

Wir folgen der leicht ansteigenden Straße nach W, bei der T-Kreuzung (Vorrangschild) gehen wir nach links. Der asphaltierte Güterweg senkt sich leicht bergab (rechts steht ein schöner Marienbildstock) und stößt auf eine von links kommende Straße, der wir geradeaus, weiterhin bergab, folgen. Wir kommen an der „Lueger-Kapelle" vorbei. Sie ist dem ehemaligen Bürgermeister von Wien gewidmet, der aus dieser Gegend stammte. Die Bänke im Schatten der Bäume vor der Kapelle laden geradezu zur Mittagsrast ein.

Etwas später kreuzen wir eine größere Straße, die nach Amstetten führt. Wir gehen wieder bergauf, kommen in den Wald und erreichen am Waldrand die Kuppe, von der aus wir schon die Kirche von Neustadtl erblicken. In einem

Marienbildstock bei Winthan

großen Linksbogen bringt uns die Straße nach Neustadtl ①. Unterhalb des Ortes, wo die Straße eine scharfe Linkskurve macht, führt ein Wiesenweg direkt den Hang hinauf in den Ort.

Neustadtl – Zeillern
(ca. 3 Std.)

Von der Kirche wenden wir uns nach links (S), verlassen den Ort auf der Straße, nehmen aber nicht die Abzweigung nach Amstetten, sondern biegen erst bei der nächsten Möglichkeit (kurz nach einem Bildstock am rechten Straßenrand) nach links in eine kleine Straße ab, die bergab führt. Vor einem Hof, direkt vor einer von Ost nach West verlaufenden Hochspannungsleitung, schwenken wir auf einen Feldweg nach rechts. Hier verlassen wir definitiv den Weitwanderweg 08, dem wir – bis auf Ausnahmen – seit Ybbs gefolgt sind.
Bei einem Reitstall biegen wir nach links in die ansteigende Schotterstraße, die wenig später bei einem großen Wegkreuz in eine Asphaltstraße mündet.

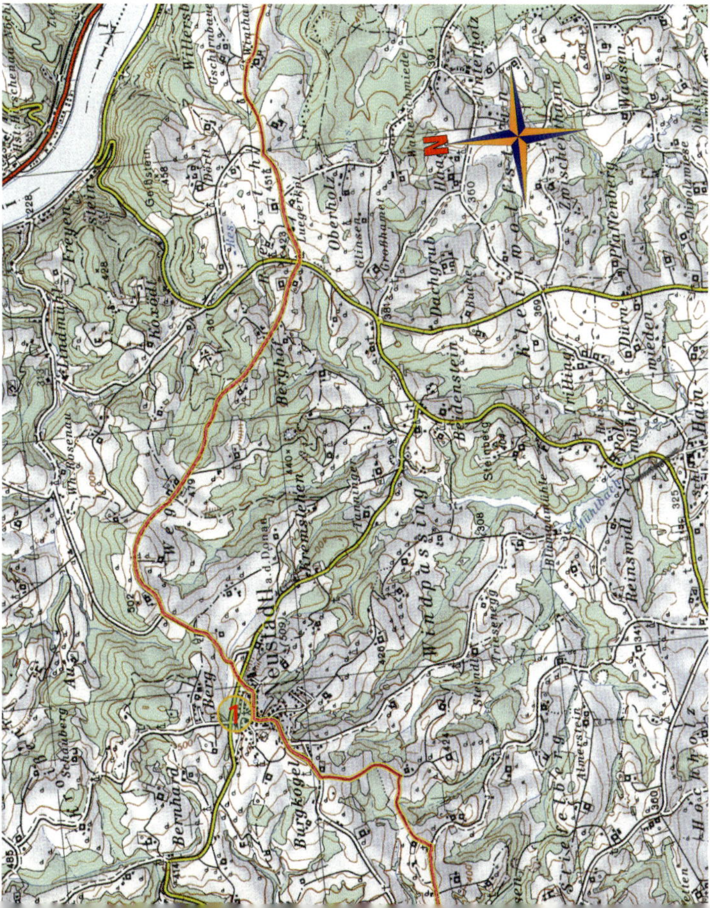

Auf ihr geht es nach rechts bergab bis zur T-Kreuzung am Fuß des Kollmitzberges, den man schon von weitem sieht. Wir gehen nach links, in einer steilen Rechtskurve bergauf und gleich nach dem Ortsschild „Kollmitzberg“ nach rechts weiter bergauf bis zur Kirche (bei schönem Wetter traumhafter Fernblick auf den Alpenbogen!).

Von der Westseite der Kirche gehen wir etwa 50 m auf einem Wiesenpfad bergab (W), bei dem Feldweg schwenken wir nach links (S), queren die Straße und folgen dem asphaltierten Güterweg bergab in Richtung SW. Nach dem letzten Haus beginnt ein Wiesenweg, der bergab durch ein Waldstück und dann am Waldrand zu einer kleinen Straße führt, der wir, immer am Waldrand, folgen. Die Straße vollzieht eine Rechtskurve, wir mit ihr, bei der T-Kreuzung wenig später biegen wir links ab und überqueren den Einzenbach. Am Rand der Siedlung „Am Weinberg“ schwenken wir scharf nach links und kommen ziemlich genau in südlicher Richtung, den Weiler Kirchfeld durchquerend

und uns bei der Gabelung nachher links haltend, zur Bundesstraße 119. Genau gegenüber bringt uns eine kleine Straße zur T-Kreuzung, wo wir nach links hinauf zum Stift Ardagger ② gelangen.
Wir verlassen die Ortschaft in der Richtung, aus der wir gekommen sind, und wenden uns bei der Gabelung nach „Pfaffenberg“ (Schild). Die kleine Straße steigt leicht gegen S an, quert bei einem Bildstock auf der Kuppe eine Straße und senkt sich an einem Bauernhof („Endtner“) vorbei zum „Denkenbachl“. Am Gegenhang steigt sie an bis zu einer Straße, der wir, weiterhin leicht steigend, etwa 400 m nach links (S) folgen. Gleich nach der Kuppe und einem Gehöft biegen wir rechts ab, hinunter zum nächsten Bach. Jenseits des Baches stoßen wir auf die Straße nach Zeillern ③ (links). Vor der Kapelle am rechten Straßenrand biegt rechts der Feldweg zum Friedhof und an diesem vorbei ins Zentrum ab.

- *Erste Übernachtungsmöglichkeit auf halbem Weg zwischen Ybbs und Neustadtl: „Pichelbauer“, Fam. Wiesinger, 3372 Blindenmarkt, Hengstberg 11, Tel. 07412/53739 (exzellentes Frühstück!)*

NEUSTADTL AN DER DONAU, Pfarre seit 1147, besitzt eine dem hl. Jakobus geweihte spätgotische Kirche. Da die Donau zwischen Ardagger Dorf und Ybbs eine sehr schnelle und gefährliche Strömung aufwies (der berüchtigte Strudengau), zogen viele Teilnehmer des Zweiten Kreuzzuges und nach ihnen viele Reisende überhaupt für diese Strecke den Landweg über Neustadtl vor, was zum Entstehen einer doch recht frequentierten Straße geführt haben dürfte. Es ist deshalb nicht so abwegig, hier auch eine Nebenroute des Pilgerweges zu vermuten.

- *Bauernhof Schaching, Fam. Hofer, Bernhard 23 (etwa 15 Gehminuten westlich des Ortes), Tel. 07471/2235*

KOLLMITZBERG ist ein kleiner Kirchweiler mit einer der hl. Ottilie geweihten spätgotischen (um 1490) Wallfahrtskirche, die im 18. Jahrhundert barockisiert wurde. Eine 1000jährige Eiche und germanische Opfersteine lassen hier aber

Friedhof am Kollmitzberg

einen viel älteren, vorchristlichen Kultplatz vermuten. Ende September findet in Kollmitzberg ein bekannter, mehrere Tage währender Kirtag von regionaler Bedeutung statt.

- *Angela Gruber, Kollmitzberg, Tel. 07479/7547,*

STIFT ARDAGGER. Die Kirche des 1049 gegründeten Kollegialstiftes stellt eine gelungene Mischung von spätromanischen, gotischen und barocken Bauelementen dar: Der gotische Chor (14. Jh.) steht über einer romanischen Krypta mit 21 Säulen, an der Südseite befindet sich ein spätromanisches Säulenportal, im Westen ein gotisches, während das Tonnengewölbe und der Hochaltar aus dem Frühbarock (2. Hälfte 16. Jh.) stammen. Das berühmteste Element der Stiftskirche ist aber das große Glasfenster mit farbenprächtigen Bildern aus der Legende der hl. Margarete (um 1234). Es zählt zu den Hauptwerkender österreichischen Glasmalerei dieser Zeit. Das Stift selbst wurde zum Kultur- und Mostverkostungszentrum ausgebaut.

- *Maria Brandstetter, Ardagger Stift, Tel. 07479/7393*

ZEILLERN. Hier kommen wir wieder an die Limesstraße, die auf der Linie Ybbs–Amstetten–Strengberg verlief. Nach dem erfolgreichen Awarenfeldzug Kaiser Karls des Großen kam der Ort 863 in den Besitz des bayrischen Klosters Nieder-Altaich. Die erste feste Kirche dürfte um 1000 gebaut worden sein, Teile dieser romanischen Kirche wurden in den Bau der gotischen (um 1336) einbezogen. Sie ist Jakobus d. Ä. geweiht. Am neugotischen, geschnitzten Hochaltar sieht man, wie er auf dem Weg zu seinem Martyrium dem bekehrten Priester Abiathar die Hände auflegt. Der Ort ist außerdem für Reisende insofern interessant, als die ersten Europareiseführer („Itinerarium Germaniae“, 1632 und 1640 in Straßburg herausgegeben) vom Hauslehrer der damaligen Besitzer des Schlosses Zeillern, von Martin Zeiller (die Namensgleichheit ist nur zufällig!), verfaßt wurden.

- *Quartier (Schlafsack!) mit Kochgelegenheit im Pfarrhof, Pfarrer Amon, Zeillern 12, Tel. 07472/64975*
- *Gasthof „Zur Schloßinsel“, Zeillern 11, Tel. 07472/64987*

MOUNTAINBIKEEIGNUNG: Für den Abschnitt nach Hengstberg empfehle ich, die Straße über Scharlreith zu benützen. Auch vor dem Stift Ardagger könnte die Straße geeigneter sein, konkret ab Kirchfeld.
ÖFFENTLICHER VERKEHR: Neustadtl und Ardagger Stift sind mit Bus erreichbar, ebenso Zeillern.

Ardagger Stift

33 km – ca. 8 Std.

Nachdem Autobahn und Bundesstraße die Limesstraße großteils für sich in Anspruch nehmen, sind wir wieder gezwungen auszuweichen. Der Weg auf der heutigen Etappe entfernt sich aber nie allzu weit von der historischen Route und hat nicht nur den Vorteil des Gehens auf angenehmen und landschaftlich schönen Wegen durch den Obstgarten Mostviertel. Es gilt auch als erwiesen, daß die Römer in Wallsee, durch das wir kommen, ein mächtiges Kastell als Grenzfestung gebaut hatten und daß zu diesem Kastell von Amstetten her eine relativ bedeutende Nebenstrecke der Limesstraße führte.
Für ein kurzes Stück besuchen wir heute wieder einmal die Donau, unseren „roten“ Faden, sonst aber genießen wir die schönen, nur teilweise asphaltierten Wege, die meistens mit Obstbaumalleen (Äpfel, Birnen und Pflaumen) geschmückt sind. Am Ende der Etappe wartet das Juwel der frühchristlichen Krypta von St. Pantaleon auf uns, das uns für die Mühen der langen, aber angenehmen Etappe mehr als entschädigt.

Zeillern – Wallsee (ca. 3 Std.)

Wir verlassen Zeillern nach W, bei der Gabelung halten wir uns rechts (leicht ansteigend) in Richtung Wallsee (Schild). Gleich nach dem Ortsschild zweigt nach links ein Feldweg ab. Von da an folgen wir, bis auf wenige asphaltsparende Varianten, der rot-weißen Markierung des Wanderweges 454 nach Wallsee. Bei der Gabelung in einem kleinen Gehölz gehen wir links und bleiben eine Weile auf einem Asphaltweg parallel zur und oberhalb der Straße, bis ein anderer Asphaltweg nach rechts ansteigt, unter der Hochspannungsleitung durch und zur „Hubertuskapelle“ führt.
Nach der Kapelle geht es nach links ein Stück durch den Wald, aus dem Wald wieder heraus, auf undeutlichem Pfad nach rechts zum Waldrand und an diesem entlang nach NW bis zur Ecke der Lichtung. Dann noch kurz durch den Wald, und wir gelangen auf eine Straße. Nach links kommen wir nach 100 m in den Weiler Edla, gehen die Rechtskurve im Ort aus (nicht Richtung Oed gehen!) und auf der Straße (NW) bis zum nächsten Gehöft (Obertona). Gleich danach führt ein Weg am Waldrand nach links bergab. Bei der Gabelung nach wenigen Metern halten wir uns links (nicht in den Wald hinein) und gleich darauf wieder rechts. Das Gehölz am Bach wird links umgangen, am Gegenhang bringt uns ein Feldweg hinauf zum Weiler Destelberg. Von dort nehmen wir den leicht abfallenden Feldweg nach N und stoßen bei der „Brunnmühle“ wieder auf die rot-weiße Markierung des Weges 454, den wir vor Edla verlassen haben. Bis Sommerau (vor Wallsee) folgen wir diesem:
Von der „Brunnmühle“ nach links, bergauf zum Gehöft „Preinesberg“ und auf dem Güterweg nach SW zur Straße. Auf ihr nach rechts, durch ein Waldstück bergab, in einer Rechtskurve danach links abbiegen, hinunter zum „Schweinbergbach“ und den Gegenhang hinauf bis zur Straße, die uns nach N zum Weiler Schweinberg bringt. Bei der ersten Möglichkeit biegen wir im Ort links ab (Markierung am Boden) und gehen hinunter zum nächsten Bach. Wir bleiben am Bach und folgen ihm nach N bis zur Straße. Nach rechts kommen wir auf ihr zur Übernachtungsmöglichkeit in Sommerau. Wenn wir bis Wallsee weitergehen wollen, queren wir die Straße, gehen an einem Bildstock vorbei, auf einem Pfad durch ein Waldstück und gelangen zum Ortsteil Roßwiese, von dem es nur mehr wenige Minuten ins Zentrum von Wallsee sind: Auf der

von Sommerau kommenden Straße ein paar hundert Meter nach links, dann nach rechts in den Ort hinein.

Wallsee – Strengberg (ca. 1½ Std.)

Vom Hauptplatz – vor der Fleischerei (und Gasthof) „Sengsbratl" – biegen wir nach links in eine enge Gasse ein und folgen der Markierung hinunter in Richtung Donau. Vor dem Freibad gehen wir nach links bis zum Ufer des Donauseitenarms. Dort beginnt der Wanderweg nach Strengberg. Bis zum Gehöft „Rohrmühle" (Bioprodukte) gehen wir am Ufer entlang, ab dort schwenken wir nach S in Richtung Strengberg: Zwischen den Gebäuden biegen wir auf einen bergan führenden Asphaltweg nach rechts ab, den wir nach etwa 100 m aber gleich wieder nach links verlassen. Auf einem von Obstbäumen gesäumten Feldweg geht es weiter bergauf. Wir kommen am „Schickenhof" vorbei, bleiben auf der Kuppe und gelangen zum Weiler Kleinhaag. Wir queren die Straße und gehen weiter nach W zur nächsten Straße. Auf ihr ist es etwa 1 km bis nach Strengberg, die Kirche ist schon von weitem zu sehen. Wer abkürzen will, kann nach der Johanneskapelle (mit einer Johannes-von-Nepomuk-Statue im Inneren, 1727) im Ortsteil Limbach nach rechts abbiegen, nach 100 m wieder links und gelangt so direkt auf die B 1 am Ortsende von Strengberg.

Strengberg – St. Pantaleon (ca. 3½ Std.)

Wir verlassen Strengberg auf der B 1 in Richtung W. Bei der ersten Möglichkeit, die Bundesstraße nach rechts zu verlassen, etwa 50 m vor der Tankstelle, biegen wir auf einen Asphaltweg ab, auf dem wir bis zum Gehöft „Buch" gehen. Das Gehöft wird links umgangen. Es taucht wieder die blau-weiße Markierung des „Donau-Rundwanderweges" auf, die wir bereits ab und zu gesehen haben und die uns von nun an ziemlich konstant bis nach Mauthausen begleiten wird.

Der Feldweg führt hinunter zu einem Gehölz, überquert einen Bach und steigt am Gegenhang hinauf zur Straße, auf die er knapp vor dem Gehöft „Gerstberg“ stößt. Wir nehmen diese Straße, die leicht bergauf nach S auf einen Hof auf der Hügelkuppe zuführt. Die Straße senkt sich wieder, nach dem letzten Haus (Garten mit Hecke) biegen wir rechts ab und kommen durch einen kleinen Wald zum nächsten Bach. Der Weg steigt am Gegenhang hinauf zum Weiler „Mähring“. Im Weiler gehen wir wenige Meter nach rechts, dann gleich nach links. Über einen asphaltierten Güterweg stoßen wir in Thürnbuch wieder auf die B 1.

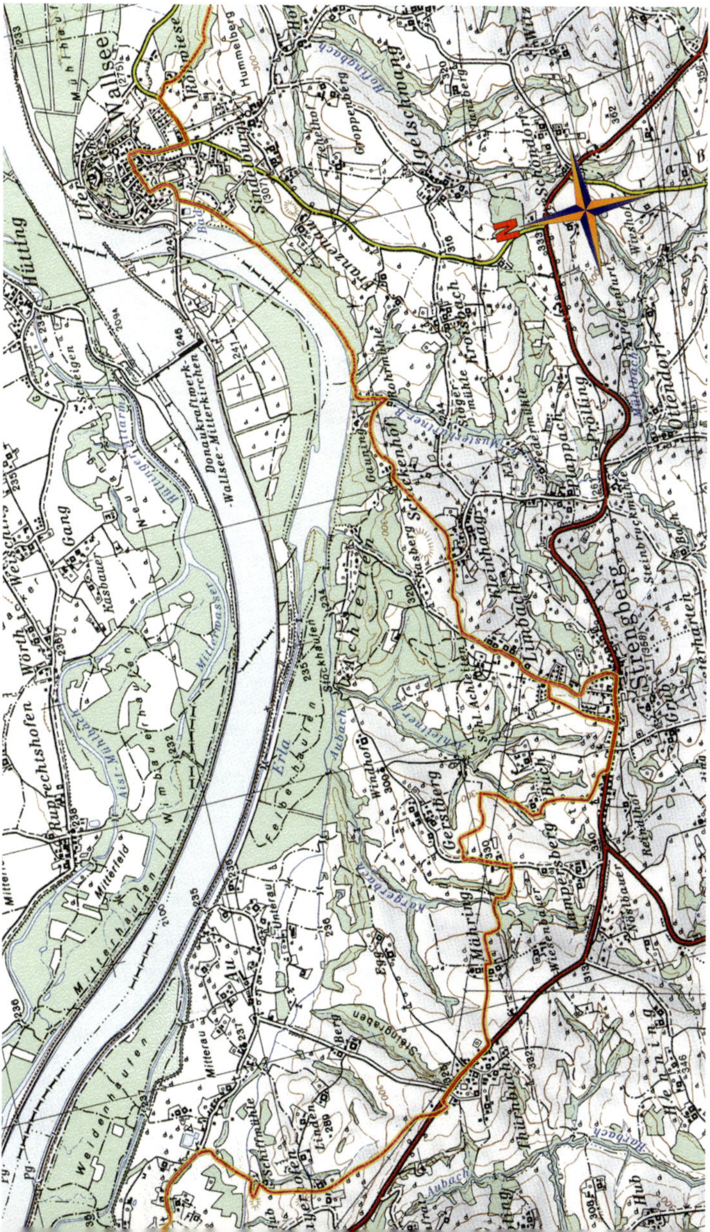

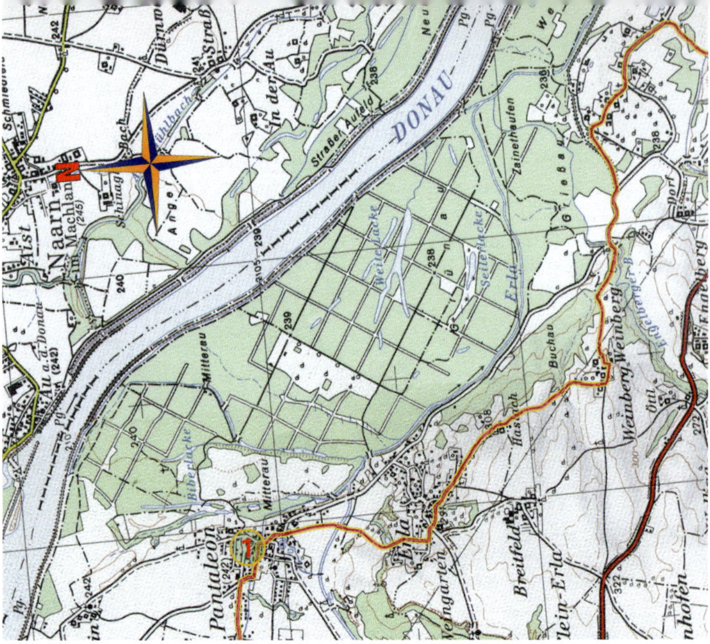

Thürnbuch wird auf ihr durchquert, am Ortsende, beim Schild „Au, 2 km, Camping" (nach rechts) gehen wir 20 m nach links (Schild „Güterweg Thürnbuch"), um (vor dem Haus) gleich wieder nach rechts auf einen Feldweg abzubiegen, der die B 1 quert. Er führt unter der Hochspannungsleitung durch und verläuft dann ein Stück parallel zu ihr (NW). Achtung: Bei der Weggabelung unterhalb der Stromleitung sich links halten! Wir gelangen zum Gehöft „Mayerhofen", umgehen es links und gehen auf dem Asphaltweg geradeaus weiter nach NW bis zum nächsten Gehöft, „Schiffmühle". Vor dem Schild „Privat, Einfahrt verboten" schwenken wir nach links, kommen in einer fallenden Rechtskurve zur Brücke unterhalb des Gehöfts, überqueren den Bach und gelangen durch ein Gehölz zur Straße. Auf der Straße halten wir uns links, gehen eine große Linkskurve aus und biegen beim großen Holzkreuz rechts ab. Wir kommen an einigen Häusern vorbei zu einer T-Kreuzung vor dem Damm am Rand des Auwaldes. Dieser Weg bringt uns nach links zur Straße nach Erla/St. Pantaleon. Auf der Straße sind es (nach NW) etwa 4 km bis Erla.

Eine nur wenig längere, dafür aber schönere und asphaltsparende Variante hat aber meine eindeutige Präferenz: Nach etwa 400 m überquert die Straße den Engelberger Bach. Gleich nach der Brücke zweigt nach links ein Forstweg ab, der durch einen Buchenwald und dann am Waldrand zum Weiler Weinberg hinaufführt. Auf der Asphaltstraße gehen wir (ansteigend) durch den Weiler, vor dem letzten Bauernhaus biegen wir nach rechts auf einen Feldweg ab, der uns zum Gehöft „Haslach" bringt, von wo ein asphaltierter Güterweg weiter bis Erla geht. Von der Abzweigung am Engelberger Bach bis Erla sind es etwa 40 min.
In Erla umgehen wir die Kirche links, queren die Straße hinter der Kirche (sie führt nach Weingarten) und gehen geradeaus weiter. Gleich bei der ersten Abzweigung (nach höchstens 50 m) schwenken wir nach rechts (bergab) und gelangen an den Ortsrand. Bei der Gabelung vor dem Fahrverbotsschild am Feldrand halten wir uns rechts, kommen über die Felder hinunter zur Erla, überqueren sie und sind in wenigen Minuten in St. Pantaleon ①.

WALLSEE – SINDELBURG. Der Ort steht auf den Resten einer großen Grenzfestung der Römer, dem Kastell Adjuvense, von der wesentliche Teile vor etwa 30 Jahren entdeckt wurden. Eine wichtige Reservestraße, die im Mittelalter als Salzstraße Verwendung fand, führte von Amstetten herauf. Seit dieser Zeit kann man von einer dauerhaften Besiedlung in diesem Raum sprechen, doch erst 1071 wird die Pfarre zum ersten Mal in Dokumenten genannt. 1362 erhält der Ort das Marktrecht. Die Geschichte des Schlosses Wallsee und seiner Besitzer vom 13. bis zum 15. Jahrhundert, der Herren von Waldsee (daher auch der Name Wallsee), ist eng mit der der Habsburger verbunden, in deren Besitz es 1895 gelangte. Marie Valerie, die Tochter von Kaiser Franz Joseph, ist in Wallsee begraben, und im Schloß wohnt heute einer seiner Urenkel.
Die gotische Pfarrkirche zum hl. Johannes d. T. steht auf einsamer Höhe über dem Ort. Manche vermuten, daß sich zur Römerzeit auf diesem Platz ein heidnisches Heiligtum befand. Dies dürfte einer im Frühchristentum oft gepflegten Praxis entsprechen, an von alters her geheiligten Orten Kirchen zu errichten, aber im konkreten Fall von Sindelburg ist dies bisher nicht bewiesen worden. Im Inneren sieht man am linken Seitenaltar, rechts vom hl. Sebastian, die Statue des hl. Rochus, und an den Pfeilern des rechten Seitenschiffes erkennt man auch den hl. Koloman. Die Gegenwart von zwei Pilgern in der Kirche dürfte weniger auf den Jakobsweg zurückzuführen sein, der, wenn er durch den Ort ging, sicher nicht von Massen frequentiert wurde, sondern vielmehr auf den Umstand, daß der Weg zum größten österreichischen Wallfahrtsort, nämlich nach Mariazell, erwiesenermaßen, von Böhmen kommend, durch Wallsee führte. Das sogenannte Uferstöckl, ein um 1700 gebautes Rasthaus für die Donauflößer und -schiffer, diente auch den von Böhmen kommenden Wallfahrern als Rastplatz. – Die Filialkirche St. Anna in Wallsee wurde im 18. Jahrhundert von der Zunft der Mühlsteinbrecher errichtet. Wallseer Mühlsteine wurden bis ans Schwarze Meer geliefert.

- *vor Wallsee: Fam. Stocker/Waser, Sommerau 20 , Tel. 07433/2670 oder 2786*
- *Pfarrhof, Sindelburg 26, Tel. 07433/2245*
- *Gertraud und Kurt Feirer, HNr. 192, Tel. 07433/2569.*
- *Johann Korner, Ufer 20, Tel. 07433/2843*
- *Fam. Hickersberger, Altarmstraße 17, Tel. 07433/2550*

STRENGBERG. Die Limesstraße verlief im südlichen Ortsgebiet der Gemeinde, wir befinden uns beinahe punktgenau auf der historischen Route der

Pilger, der heutigen B 1, und gehen – in Ermangelung wanderbarer Alternativen – bis Erla auch ein paar hundert Meter auf ihr.
In einer Urkunde des Klosters Tegernsee von 1011 wird Strengberg zum ersten Mal erwähnt. Die Pfarre entstand 1031 mit der Gründung einer Quirinuskirche durch die Benediktiner (!) von Tegernsee. Die romanische Vorgängerin der jetzigen Kirche Mariä Himmelfahrt fiel dem Großbrand von 1503 vollständig zum Opfer, von ihr ist nur mehr der Taufstein (im nördlichen Seitenschiff) erhalten. Die heutige spätgotische Kirche wurde in der ersten Hälfte des 16. Jahrhunderts gebaut. Chor, Sakristei und Hochaltar entstanden im Spätbarock.
Das barocke alte Posthaus von 1689, in dem heute das Gemeindeamt untergebracht ist, erinnert an „Vor-Autobahn-Zeiten", als Strengberg wichtige Poststation auf dem Weg nach Westen war. Papst Pius VI. (1782), Maria Theresia und Kaiser Napoleon I. waren seine berühmtesten Gäste.
• Gasthaus Pambalk-Blumauer, Markt 34, Tel. 07432/2224

ERLA. 1130 gründete Graf Otto von Machland hier eine Benediktinerinnenabtei. Im 15. Jahrhundert erfolgte ein gotischer Umbau, 1782 wurde sie in ein Schloß umgewandelt und befindet sich seither in Privatbesitz.

ST. PANTALEON. In dieser Gegend unterhielten die Römer im 2. Jahrhundert das größte Legionslager am Donaulimes, das 190 wegen dauernder Überschwemmungsgefahr nach Laureacum (Lorch = Enns) verlegt wurde. Im 9. Jahrhundert stand hier eine bayrische Grenzfestung zum Schutz vor den Awaren. Aus dieser Zeit stammte die Doppelkapelle, deren Krypta noch erhalten ist. Sie ist der hl. Anna geweiht und zählt zu den ältesten Bauwerken dieser Art in Österreich. In der darüberliegenden Westapsis (heute Taufkapelle) sehen wir Reste der alten romanischen Kirche (1150). Nach einer Legende gab es hier schon zur Zeit der Christenverfolgungen eine christliche Kultstätte, worauf auch die Wahl des hl. Pantaleon zum Patron der Kirche hinweist. Er war Leibarzt des Kaisers Maximilianus und starb 305 in Kleinasien den Märtyrertod.
Das jetzige Gotteshaus wurde im 15. Jahrhundert gebaut. Eine Reliquie des hl. Pantaleon, er ist einer der 14 Nothelfer, befindet sich in der gotischen Sakramentsnische. Seit 1660 sind Wallfahrten zum Heiligen überliefert. Es würde mich sehr wundern, wenn die Pilger im Mittelalter diese frühchristliche Stätte der Heiligenverehrung auf ihrem Weg nach Santiago nicht besucht hätten.
• Gasthof Winklehner, Tel. 07435/7584

MOUNTAINBIKEEIGNUNG: Die gesamte Strecke ist befahrbar, einzig beim Gehölz am Bach vor Destelberg muß das Rad ein ganz kurzes Stück getragen werden.
ÖFFENTLICHER VERKEHR: Wallsee, Strengberg und St. Pantaleon sind mit Bus erreichbar.

An der Donau bei Wallsee

35 km – ca. 8 Std.

Es ist durchaus denkbar, daß sich die Pilger früher schon in St. Pantaleon (oder im 8 km entfernten Enns) entscheiden mußten, ob sie ihren Weg nach Santiago donauaufwärts über Passau oder über Salzburg fortsetzen wollten. Denn der Weg zur Mozartstadt folgte mit großer Wahrscheinlichkeit der heutigen B 1, die über Enns und Asten nach Linz und von dort weiter nach Westen führte. Die Jakobskirche von Asten – gleich nach Enns – spricht eindeutig dafür. Was diejenigen betrifft, die weiter nach Passau, Regensburg und Ulm gingen, liegt es nahe, daß sie schon bei Mauthausen die Donau überquerten, um über das Nordufer der Donau nach Linz (die Nibelungenbrücke wurde 1497 gebaut) und von dort weiter zum Zisterzienserstift Wilhering zu gelangen, das mit Sicherheit eine wichtige Anlaufstelle für Pilger war. Trotzdem in diesem Buch der Salzburger Weg beschrieben wird, schlage ich bis Wilhering die Passauer Route vor. Zum einen scheint mir der Besuch der Gedenkstätte Mauthausen unerläßlich, zum anderen ist die Strecke über Enns und Asten so dicht besiedelt und mit Verkehrswegen jeder Art bestückt, daß sich die landschaftlich wunderschöne Strecke über die Hügellandschaft nördlich der Donau und der Radweg am Ufer in der zweiten Etappenhälfte als Alternative geradezu aufdrängen.

St. Pantaleon – St. Georgen an der Gusen (ca. 3 Std.)

Vom Platz hinter der Kirche (Gasthof Winklehner) biegen wir rechts zum Steg über den Bach ab und folgen dem Pfad bachaufwärts. Wo der Pfad aufhört, gehen wir zwischen den Häusern zur Straße und folgen ihr westwärts. *Achtung:* Bei der Kreuzung in Richtung Wagram gehen! Im Weiler Marksee, wo die Straße nach Wagram eine Linkskurve macht, gehen wir geradeaus durch den Ort und kommen zum nächsten Weiler, Arthof. Immer wieder taucht die blau-weiße Markierung des Donau-Rundwanderweges auf. Da, wo wir sie sehen, dient sie uns bis Mauthausen als Orientierungshilfe, denn wir befinden uns auf dem gleichen Weg.
In Arthof queren wir die Straße, der Asphaltweg wird zum Feldweg und führt nordwestlich am Fuß einer Böschung zum Ennskraftwerk, zum Ennskanal und an ihm entlang zurück zur Straße, auf der wir den Kanal überqueren. Vor den Geleisen der Eisenbahn gehen wir nach rechts (N) bis zur nächsten Bahnunterführung. Von dort auf der Straße über die Donau und nach Mauthausen ①.
Am nördlichen Donauufer gehen wir auf dem Radweg etwa 2 km stromaufwärts. (Es ist aber auch möglich, parallel zum Radweg den ganzen Ort zu durchqueren, der Ort lohnt den Besuch.) Beim Freizeitzentrum (Schwimmbad) queren wir auf die Nordseite der Bundesstraße und folgen der gut sichtbaren blau-weißen Markierung: nach dem Schwimmbad nach rechts, hinauf zur Straße, die aus Mauthausen herauskommt. Diese queren und fast geradeaus weiter auf der Uferstraße den gut beschilderten Fußweg zur Gedenkstätte Mauthausen nehmen. Nach einem kurzen Waldstück kommen wir an einem Gasthof vorbei auf die Straße und legen auf ihr die letzten 300 m zur Gedenkstätte zurück.
Wir umgehen das ehemalige Konzentrationslager links und gehen auf der berüchtigten „Todesstiege“ zum Steinbruch hinunter. Wir folgen der Straße etwa 600 m nach S und verlassen diese nach rechts (Markierung). Die kleine

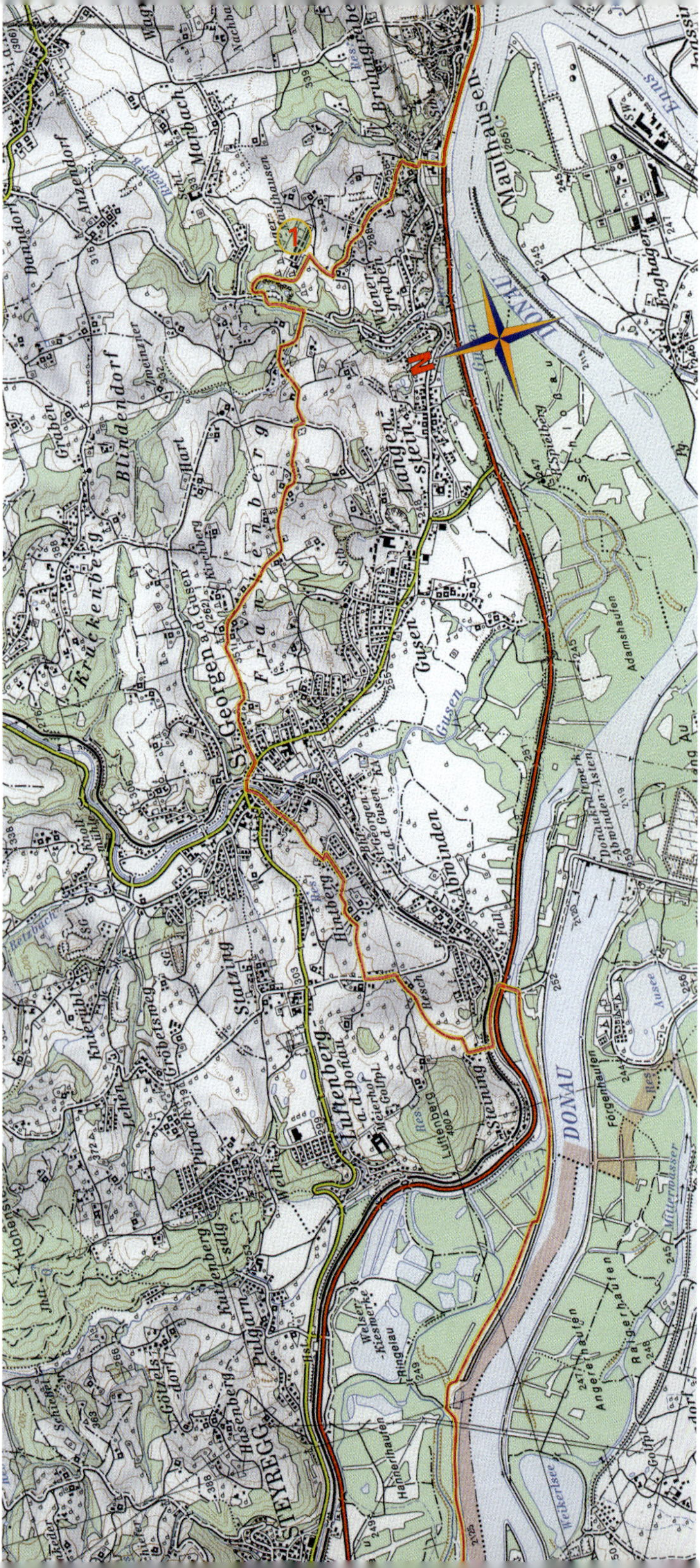

Mauthausen
DONAU
Langenstein
Gusen
St. Georgen a.d. Gusen
Frankenberg
Abwinden
Luftenberg a.d. Donau
Statzing
Pulgarn
Steyregg
Steining
Enghagen
Blindendorf
Anzendorf
Marbach
Danndorf
Adamshaufen
Weikerlsee
Enns

Straße steigt in einer Rechtskurve an, bei der T-Kreuzung danach wenden wir uns nach links. Bei der Gabelung nach etwa 100 m halten wir uns wieder links und lassen damit die blau-weiße Markierung endgültig hinter uns (die rechts weiterführt). Auf einem Hohlweg durchqueren wir bergauf ein Gehölz und kommen auf einen asphaltierten Güterweg, auf dem wir uns rechts halten. Die Straße nach ca. 200 m (Bildstock) hat uns nur für 20 m (rechts), wir umgehen nur das eingezäunte Grundstück und biegen gleich wieder links ab. Der Feldweg bringt uns leicht bergab in NW-Richtung zu einem Gehöft. Dort gehen wir auf der Straße bergauf nach rechts, an einem Bildstock, einem Wegkreuz und einem weiteren Gehöft vorbei. Die Straße senkt sich, und wir verlassen sie nach einer scharfen Rechtskurve im Weiler Kirchberg nach links. Es beginnt ein Feldweg, der uns an einem Bildstock vorbei hinunter zu einem Gehölz und weiter bergab nach St. Georgen bringt. Auf der Hauptstraße wenden wir uns nach rechts, gehen unter den Bahngeleisen durch und in den Ort.

St. Georgen – Beginn Donauradweg (ca. 1 Std.)

Gleich nach der Gusen biegen wir links ab, gehen am Supermarkt vorbei und geradeaus nach SW (nicht den Fußweg an der Gusen nehmen!). Der „Brunnenweg" steigt an, führt aus dem Ort hinaus, an einer KZ-Gedenktafel vorbei und zu einer Siedlung auf der Hügelkuppe. Wir nehmen den „Bernsteinweg" 20 m nach links und biegen gleich in den „Opalweg" ein. An dessen Ende gehen wir rechts hangaufwärts auf einen baumgesäumten Wiesenweg zu (unterhalb einer Reihe von Schrebergartenhäuschen), dem wir nach links bis zu einer N-S verlaufenden Straße folgen. Auf der halten wir uns rechts bergauf, doch schon nach etwa 60 m, vor dem Schild „Ortsende Abwinden", zweigen wir, den Bauernhof links umgehend, links ab und gelangen auf einem Feldweg leicht ansteigend auf eine Kuppe und von dort zur nächsten N-S-Straße. Dieser folgen wir etwa 300 m bergab bis zur Abzweigung nach rechts zum „Reschhof". Bei der Gabelung hinter dem Hof halten wir uns links, ein Feldweg bringt uns bergab, wir steuern auf eine kleine Siedlung zu. Wir unterqueren die Bahngeleise und gehen auf einem Asphaltweg parallel zur Bundesstraße ungefähr 400 m zurück nach Osten. Dort überqueren wir die Bun-

desstraße und auf einer Brücke auch den Donauarm. Unmittelbar nach der Brücke bringt uns ein Forstweg nach rechts zum Donauufer-Radweg.

Beginn Donauradweg – Linz (ca. 3½ Std.)

Von hier an bleiben wir bis zur Nibelungenbrücke am nördlichen Donauufer. Unterwegs gibt es mehrmals die Möglichkeit, dem stark frequentierten und schattenlosen Radweg direkt am Ufer auf einen parallel verlaufenden Forstweg im Auwald auszuweichen. Wir unterqueren die Schnellstraße, die von Steyregg her über die Donau ins VOEST-Gelände und nach Linz führt. Ein Abkürzungsweg für Masochisten! Achtung: Vor der Nibelungenbrücke, über die wir direkt auf den Hauptplatz von Linz gelangen, gehen wir noch unter der Autobahn und gleich darauf unter der Eisenbahnbrücke durch.

MAUTHAUSEN AN DER DONAU. Schon die erste urkundliche Erwähnung erinnert an ein trauriges Ereignis: Der Ort wurde 1189 von den Kreuzfahrern des Kaisers Friedrich I. eingeäschert. Wie der Name schon sagt, war hier eine wichtige Mautstation an der Donau, und es dürfte wohl mit den Kreuzfahrern des Dritten Kreuzzuges zu Unstimmigkeiten über die Höhe der zu entrichtenden Maut gekommen sein. Es waren ja Tausende von Menschen, die im Heer von Friedrich I. donauabwärts zogen (man spricht von 30.000!), und egal ob

die Maut pro Kopf oder pro Schiff berechnet wurde, auf jeden Fall muß eine beträchtliche Summe zusammengekommen sein.
Der Ort, Markt seit 1335, bildete sich um das Mauthaus herum. Am Hang oberhalb des Marktes liegt die spätgotische Pfarrkirche St. Nikolaus (um 1500) und neben ihr der Karner (Beinhaus), ein romanischer Rundbau mit gotischem Aufbau und Fresken aus der Zeit seiner Entstehung (um 1280).

Ein noch traurigerer Anlaß aus der jüngsten Geschichte machte Mauthausen zu einem Begriff, den jeder heute mit den Greueln des Hitler-Regimes assoziiert: In den Granitsteinbrüchen von Mauthausen errichteten die Nationalsozialisten ein Konzentrationslager, in dem Zehntausende Menschen ermordet wurden. Für den Pilger des 20. und 21. Jahrhunderts ist der Besuch der KZ-Gedenkstätte eine Gelegenheit, sich dessen zu erinnern, wozu der Mensch in seinen dunkelsten Stunden fähig ist – und es nie zu vergessen.
- *Fam. Kurz, Reiferdorf 1 (östlicher Ortsteil), Tel. 07238/3660*
- *Fam. Ressl, Sonnenhang 26 (westlicher Ortsteil), Tel. 07238/29118*

ST. GEORGEN AN DER GUSEN liegt an der Donaustraße B 3. Die Lage an dieser wichtigen Ost-West-Verbindung führte zu seiner recht frühen Erhebung zum Markt (1585).
Der Bau der Pfarrkirche St. Georg erfolgte in der ersten Hälfte des 13. Jahrhunderts, als eigenständige Pfarre besteht St. Georgen seit 1367. Im Inneren der Kirche sehen wir den hl. Rochus vorne am linken Seitenaltar.
- *Pfarrhaus, Pfarrer Benezeder, Linzer Str. 8, Tel. 07237/2210 (Schlafsack)*

MOUNTAINBIKEEIGNUNG: Der Bereich der Gedenkstätte Mauthausen sollte nicht mit dem Rad befahren werden (was über die „Todesstiege" auch nicht möglich wäre). Der Donau-Radwanderweg bietet sich als Alternative an.
ÖFFENTLICHER VERKEHR: Alle Orte auf der Strecke sind mit Bahn und Bus erreichbar, Linz hat auch einen Flughafen (Hörsching).

KZ Mauthausen: Todesstiege

LINZ AN DER DONAU

Die Landeshauptstadt von Oberösterreich und drittgrößte Stadt der Republik entwickelte sich aus dem römischen Lentia. In Linz steht das älteste ursprünglich erhaltene Gotteshaus Österreichs, die Martinskirche. Um 790 baute Karl der Große auf seinem Feldzug gegen die Awaren die offene Bogenhalle der Bajuwaren (6./7. Jh.) zu einer typisch karolingischen Kirche aus. Im Laufe der Jahrhunderte wurde sie mehrmals erweitert, zum letzten Mal gegen Ende des 15. Jahrhunderts durch den Anbau der spätgotischen Apsis.

Einige wichtige Daten aus der Geschichte der Stadt: 1210 kommt Linz an die Babenberger, 1338 wird der wichtige Donauhafen zum internationalen Messeplatz, 1497 beginnt der Bau der ersten Donaubrücke zwischen Krems und Passau. 1521 wird die österreichisch-ungarische Monarchie durch die Hochzeit von Ferdinand I. mit Anna von Ungarn in Linz begründet, im 16. Jahrhundert toben die Bauernkriege um die Stadt. Ende des 17. Jahrhunderts setzt die Entwicklung von Linz zur Industriehauptstadt Österreichs mit dem Bau einer großen Wollzeugfabrik ein. Heute ist die Stadt Sitz der staatlichen Eisen- und Stahlwerke VOEST – mit ein Grund, den direkten Zugang von Steyregg ins Stadtzentrum zu vermeiden, da der Weg über mehrere Kilometer auf der höchstfrequentierten Schnellstraße direkt am smogverseuchten Industriegelände vorbeiführt.

Die Stadtpfarrkirche Mariä Himmelfahrt ist eine ursprünglich romanische Basilika, 1648 erfolgte der Neubau eines barocken, dreischiffigen Langhauses. Rechts neben dem Hochaltar, hinter einem gotischen Wappenstein, sind Herz und Eingeweide von Kaiser Friedrich III. begraben, der 1493 in Linz gestorben ist. Von den zahlreichen kirchlichen Bauten der Stadt seien noch die frühbarocke Jesuitenkirche (Alter Dom, 1669–1678) von Carlone und die barocke Minoritenkirche (auch Landhauskirche) genannt, zu welcher Mitte des 18. Jahrhunderts eine alte gotische Klosterkirche umgebaut wurde. Etwas außerhalb liegt der Pöstlingberg mit der Wallfahrtskirche zu den Sieben Schmerzen Marias, dem Wahrzeichen von Linz. Die Kirche wurde im 18. Jahrhundert zum Dank für eine wunderbare Heilung gebaut.

Herz der Stadt ist der Hauptplatz (13. Jh.!), der mit seinen über 1,3 ha Fläche, seinen gotischen und barocken Häuserfassaden und der Dreifaltigkeitssäule in seiner Mitte zu den schönsten Plätzen deutscher Städtebaukunst zählt.

- *Jugendherberge (intern. Ausweis), Kapuzinerstr. 4 (Zentrum), Tel. 0732/ 778777 oder 782720*
- *Jugendherberge (intern. Ausweis), Blütenstr. 23 (Stadtteil Urfahr am nördlichen Donauufer, 10 min vom Zentrum), Tel. 0732/737078*

Stadtplatz Linz

25 km – 5½ bis 6 Std.

Nach den letzten drei Etappen, die alle über dreißig Kilometer lang waren, zur Abwechslung eine kürzere „Ausrastetappe", seit längerem auch wieder großteils im Schatten des Waldes. Bis Wilhering gehen wir eindeutig auf der Passau-Route des Jakobsweges, dann folgt ein Verbindungsstück nach Süden zur B 1 auf den Salzburger Weg. Wer einmal mit dem Auto auf der B 1 von Linz nach Hörsching, dem Ziel unserer heutigen Etappe, gefahren ist, kann verstehen, warum historische Authentizität diesmal einem schattigen Waldweg „geopfert" wurde. Mit dieser Etappe verabschieden wir uns auch von der Donaulimesstraße. Die Mauerreste eines römischen Wachturms auf halbem Weg zwischen Linz und Wilhering, zu Beginn des „Prinzensteiges", bieten uns Gelegenheit, dies im Rahmen einer Rast in ihrem Schatten zu tun.

Linz – Wilhering (ca. 2¼ Std.)

Vom Hauptplatz gehen wir zur Nibelungenbrücke, von dort am südlichen Donauufer nach Westen. Am Anfang können wir den Treppelweg benützen, dann den Gehsteig, später bleibt uns nur der Straßenrand. Vom Schild „Ortsende Linz" sind es noch ungefähr 15 min. stromaufwärts. (Eine neue, die Bundesstraße vermeidende Wegführung konnte wegen der fehlenden Genehmigungen der Grundbesitzer noch nicht realisiert werden.) Etwa 600 m nach der Abzweigung nach Leonding, knapp vor dem Kilometerstein „5,4", führt beim Parkplatz am linken Straßenrand ein Weg nach links bergan. Nach wenigen Minuten stößt dieser auf eine Forststraße, der wir nach rechts (Schild Wilhering) folgen.

Abstecher: Auf ihr ca. 200 m nach links stoßen wir auf die Reste eines römischen Wachturms (2. Jh.), Teil der Anlagen zum Schutz des Donaulimes.

Gleich bei der ersten Linkskurve der Forststraße führt der „Prinzensteig" nach rechts weg, der uns oberhalb der Donaustraße zum Zisterzienserstift Wilhering ① bringt. Vom Pfad eröffnen sich uns immer wieder wunderschöne Aus-

Stift Wilhering

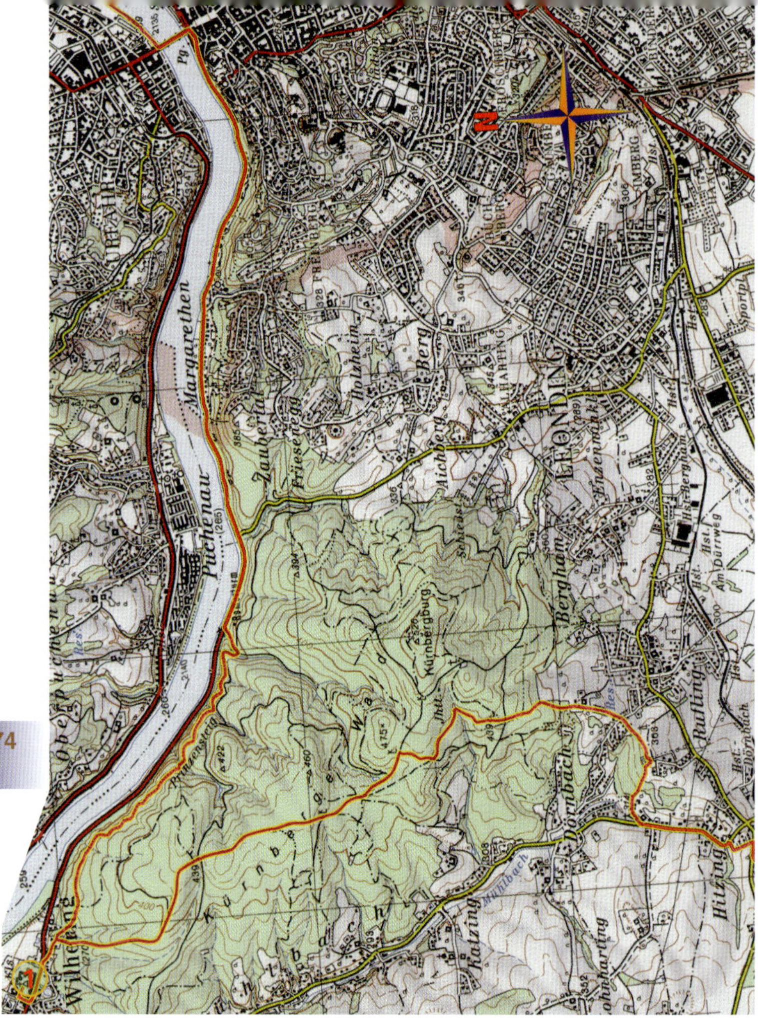

blicke auf den Strom. Auf der kleinen Straße, die am Waldrand beginnt, kommen wir bergab zum Stift, dem nördlichsten Punkt unserer Pilgerfahrt.

Wilhering – Dörnbach (ca. 1¼ Std.)

Wir gehen zurück zu den ersten Häusern am Waldrand. Bei der Wegkreuzung nehmen wir den mit 09 A (Leonding) markierten Weg – eher eine Forststraße – nach S in den Wald hinein. Die Grundrichtung ist Süden, mehrere unmarkierte und nicht beschilderte Wege kreuzen die Forststraße. Nach einem kleinen Waldteich unterhalb der Forststraße zweigt der Weg im rechten Winkel rechts (bergab) ab. Nicht der geradeaus weisenden Markierung 09 A folgen, sondern der Markierung 4 nach Rufling, Pasching! Nach etwa 10 min führt der Weg in einer kleinen Rechtskurve über einen kleinen Bach. Ein schöner Rast- und Jausenplatz mit kristallklarem Quellwasser!
Bei der Wegkreuzung nach etwa 5 min gehen wir, der Markierung folgend, geradeaus weiter. Die Forststraße wird zum Waldweg, auf diesem kommen wir

aus dem Wald. Die Asphaltstraße wird geradeaus gequert, der Wiesenweg führt am Rand eines Gehölzes entlang. Am Beginn einer Siedlung wenden wir uns nach rechts (NW), am Waldrand bleibend. Auf die Markierung achten! Der Weg geht in den Wald und dann bergab zu einem Gasthof, der zu Dörnbach gehört. Wir befinden uns in unmittelbarer Nähe der Wallfahrtskirche zu „Unserer Lieben Frau vom Guten Rat" (urkundlich seit 1333).

Dörnbach – Hörsching (ca. 2¼ Std.)

Am Gasthof „Fischer" vorbei kommen wir zur nach Hitzing führenden (S) Straße. Gleich nach einer scharfen Linkskurve und nach der Brücke über einen kleinen Bach weist die Markierung nach rechts leicht bergauf, ein Weg umgeht die Siedlung an ihrer rechten Seite und mündet in eine Ost-West verlaufende Straße, auf der wir nach 50 m (nach rechts) gleich wieder nach links auf den Güterweg nach Thurnharting (Schild) abbiegen. Bei der Gabelung am Ende des Weilers (bei einem großen Baum) halten wir uns links, und gleich darauf biegen wir auf einen Feldweg nach rechts ab, der uns in SW-Richtung innerhalb weniger Minuten zu einem Gehöft bringt. Dort nehmen wir bei der Wegkreuzung den baumgesäumten Weg nach S. Am Zeilmayrhof vorbei gelangen wir zur Straße, überqueren sie, gehen bis zu den Bahngeleisen vor und folgen ihnen nach rechts bis zur Fußgängerunterführung, über die wir auf die andere Seite der Schienen gelangen. Wir gehen der Bahn entlang nach SW, am Bahnhof vorbei und bis zum Ende der Rollbahn des Flughafens (linker Hand), wo der Güterweg in die nach S verlaufende Schnellstraße mündet. Bei der Kreuzung etwa 400 m weiter halten wir uns links (O) und sind in wenigen Minuten in Hörsching ②.

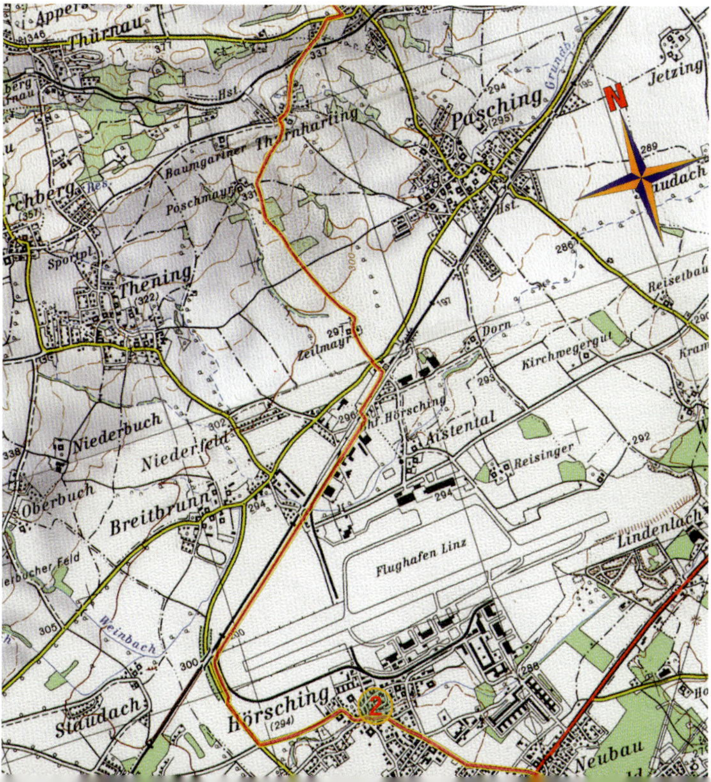

WILHERING. Nicht einmal 50 Jahre nach der Gründung des Zisterzienserordens (1098) wurde 1146 vom Stift Rein in der Steiermark aus das Stift Wilhering gegründet. Wesentlichen Anteil an der raschen Ausbreitung des Reformordens der Benediktiner in ganz Europa hatte einer seiner Äbte, Bernhard von Clairvaux, einer der bedeutendsten geistigen Führer Europas. Am Ende des 12. Jahrhunderts waren es schon 500, denen im darauffolgenden Jahrhundert weitere 150 Gründungen folgten! Deutliche Zeichen der Blüte von Wilhering im 13. Jahrhundert sind Tochtergründungen in Bayern (Fürstenzell), Böhmen (Hohenfurth), Niederösterreich (Säusenstein) und Oberösterreich (Engelszell). Sowohl der Name und Ruf des Stiftes als auch seine Lage an der Passauer Route des Jakobsweges machten Wilhering zur erstrangigen Station für die Pilger. Die Gründung der Jakobspfarre in Hörsching wenige Jahre nach der Klostergründung läßt vermuten, daß die Wilheringer Mönche die Jakobspilgerschaft aktiv propagierten.

Teile der spätromanischen Anlage von Wilhering sind im Bereich der heutigen Kirche und des Kreuzganges noch erhalten. 1733 fielen Kirche und Kloster einer Brandstiftung fast vollständig zum Opfer, 1750 waren jedoch große Teile schon wieder aufgebaut, vor allem die Stiftskirche Mariä Himmelfahrt und Schutzengel, die zu den schönsten Rokokokirchen Österreichs zählt. Wie in Göttweig gelangte aber auch in Wilhering nicht der gesamte Wiederaufbauplan (des Linzer Baumeisters Johann Haslinger) zur Durchführung. Die Fresken, das wunderschön geschnitzte Chorgestühl der Laienbrüder und die von Anton Bruckner so geliebte Orgel sind besonders sehenswert. Auch eine Statue des hl. Rochus begrüßt den Pilger in der Kirche rechts hinten.

HÖRSCHING. Schon 793 wird hier eine Martinskirche erwähnt. Die heutige Pfarrkirche zum hl. Jakobus wurde 1149 (!) vom Stift Wilhering aus gegründet. Dieser Umstand und die Lage des Ortes an der B 1 führen fast zwingend zum Schluß, daß der Weg der Jakobspilger durch Hörsching ging. Die in der Gotik mehrfach umgebaute und stark restaurierte Kirche weist noch ihren romanischen Baukern auf. Im Altarraum grüßt uns von rechts oben die Statue des Pilgerapostels. Heute ist Hörsching vor allem als Standort eines Militärflughafens bekannt.

- *Pfarrhof, im Zentrum, Tel. 07221/72105, Schlafsack, Kochgelegenheit*
- *Gasthof Mandorfer, Linzer Straße 34, Tel. 07221/72080*

MOUNTAINBIKEEIGNUNG: Statt des Prinzensteiges sollte auf jeden Fall die Donaustraße nach Wilhering benützt werden, ansonsten ist die Etappe problemlos zu befahren.

ÖFFENTLICHER VERKEHR: Wilhering, Dörnbach, Hitzing sind mit Bus erreichbar, Hörsching und Pasching mit Bus und Bahn.

Jakobskirche Hörsching

HÖRSCHING – LAMBACH E 12

32,5 km – ca. 7 bis 7½ Std.

Eine Traum(n)etappe steht uns bevor! Wir nützen den Umstand, daß wenige hundert Meter südlich der und parallel zur B 1, unserer Orientierungslinie, die Traun fließt, und gehen von Hörsching bis Lambach auf dem Uferweg. Bis knapp nach Wels müssen wir ihn mit den Radfahrern teilen, dann wird er zum wunderschönen Wanderweg durch die Traunauen. Wir können dadurch der dichtest frequentiere B 1 ausweichen und gleichzeitig den beschwerlichen und stressigen Fußmarsch durch die Ballungszentren Marchtrenk und Wels vermeiden.

Hörsching – Hubertuskapelle bei Marchtrenk

(ca. 2¼ Std.)

Vom Pfarrhof gehen wir auf der Straße nach Neubau (an der B 1, etwa 1 km), überqueren die Bundesstraße und kommen, uns bei der Gabelung rechts haltend, zum Weiler Frindorf, den wir in südliche Richtung durchqueren. Nach dem Mühlbach kommt eine Linkskurve, und nach der Eisenbahnunterführung, gleich nach der Brücke über das Innerwasser, wenden wir uns im Auwald nach rechts auf einen Pfad, der uns zum Uferweg der Traun bringt. Der nicht asphaltierte Weg verläuft oben am Damm. Von nun an gehen wir flußaufwärts nach Westen, an einem Klärwerk vorbei, unter zwei Brücken durch – die zwei-

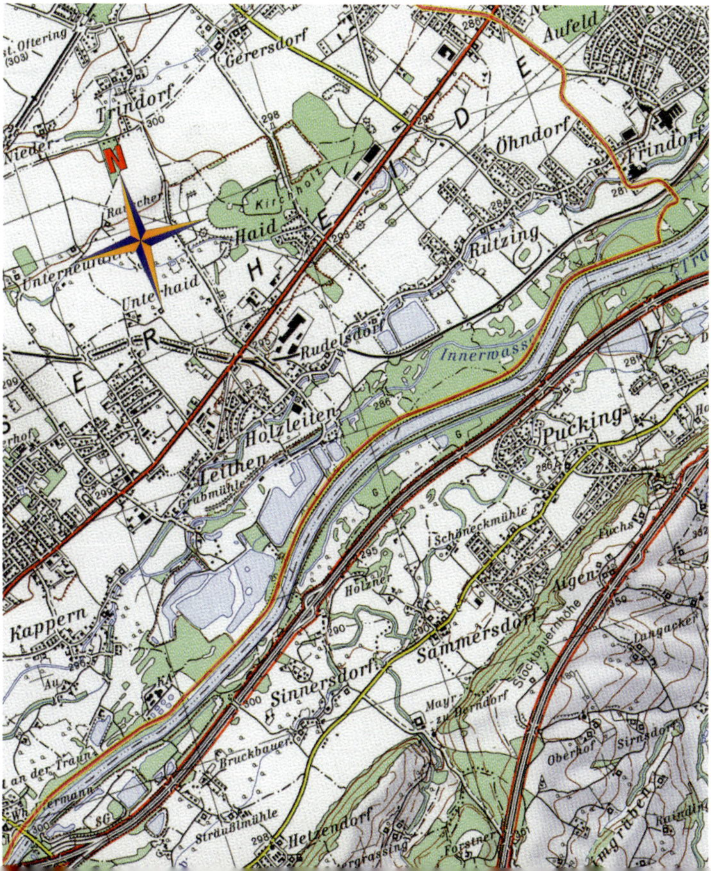

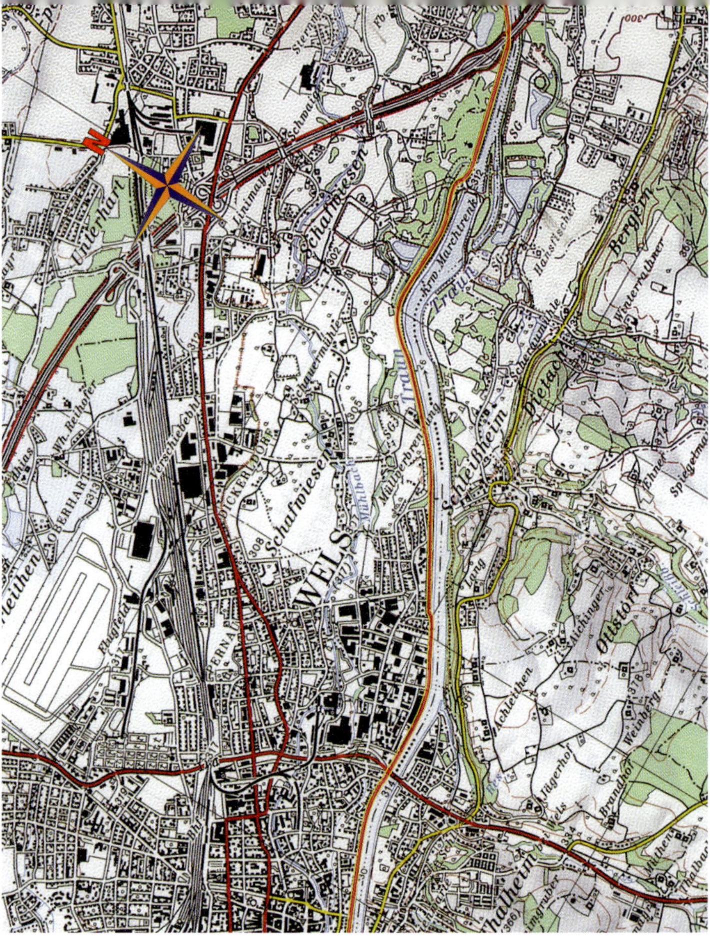

te ist eine Autobahnbrücke – und folgen bis zur Hubertuskapelle dem Fitneß-parcours (Kreuzweg des 20. Jahrhunderts?) der Gemeinde Marchtrenk.

Hubertuskapelle – Kraftwerk nach Wels (ca. 2¾ Std.)

Es geht immer weiter traunaufwärts, an einem Kraftwerk, einer Müllverbrennungsanlage vorbei und unter mehreren Brücken durch. Wir kommen ins Stadtgebiet von Wels. Für einen Besuch der Stadt nehmen wir die Straße bei der zweiten Brücke, welche ins Zentrum führt. Weiter geht es unter der Eisenbahnbrücke und am Fußballstadion vorbei. Wir lassen Wels hinter uns, die Jogger und Radfahrer werden seltener, und es beginnt der Weg durch den Auwald, auf dem wir zum Wehr des Kraftwerks gelangen, das wir umgehen.

Kraftwerk – Lambach (ca. 2 Std.)

Etwa eine Stunde unbeschwertes Wandern durch den Auwald, ohne Straße und Ansiedlung liegt vor uns.
Bei der nächsten Brücke gehen wir zur Straße hinauf und auf ihr nach NW, unter der Eisenbahn durch und etwa 400 m weiter bis zum Ende der Siedlung,

wo wir auf dem asphaltierten Weg nach links über eine Wiese auf eine Scheune zuhalten. Wir umgehen sie rechts, nehmen den Weg hinunter zur Traun und kommen zum Ortsrand von Lambach ①. Dort wenden wir uns gleich nach links und gehen über eine kleine Brücke in Richtung der Kirche auf dem Hügel. Am Werkszaun (1998 herrschte hier intensive Bautätigkeit) entlang nähern wir uns der Kirche, schwenken aber vorher wieder nach links zur Traun hinunter, von wo es nur mehr wenige Meter zur Brücke mit der Statue des hl. Nepomuk sind. Knapp vorher zweigt nach rechts ein direkter Weg hinauf zum Stift ab.

WELS war schon zur Römerzeit eine wichtige Stadt der Provinz Norikum. Es wurde zur „colonia“, also Großstadt, ernannt und war Sitz eines Statthalters. Nach dem durch die Völkerwanderung bedingten Niedergang erlebte es mit dem Erwerb durch die Babenberger (vor 1220) eine neue Blüte. Die 776 erstmals erwähnte Burg wurde 1514 entscheidend umgebaut. In einer kalten Winternacht des Jahres 1519 starb hier der „Letzte Ritter“, Kaiser Maximilian I. Heute ist Wels ein bekannter Messeort und eine Handelsstadt.
Schon 888 dürfte in Wels eine Kirche gestanden haben. Die jetzige Kirche zum hl. Johannes dem Evangelisten – bis zum 14. Jahrhundert war der Patron Johannes d. T. – ist eine im Kern romanische Basilika (Sandsteinportal in der Halle des Turms), die heute vorwiegend Elemente der Gotik aufweist. Die Glasgemälde im Chor zählen zu den Meisterwerken gotischer Handwerkskunst. Weiters sehenswert sind der Welser Stadtplatz – er gehört zu den

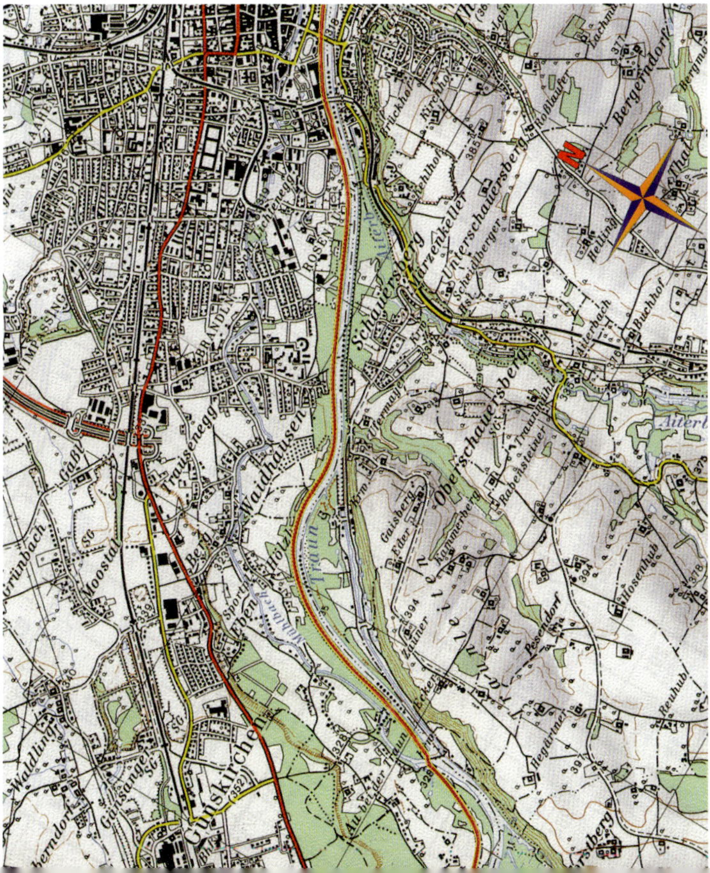

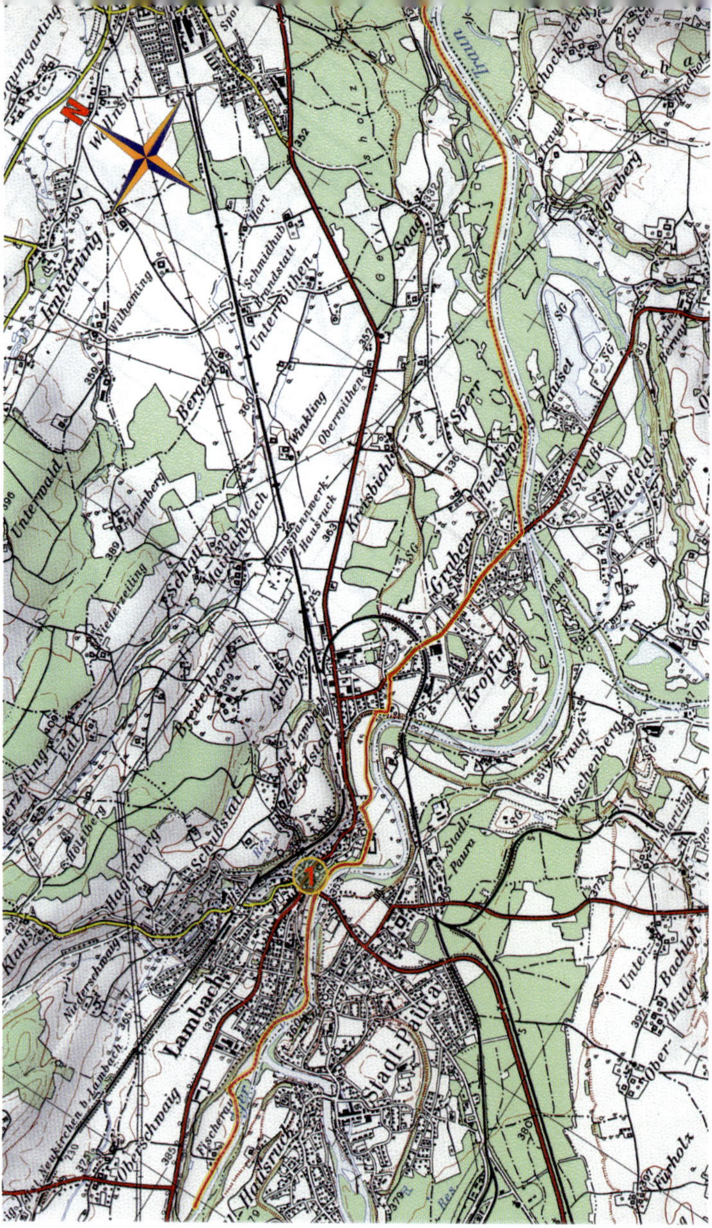

schönsten Straßenplätzen Österreichs –, die Burg Wels, der Bau „Im Kornspeicher“ sowie die verbliebenen Türme der ehemaligen Stadtmauern.
• *Jugendherberge, Dragonerstr. 22, Tel. 07242/235756*

LAMBACH. Die erste urkundliche Benennung des Ortes, der schon in der Römerzeit besiedelt war, stammt aus dem Jahre 798. Der Salzhandel (das Salz wurde auf der Traun aus dem Salzkammergut gebracht) war eine wichtige Einnahmequelle des Ortes, der im 13. Jahrhundert zum Markt erhoben wurde. Das von den Grafen Wels-Lambach 1040 gegründete Kanonikerstift

wurde 1056 in eine Benediktinerabtei umgewandelt. Von hier aus erfolgte 1089 die Gründung des Stiftes Melk. Im 12. Jahrhundert erreichte das Stift seine Blüte und wurde zu einer der wichtigsten „Schreibstuben“ des deut-

Weg an der Traun

schen Sprachraumes. Nach den Zerstörungen in den Bauernkriegen zu Beginn des 17. Jahrhunderts (1626 und 1632) wurde die Kirche in der heutigen Form wiederaufgebaut, der endgültige Abschluß des Wiederaufbaus erfolgte aber erst etwa 100 Jahre später. Von der ursprünglich romanischen Stiftskirche Mariä Himmelfahrt sind nur mehr Reste vorhanden, vor allem das ehemalige Läuthaus und die Emporenkirche, ansonsten ist sie ein frühbarocker Bau. Was den Besuch des Gotteshauses zum absoluten Muß macht, sind die Fresken im ehemaligen Läuthaus. Sie wurden 1080 geschaffen und zeigen Szenen aus der Kindheit und Jugend Christi, eine „Biblia Pauperum“ für die meist des Lesens unkundigen einfachen Menschen der damaligen Zeit. Aus den berührenden Bildern spricht deutlich die den Menschen immer erfüllende Sehnsucht nach Erlösung. Diese Fresken gehören zu den frühesten – und besterhaltenen – romanischen Wandmalereien Österreichs.

Eine weitere Sehenswürdigkeit des Klosters ist das einzige in Österreich erhaltene barocke Klostertheater mit einer bemerkenswerten bemalten Bühnenwand.

- *Pilgerherberge im Stift, Tel. 07245/21710*
- *Pension „Zum Grünen Baum“, Fam. Eitzinger, Marktplatz 13, Tel. 07245/28963*
- *Café Obermair, Marktplatz, Tel. 07245/28867*

MOUNTAINBIKEEIGNUNG: Bis hinter Wels verläuft unser Weg auf dem Traun-Radweg, der sich auch für die weitere Strecke bis Lambach anbietet.

ÖFFENTLICHER VERKEHR: Alle Orte an der B 1 sind mit Bus und Bahn erreichbar.

Nepomukstatue an der Lambacher Traunbrücke

29 km – ca. 7 Std.

In Lambach mündet die von Westen kommende Ager in die Traun und „übernimmt“ uns. Wir bleiben unterhalb der B 1, unserer Leitlinie. Bis Schwanenstadt keine Ansiedlung, kaum Menschen, nur eine idyllische Landschaft am Ufer des ruhig fließenden, klaren Gewässers! Auch für die zweite Tageshälfte sind Flußläufe bestimmend, nämlich die Dürre Ager und die Vöckla – aber nicht mehr so ausschließlich. Wir gehen mehr durch bewohntes Gebiet und „schlängeln“ uns, einmal südlich, dann wieder nördlich der B 1, nach Westen. Meistens gelingt es uns, den Verkehrswegen auf ruhige Güter- und Wanderwege auszuweichen. Eines der historischen Highlights des österreichischen Jakobsweges wartet gegen Ende des Tages in Vöcklabruck auf uns: An der Stelle des Pfarrhofes bei der Ägidikirche (Ende 17. Jh.) stand vorher das drittälteste Hospiz des deutschen Sprachraumes (1143) für Arme, Kranke und Pilger! Und obendrein nimmt es auch heute wieder Pilger über Nacht auf! Wenn das nicht historische Kontinuität ist ...

Lambach – Schwanenstadt (ca. 2¼ Std.)

Wir queren die Straße bei der Brücke und gehen weiter flußaufwärts (große Baustelle im Sommer 1998), am Freibad vorbei und am Wanderweg bis zum Zusammenfluß von Traun und Ager. Weiter flußaufwärts liegt das Gehöft „Fischerau“, wir bleiben am dort etwas schwächer ausgeprägten Uferweg, der aber gleich wieder deutlicher wird. Am Uferweg kommen wir zur ersten Brücke, von der weg uns schräg den Hang hinauf eine Straße bis auf den Hauptplatz von Schwanenstadt bringt.

Schwanenstadt – Vöcklabruck (ca. 3 Std.)

Wir verlassen die Stadt auf der Hauptstraße nach Westen, gehen durchs Stadttor, und erst beim Schild „Friedhof“ biegen wir links ab. An der Westseite des Friedhofs halten wir uns südlich, bei der Gabelung kurz danach halten

Kapelle am Weg

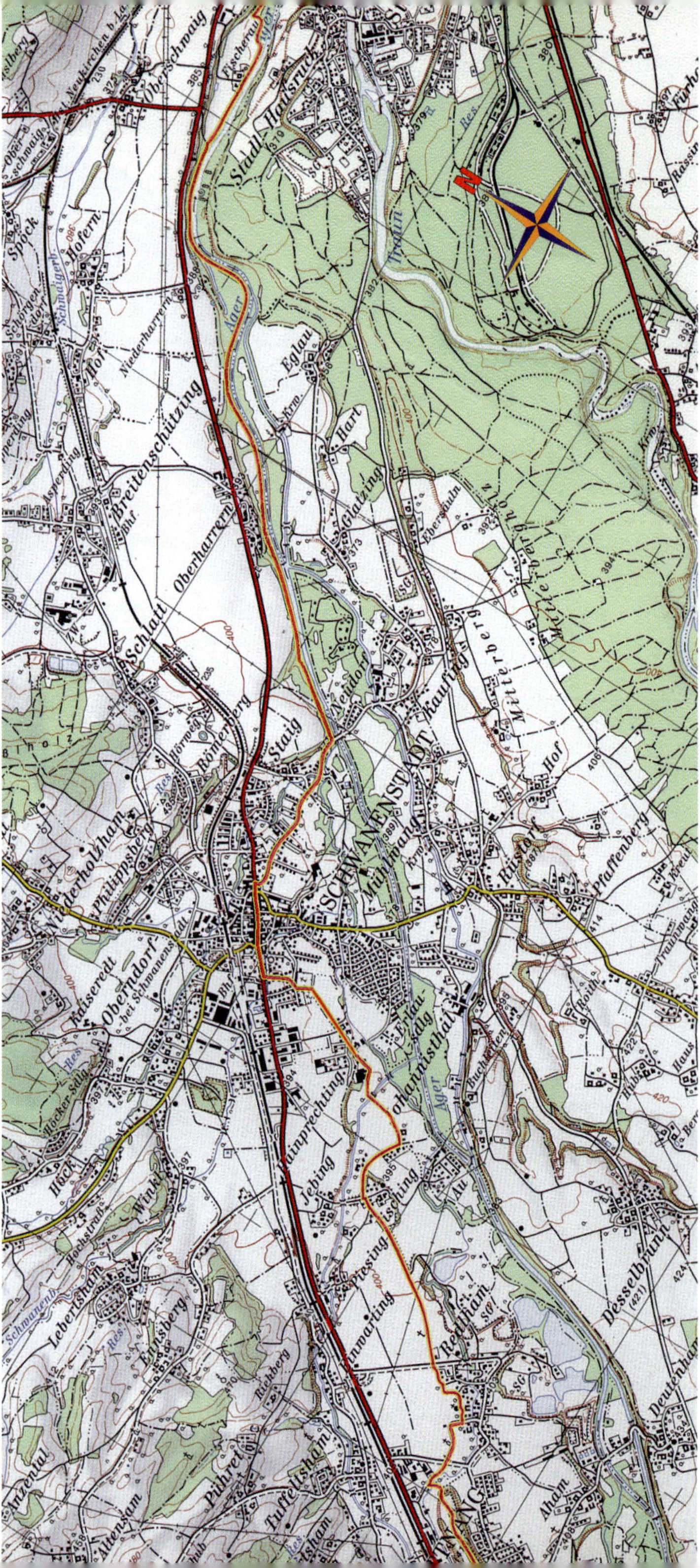
SCHWANENSTADT
Oberndorf
bei Schwanenstadt
Breitenschützing
Schlatt
Oberharrern
Niederharrern
Oberschwaig
Hausruck
Eglau
Glatzing
Mitterberg
Pfaffenberg
Desselbrunn
Deutenham
Reitham
Kaiseredt
Philippsberg
Niederholzham
Staig
Römerberg
Agerer
Ager
Traun
Aham
Pühret
Rüstorf
Redlham
Tuffelsham
Lebertsham
Anzental
Altensam
Sperding
Hofern
Spöck
Hart
Mühlhausen
Jebing
Au
Hof
Schwaigerb.
Schwanenb.

wir uns rechts und verlassen die Straße in der Linkskurve nach dem Gefälle geradeaus. Wir folgen dem Schild „Radweg" und kommen an einem Gewächshaus vorbei zum Steg über die Dürre Ager. Wir halten auf die Häusergruppe zu, gehen die Rechts- und die Linkskurve des Güterweges aus und behalten bei der Wegkreuzung (rechts Schild „Ortsende Fisching") die westliche Richtung (= geradeaus) bei. Die nächste Straße (nach einem Bildstock rechter Hand) wird gequert, und wir nehmen die zweite Linksabzweigung auf eine gelbe Kapelle zu. Der Straße nach der Kapelle folgen wir rechts (NW) und kommen zum Schild „Ortsende Redlham". Bei der darauffolgenden Kreuzung nehmen wir den Wiesenweg geradeaus, und nach etwa 150 m gehen wir nach links über den Bach, über eine Lichtung in den Wald, nach NW hinauf auf den Höhenrücken und dort bis Attnang: an zwei Sportplätzen und dem Schwimmbad vorbei und am Ende des bewaldeten Rückens nach rechts hinunter auf die Straße, die zur Kirche führt.
Wir umgehen die Kirche rechts und durchqueren Attnang auf der Marktstraße, parallel zur Bundesstraße. Am Bahnhof vorbei gelangen wir zum Europaplatz. Wir gehen auf der Bundesstraße bis zur Fußgängerunterführung, die uns auf die Nordseite der B 1 und auf die Brücke über die Bahngeleise bringt. Nach der Brücke biegen wir nach links (W) ab und kommen an einer Gewerbezone vorbei. Danach führt ein Waldweg nach rechts in den Wald hinein und später, wieder auf Asphalt, an der Sonnleithensiedlung vorbei. Bei der Gabelung am Ende der Siedlung halten wir uns links (Ortsende Attnang-Puchheim). Oberhalb der Bahnlinie gehen wir bis zur Linkskurve, welche die Straße auf eine Brücke zu macht, nehmen jedoch geradeaus den Wiesenweg und überqueren den Bach erst bei der nächsten Brücke. Bei der Straße angelangt, wenden wir uns nach links und bei der Kreuzung gleich darauf nach rechts. Wir sind in Vöcklabruck ① nördlich der Bahnlinie und gehen, wenn wir in den Ort gelangen wollen, bis zur Fußgängerunterführung vor (Variante bis Timelkam siehe unten).

Vöcklabruck – Timelkam (ca. 1½ Std.)

Etwa auf Höhe des Bahnhofs steht eine Telefonzelle am Straßenrand. Nach dieser biegen wir rechts bergauf ab, nehmen die zweite Abzweigung nach links (W) bis zur Straße, auf der wir 30 m nach rechts (N) bis zum Beginn eines Waldlehrpfades gehen. Dieser führt am Waldrand an einer Kapelle vorbei zur nächsten (nach N führenden) Straße. Gegenüber führt ein Forstweg zu einem Pfadfinderhaus am Bach hinunter. Dort entspringt eine Quelle, und der schattige Platz mit seinen Bänken lädt geradezu zum Rasten und Jausnen ein.
Wir biegen vor dem Pfadfinderhaus links ab und gehen ein kurzes Stück bachabwärts. Nach einem Steg über den Bach führt ein Pfad nach rechts den Hang hinauf. Wir kommen unter einem Haus vorbei und bei einem Gasthaus auf die Straße, der wir bergauf folgen. Am Ende der Häuserreihe geht ein Forstweg nach links in den Wald hinein. Wir kommen an den oberen Böschungsrand der Vöckla, von dort führt ein Steig hinunter zur Brücke über den Fluß. Jenseits der Brücke gehen wir geradeaus (S) auf der Allee auf den Kirchturm von Oberthalheim zu. Wer im Noviziat der Salesianer übernachtet, geht bei der Gabelung links, ansonsten rechts. Gleich darauf wird die Vöckla wieder überquert, wir lassen den Weiler Eiding hinter uns und gehen bis zur Bahnüberführung nach Timelkam auf der kleinen Straße parallel zu den Geleisen. Von dort kommen wir direkt zur Bundesstraße (S).
Gut beschilderte Variante: über die Vöcklabrücke durch den unteren Stadtturm auf den Stadtplatz; nach dem oberen Stadtturm auf der Salzburger

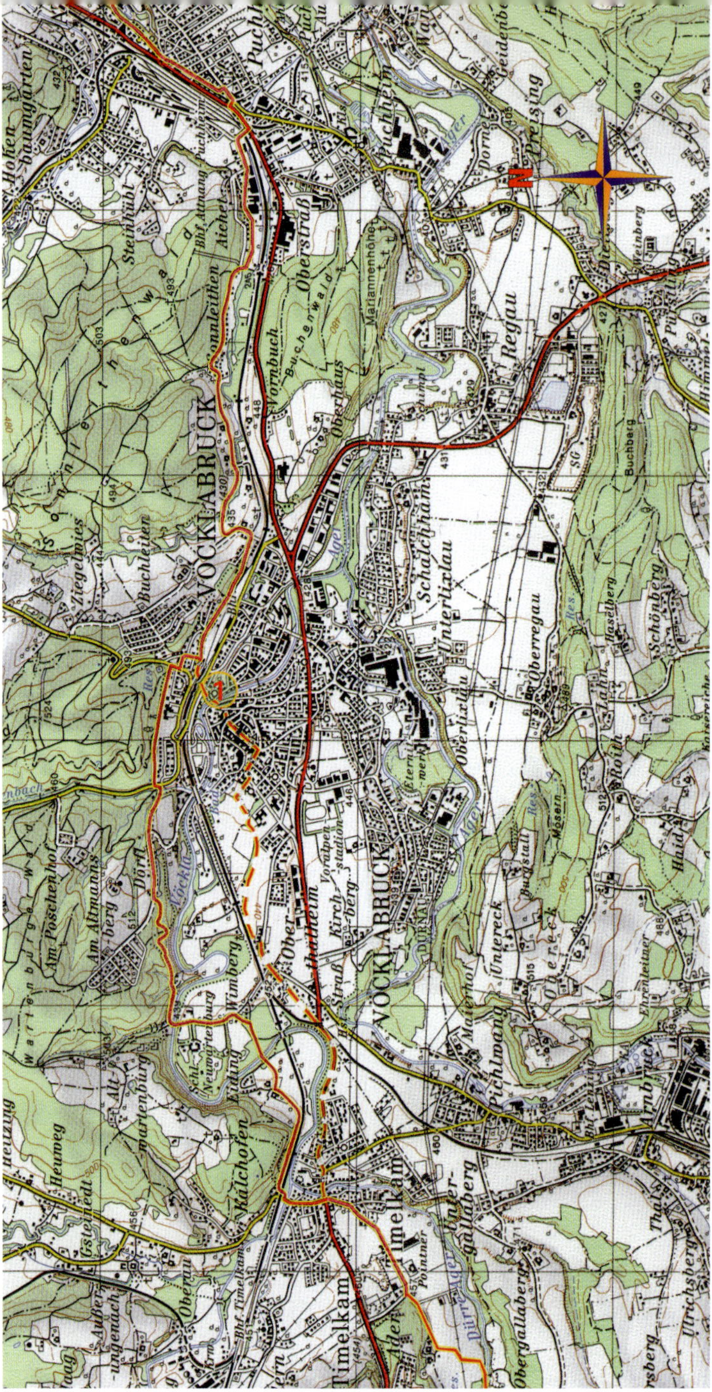

Straße nach rechts bis zu einer Linkskurve; von der Straße nach rechts weg, zwischen Bauernladen und Kloster auf offenes Gelände und in einem Linksbogen (linker Hand der Zaun des Klostergebäudes) bis zu einer Straße, der wir nach rechts, immer südlich der Bahnlinie bleibend, bis Oberthalheim folgen; dort die Stufen zur Kirche hinauf und auf der kleinen Straße hinter der Kirche am Friedhof vorbei geradeaus bis zur „alten“ B 1 und auf dem Fußweg an der linken Straßenseite hinein nach Timelkam bis zur Brücke über die Dürre Ager.

SCHWANENSTADT liegt an der uralten Ost-West-Verbindung, die später zur Römerstraße wurde und heute B 1 heißt. Zum ersten Mal taucht der Name in Dokumenten von 788 auf, 1361 erfolgte die Erhebung zum Markt, 1627 zur Stadt. In der neugotischen Pfarrkirche St. Michael sind die barocken Statuen der zwölf Apostel und das stark zerstörte spätgotische Ölbergrelief an der südlichen Außenwand sehenswert. Franz Xaver Süßmayr, der Vollender des berühmten Requiems von Mozart, wurde in Schwanenstadt geboren.
• *Gasthof Heimhart, Bahnhofstr. 14, Tel. 07673/2322*
• *Gasthof Hofbauer, Stadtplatz 6, Tel. 07673/2250*

ATTNANG. Die Pfarrkirche zum Heiligen Geist stammt aus den 50er Jahren des 20. Jahrhunderts. Die alte gotische Pfarrkirche St. Martin liegt etwas außerhalb des heutigen Siedlungskerns. 1707 wurde sie – bis auf die Pfeiler der Westempore – barockisiert.
• *Gasthof Obermaier, Salzburger Str. 79 , Tel. 07674/62330*
• *Redemptoristenkloster, Gmundner Str. 3, Tel. 07674/62367-0*

VÖCKLABRUCK. Ein römischer Meilenstein mit der Jahreszahl 201 vor dem Heimathaus von Vöcklabruck erinnert daran, daß die alte Heerstraße hier durchführte. Die erste urkundlich erwähnte Kirche (824) stand in Schöndorf, heute ein Stadtteil von Vöcklabruck, nördlich der Vöckla. Die Entwicklung der Stadt begann 1134 mit dem Kauf der Brücke über die Vöckla (daher der Name) und – dies ist vor allem für Pilger von Bedeutung – mit dem Bau der Kirche St. Ägid und des danebenliegenden Hospizes im Jahre 1143 durch den Ritter Pilgrim I. (!) von Weng. Es war das dritte Hospiz im deutschen Sprachraum und das einzige, das in jener Zeit von einem Laien – besagtem Pilgrim – geführt wurde.

Der Namenspatron, der hl. Ägid, einer der 14 Nothelfer, erlaubt, eine Verbindung zur Jakobspilgerschaft herzustellen. Die Stadt des südfranzösischen Einsiedlers, Saint-Gilles in der Camargue, war nämlich schon sehr früh Sammelpunkt der Jakobspilger aus dem italienischen, österreichischen und süddeutschen Raum und der Beginn des südlichsten der vier großen französischen Jakobswege, der „Via Tolosana“. Und schließlich sei noch von den zwei ersten dokumentierten Jakobspilgerinnen (!) berichtet, der seligen Wilbirg und ihrer Freundin Mathilde, die um 1220 von St. Florian aus nach Santiago gepilgert sind. Die selige Wilbirg wurde nach ihrer Rückkehr zur „Klausnerin“, d. h. sie ließ sich in St. Florian in eine Zelle einmauern, in der sie den Rest ihres Lebens verbrachte.
1159, nach dem Tod des Gründers, übernahmen die Augustiner-Chorherren von St. Florian die Führung des Hospizes und 1183 auch die Pfarre. Auf die

Der römische Meilenstein von Mösendorf

romanische Kirche (Kleeblattgrundriß) folgte 1460 ein gotischer Neubau, der am Ende des 17. Jahrhunderts zur Gänze einem Bau von Carlo Antonio Carlone weichen mußte. Auch das Hospiz wurde nach den Plänen des berühmten Baumeisters 1688 umgebaut.

Die heutige Pfarrkirche St. Ulrich ist Ende des 15. Jahrhunderts im gotischen Stil erbaut worden. Auch sie hat einen starken Bezug zum Pilgern: Am rechten Seitenaltar sind die Statuen von zwei Pilgerheiligen zu sehen, dem hl. Jakobus und dem hl. Koloman. Dieser war auf der Rückkehr von seiner Pilgerfahrt nach Jerusalem in Österreich, als Spion verdächtigt, gefangengenommen und hingerichtet worden. Anscheinend ein nicht seltenes Pilgerschicksal, ähnlich erging es ja dem hl. Rochus auf der Rückkehr von seiner Pilgerfahrt nach Rom.

- *Haus der Franziskanerinnen, Salzburger Str. 18, Tel.: 07672/72667*
- *Hotel „Zum Auerhahn", Stadtplatz 26, Tel. 07672/23456*
- *Nach Vöcklabruck: Bauernhof Steyringer, Neuwartenburg 6, Tel. 07672/ 25098*

TIMELKAM. Der an der B 1 liegende Ort wird relativ spät – 1399 – erstmals urkundlich erwähnt. 1512 wurde er von Kaiser Maximilian I. zum Markt erhoben. Die Kirche zum hl. Johannes von Nepomuk wurde als barocke Saalkirche 1733 fertiggestellt.

Zur Pfarre Timelkam gehört heute auch Oberthalheim. Dort steht die sehenswerte ehemalige Klosterkirche St. Anna des ursprünglich ältesten deutschen Paulanerklosters (1497). Bis auf den spätgotischen Chor wurde das Innere Ende des 17. Jahrhunderts barockisiert. Heute dienen die Reste des Klosters (große Teile wurden abgerissen) als Noviziat der Salesianer des Don Bosco.

- *Noviziat d. Salesianer, Oberthalheim 16, Tel. 07672/72867 (vorher anrufen!)*
- *Gasthof Fruhstorfer, Oberthalheim 6, Tel. 07672/72834*

MOUNTAINBIKEEIGNUNG: Die gesamte Strecke ist bis auf zwei kurze Stücke befahrbar: den Hang nach dem Pfadfinderhaus hinauf zur Straße und wenig später den Pfad hinunter zur Brücke über die Vöckla muß das Rad getragen werden oder auf (vorhandene) Alternativen ausgewichen werden.

ÖFFENTLICHER VERKEHR: Alle Orte liegen an der B 1 und an der Westbahnstrecke, sind also leicht mit Bus und Bahn erreichbar.

32 km – ca. 7 Std.

Für eine Weile genießen wir noch die Gesellschaft der Dürren Ager wie an den Vortagen die der Traun, der Ager und der Vöckla, aber bald verlassen wir den Flußlauf und queren das Hügelland, das Oberösterreich von Salzburg trennt. Ein kurzes Stück, gleich nach Vöcklamarkt, gehen wir auf der B 1, ziemlich genau dort (in Mösendorf), wo ein römischer Meilenstein gefunden wurde. Etwa zur Hälfte der Etappe, nach Frankenmarkt, verlassen wir eindeutig die Trasse der früheren Heer- und heutigen Bundesstraße. Wir schneiden den Bogen ab, den die B 1 bei Straßwalchen in südwestliche Richtung macht, um dann südlich nach Salzburg zu führen.
Dies erlaubt uns, die Hager-Kapelle anzusteuern, authentisches Zeugnis einer Jakobspilgerfahrt. Sie erinnert an die Pilgerfahrt des Jakob Hager 1736 nach Santiago. Vielleicht waren es durch seine Heimatgemeinde ziehende Jakobspilger, die in ihm den Wunsch geweckt hatten, eines Tages selbst zum Grab seines Namenspatrons zu pilgern. Die Jahreszahl 1736 zeigt, daß Santiago nach 800 Jahren immer noch populär war. Zum Abschluß der Tagesetappe gibt es wohl keinen geeigneteren Punkt als diesen! In Lengroid, etwa 5 Minuten weiter, gibt es eine Übernachtungsmöglichkeit.

Timelkam – Vöcklamarkt (ca. 2½ Std.)

Wir queren die Bundesstraße und halten uns bei der Gabelung gleich danach rechts. Die Straße führt in südwestliche Richtung zur Siedlung Ader. Nach der Unterführung der neuen Bundesstraße (Baustelle bis Oktober 2002) gehen wir geradeaus auf der schmalen Straße am Fuß des Hanges entlang. Nach dem ersten Bauernhaus (rechter Hand) biegen wir links auf einen Feldweg ab und kommen (bei den zwei Gabelungen jeweils rechts) zur Dürren Ager. Auf dem Steg ein Stück flußaufwärts queren wir an das rechts Ufer und bleiben dort – immer in Flußnähe – bis zum nächsten Steg (im Hof des Hauses Weiterschlag 37, gleich links, sehen wir den römischen Meilenstein, der genau an dieser Stelle die Römerstraße säumte). Wir queren wieder ans linke Ufer und gelangen flußaufwärts zu den Weilern Haunolding und Witzling. Beide Weiler gehören zur Gemeinde Gampern, 1 km südl., mit der sehenswerten spätgoti-

Jakobskapelle beim Hagerbauern

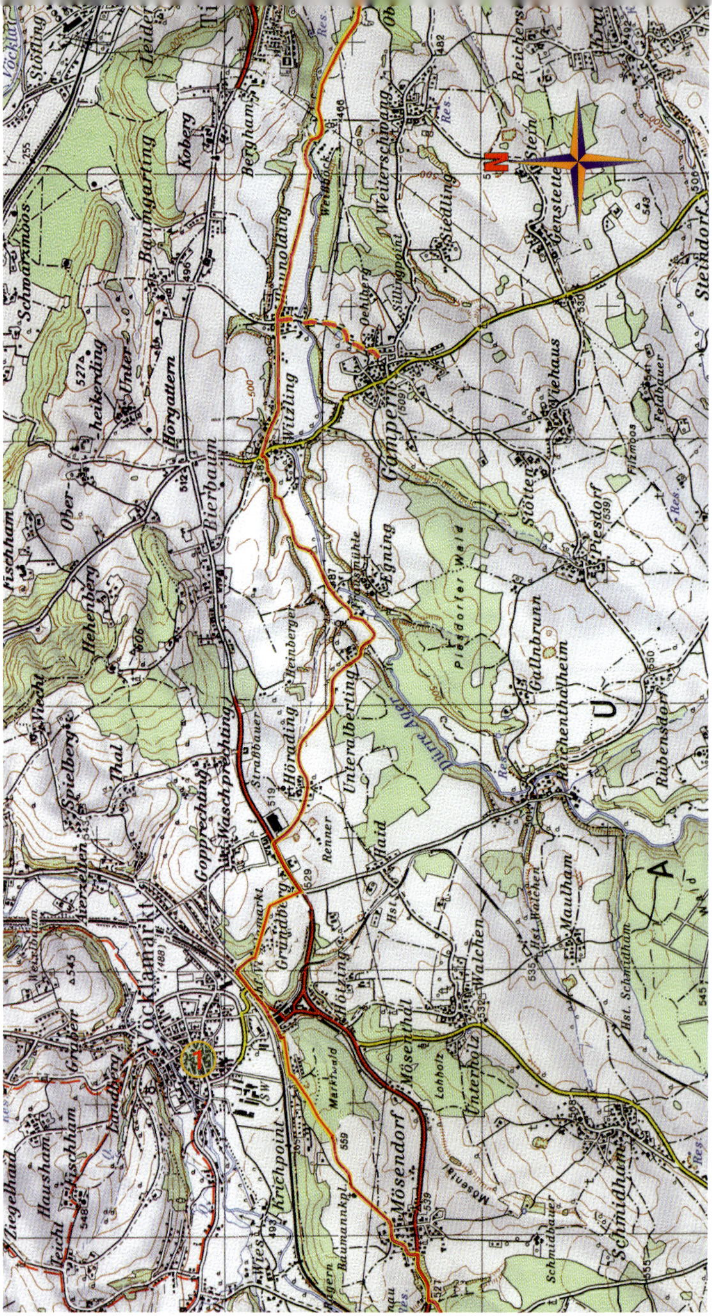

schen Pfarrkirche St. Remigius und dem prächtigen spätgotischen Flügelaltar. Übernachtungsmöglichkeit im Pfarrhof (Gampern 1, Tel. 07682/8019). Bei der Kreuzung am Ortsende von Witzling, bei einem Gasthaus, überqueren wir die Straße und gehen auf einem Feldweg am Fuße eines bewaldeten Hanges nach links und in der Folge nach W. Bei der nächsten Brücke gehen wir geradeaus weiter zum Biohof „Trausmühle" (Schild). Wir bleiben auf dem asphaltierten Güterweg, der eine Rechtskurve vollzieht und uns, leicht ansteigend, an den Gehöften Unteralberting und Hörading vorbei zu Bundesstraße bringt. Dort wenden wir uns nach W, und nach etwa 250 m, beim Kilometerstein „257,2", nehmen wir nach rechts den Wanderweg nach Vöcklamarkt. Wir benützen die rechts gut sichtbare Fußgängerunterführung, um auf die andere Seite der Straße zu gelangen, von dort geht ein Wanderweg nach links zum Bahnhof Vöcklamarkt. Zur Pfarrkirche ins Zentrum (römischer Meilenstein ①) etwa 20 min. (Um vom Zentrum wieder auf den Weg zu gelangen einfach nach der Pestkapelle fragen.)

Vöcklamarkt – Frankenmarkt (ca. 1½ Std.)

Wir gehen entlang der Geleise nach Westen und folgen nach dem Sägewerk noch ca. 250 m der Straße. Bei der Fußgängerunterführung biegen wir links ab und wählen bei der darauffolgenden Gabelung den mittleren schmalen Weg bergauf, rechts an der Pestkapelle vorbei. Der Asphalt hört auf, auf dem Wiesenweg gelangen wir zu einer Gabelung, wo wir uns rechts halten.
An der Baumann-Kapelle vorbei kommen wir nach Mösendorf, durchqueren den Ort bis zur Bundesstraße und bleiben auf ihr bis zur Abzweigung der Straße nach St. Georgen am Attersee. Diese steigt etwa 300 m bis zu einer Linkskurve auf der Anhöhe an, wo wir nach rechts auf den Güterweg nach Asten abbiegen. Bei der Gänsefuß-Kreuzung am Westrand des Weilers nehmen wir den mittleren Feldweg. Wir orientieren uns dabei an der Birkengruppe mit einem Kreuz in etwa 150 m Entfernung. An einer alleinstehenden Eiche vorbei kommen wir hinunter zum Köppbach, um gleich danach den Feldweg nach rechts zu nehmen, der am Waldrand hangaufwärts zum Güterweg führt, auf dem wir nach rechts bergab zur Bahnlinie gelangen. Links unmittelbar neben den Geleisen gehen wir nach W. Wo die Straße über die Schienen führt, bleiben wir auf der Südseite und steuern über einen Wiesenweg auf eine Häusergruppe zu. Über die nächste Straße, welche die Schienen quert, kommen wir ins Ortszentrum von Frankenmarkt. Um den Weg fortzusetzen, gehen wir (südlich der Geleise bleibend) bis zur nächsten Straße (schrankengesichert) und auf ihr ein paar Meter nach Süden.

Frankenmarkt – Hager-Kapelle (ca. 3 Std.)

Nach dem ersten Haus biegen wir rechts auf den Güterweg nach „Kühschinken" ab (Schild). Leicht ansteigend geht es nach W, nach dem Weiler hört der Asphalt auf. An der Pumpstation gehen wir rechts vorbei und geradeaus weiter, leicht abwärts in den Wald hinein. Der Weg schwenkt nach N und führt dann westlich aus dem Wald heraus, zu den ersten Häusern von Schwaigern. Nach der Brücke queren wir die nach Mondsee (S) führende Straße, gehen bergauf in den Ort hinein und wenden uns nach etwa 150 m im spitzen Winkel nach links (S). Die Straße schwenkt nach SW und wird zum Feldweg. Ohne abzubiegen gehen wir bis zum Waldrand und knapp vorher nach links auf dem breiteren Weg in den Wald hinein. Durch den Wald gelangen wir in SW-Richtung auf die Lichtung mit dem Strasserhof.
Ab hier führt ein asphaltierter Güterweg nach SW, später nach W drehend. Wir durchqueren den Weiler Zagling (Gasthaus) in westliche Richtung und steuern leicht bergauf auf eine Hügelkuppe zu. Bei der Wegkreuzung – rechts sehen wir die Häuser des Weilers Winkl – gehen wir weiter nach W und kommen an einem Hof vorbei auf eine größere Straße, der wir etwa 50 m nach links in den Weiler Hochfeld hinein folgen. Im Ort biegen wir rechts ab und ge-

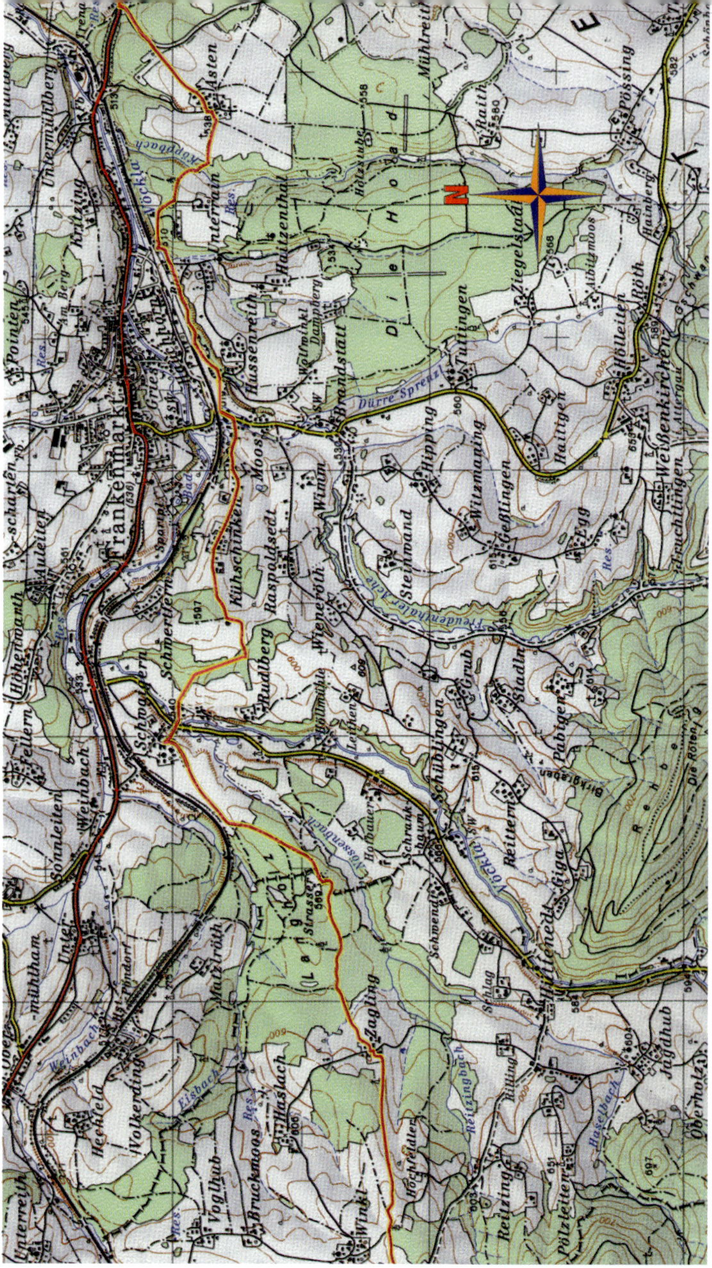

hen etwa 150 m, an der Volksschule vorbei, zum Gehöft „Moosleiten“, wo wir rechts und 400 m später, beim „Stangling“, links (SW) abbiegen. Es sind zwar alle Güterwege in dieser Gegend asphaltiert, aber praktisch ohne Verkehr, landschaftlich schön gelegen und angenehm zu gehen.

Bei der Wegkreuzung nach dem „Stangling“ geht es geradeaus bergab in Richtung Oberhofen. Das letzte Stück vor dem Damm der Straße nach Straßwalchen ist nicht asphaltiert. Am Fuße des Damms kommen wir nach rechts zur Unterführung und gleich nach ihr zum Bahnhof Oberhofen. Nach dem Bahnhof überqueren wir die Straße, um uns bei der Gabelung gleich darauf links bergab zu halten (nach 30 m Ortsschild von Rabenschwand). Zuerst gehen wir am Bach entlang, dann auf der Straße über die Brücke und gleich darauf nach rechts auf den Güterweg (Schild „Höhenroith, Haslach"). In Haslach biegen wir links ab, der Feldweg bringt uns, leicht ansteigend, bis Höhenroith. Wir steigen auf der Straße etwa weitere 150 m an, bis zum Feldweg, der nach der Rechtskurve bergauf in den Wald führt. Nach dem Waldstück beginnt bei einem Hof wieder der Asphalt, und von hier sehen wir im W schon die „Hager-Kapelle" ② (Weiler Lengroid) am Wegrand stehen.

VÖCKLAMARKT. Ein römischer Meilenstein, der in der Nähe der B 1 bei Mösendorf gefunden wurde und heute vor der Pfarrkirche Mariä Himmelfahrt steht, weist auf die frühe Besiedlung hin. Urkundlich wird der Ort zum ersten Mal in einem Dokument von 1075 erwähnt. Die Pfarre Vöcklamarkt liegt seit dem 12. Jahrhundert im Einflußbereich des Kollegiats-Stiftes Mattsee. Das Gotteshaus ist ein spätgotischer Hallenbau mit barockisierten Gewölben.

FRANKENMARKT. Aus der bajuwarischen Gründung Habbingen (um 700) entstand unter fränkischem Einfluß an der alten Heerstraße der Handelsplatz Frankomarchia (um 1010). Schon 1225 wurde dem Ort das Marktrecht verliehen. Bis zum Bau der Westautobahn war Frankenmarkt ein wichtiger Post- und Fuhrplatz auf der Strecke Wien–Salzburg; das Gebäude des Gasthofes „Alte Post" geht auf das 14. Jahrhundert zurück.
Die Pfarrkirche St. Nikolaus (erstmals 1225 erwähnt) ist ein spätgotischer Bau (1516–1520), der nach einem Brand 1759 stark barockisiert wurde. Die Verschmelzung der Spätgotik mit dem Barock ist hier auf äußerst harmonische Weise geglückt, man kann – und will – sich der einzigartigen Ausstrahlung dieser Kirche nicht entziehen. Noch dazu, wo uns am Mittelpfeiler der Empore die Statue des hl. Rochus begrüßt.

- *Gasthof Post, Hauptstraße 100, Tel. 07684/6271*
- *Familie Neudorfer, Buchscharten 1, Tel. 07684/8881*

STRASSWALCHEN. Der 1464 zum Markt erhobene Ort liegt seit der Römerzeit an einer wichtigen Weggabelung, was sich auch aus seinem Namen ersehen läßt. Die Pfarrkirche zum hl. Martin (urkundlich schon 799 erwähnt) ist in ihrer heutigen Form ein spätgotischer Bau (1444 geweiht), der zu Beginn des 18. Jahrhunderts durch barocke Seitenschiffe erweitert wurde.

- *In Oberhofen, direkt am Weg (gleich südl. der Bahnhaltestelle): Matthias Meindl, Oberhofen 62, Tel. 06213/8596*

LENGROID. Hier steht die 1736 errichtete und kürzlich liebevoll restaurierte Hager-Kapelle. Sie wurde vom Bauern Jakob Hager als Dank für die glückliche Heimkehr von seiner Pilgerfahrt nach Santiago gebaut. Er hatte die Pilgerfahrt für die wundersame Rettung aus einer Lehmgrube unternommen, in der er fast einen ganzen Tag verschüttet gewesen war.

- *Johann Eisl, Lengroid 12, Tel. 06216/6139*

MOUNTAINBIKEEIGNUNG: Die gesamte Strecke ist gut befahrbar. Auf dem kleinen Wiesenstück nach Asten muß das Rad geschoben werden.
ÖFFENTLICHER VERKEHR: Vöcklamarkt, Frankenmarkt und Straßwalchen liegen an der B 1 und sind sowohl mit Bus als auch mit Bahn erreichbar. Einen Bahnhof gibt es auch in Oberhofen. Lengroid befindet sich etwa 30 Gehminuten von der Bushaltestelle an der B 1 entfernt.

Irrsdorf
Stockham
Neuhofen
Schmandt
Hochfeld
Stangling
Winzerroid
Oberhofen
Obernberg
Mühlbach
Haslach
Rabenschwand
Tagen
Quengert
Hohenroith
Haarberg
Speck
Gegend
Stampf
Schrank
Lengroid
Pfongau
Wallester
Sommerholz
Kollmannsroid
Wertheim
Steinbach
Kühberg
Schalkham
Neufahrn
Thalham
Matzing
Maierhof
Strandbad
Hausing
Wankham
Berg
Diesengr.
Haldingerb.
Langmoosgr.
Petersgr.
Jägerwiese
Schichtwiese
Hiesenberg
Geißberg
Aubach

HAGER-KAPELLE – SALZBURG

32 km – ca. 8 Std.

Die leider einzige reine Salzburgetappe führt uns von der Hager-Kapelle mitten ins Herz der Christianisierung des Alpen- und Donauraums, die 696 von Bischof Rupert von Salzburg aus in Angriff genommen wurde.
Wir haben schon gut die Hälfte des österreichischen Jakobsweges hinter uns, und gäbe es einen besseren Ort als die weltberühmte Geburtsstadt Mozarts, um einen wohlverdienten Ruhetag einzulegen? Wie auch immer, wir kommen ins Gebiet der Seenplatte nördlich von Salzburg und finden am Ufer des Wallersees, wenige 100 Meter westlich der B 1, zahlreiche Möglichkeiten, zu baden oder – warum auch nicht? – schon hier den Ruhetag einzulegen. Vom Südufer des Sees bis nach Maria Plain geht es etwas zickzack über Felder, Waldstücke und Weiler. Das dichtbesiedelte Gebiet, die Nähe der Autobahn und der in Stadtnähe immer dichtere Verkehr lassen uns keine andere Wahl.

Hager-Kapelle – Wallersee (ca. 2 Std.)

Von der Kapelle gehen wir auf dem Güterweg weiter leicht bergab, durch den Weiler Lengroid, bis Pfongau. Nach der Brücke über den Bach, noch vor der Kirche, verlassen wir das Dorf in Richtung Süden. Wir queren nach etwa 600 m einen Bach und eine Straße und kommen geradeaus nach Wertheim. Am Ende des Dorfes, gleich nach der Brücke über den Hennerbach, folgen wir nach links dem Schild „Haus Paracelsus“. Der Weg bringt uns nach Haslach. Wir gehen am Sägewerk vorbei und halten uns bei der Gabelung danach links (S). Bei der ersten Abzweigung nach etwa 5 min biegen wir nach rechts auf einen Feldweg ein und nehmen bei der (undeutlichen) Gabelung 50 m später den Weg, der auf den bewaldeten Hügel zuführt. Bei der nächsten Gabelung halten wir uns links, auf die Kirche und Häuser von Neufahrn zu. Bei der Gabelung nach der Kirche gehen wir zuerst links (links vom Trafo-Häuschen), dann rechts zur Unterführung der Bundesstraße und stoßen auf die Straße nach Neumarkt (N). Nach 200 m verlassen wir sie nach links und kommen am Hof „Matzing“ vorbei an den See.

Wallersee – Eugendorf (ca. 3 Std.)

Am Waldrand beginnt der rot-weiß markierte See-Wanderweg, auf dem wir bis zum südwestlichen Ende des Sees bleiben. Achtung: Nach etwa 30 min führt der Weg relativ steil bergauf, weg vom Ufer. Am oberen Waldrand, ca. 10 m nach dem Schranken, müssen wir nach rechts einen Wiesenhang hinaufgehen, Markierung und Weg sind sehr undeutlich und deshalb leicht zu übersehen!
Der Weg führt dann wieder zwischen Zaun und Bach, fast als Steig, zum See hinunter. Nach 5 min führt der Weg wieder bergauf (nicht unten bleiben!). Vom Waldrand geht dann ein breiter Weg hinunter zur „Esterer-Kapelle“, die, eingebettet zwischen zwei mächtigen Linden, einen wunderschönen Rastplatz abgibt. Wir folgen der Markierung am Hotel Seebrunn vorbei, danach gehen wir leicht bergauf auf ein Privathaus zu. Vom Hotel gelangen wir in etwa 15–20 min hinauf in das an der B 1 liegende Henndorf. Der Weg (Schild „Rupertiweg“) führt links am Haus vorbei, wird kurz zum Pfad, dann wieder zum breiten Wanderweg, auf dem wir am Campingplatz vorbei auf die Straße nach Seekirchen (W) gelangen.

Etwa 10 min bleiben wir in dieser Richtung, bei der dritten Abzweigung biegen wir nach links, leicht bergauf, auf den asphaltierten Güterweg nach „Fischtaging“ ab (Schild). Er bringt uns an den Gehöften Frauentaging und Köllersberg vorbei in südlicher Richtung zu einer T-Kreuzung, bei der wir nach links zum Gehöft Haging und gleich darauf zur Bundesstraße gelangen. Nach wenigen Metern auf dieser nach rechts – unser Leiden ist Gott sei Dank nur von kurzer Dauer – können wir sie auf der kleinen Straße nach rechts wieder verlassen und kommen auf ihr über den Weiler Eugenbach nach Eugendorf. Die blau-gelben Jakobswegweiser sind uns auf diesem Abschnitt sehr dienlich, ergab sich doch diese Abweichung vom ursprünglichen Weg aufgrund des Einspruchs einiger Grundbesitzer in diesem Gebiet. Bis Salzburg halten sich die Wegweiser übrigens an den im Buch beschriebenen Weg. Im Ort selbst steuern wir die weithin sichtbare Dorfkirche an.

Eugendorf – Salzburg (ca. 3 Std.)

In einer Linkskurve gehen wir um die Kirche herum, und nach etwa 100 m verlassen wir das Dorf auf dem „Wanderweg“ (Schild) nach W. Beim Löschteich

Wegkapelle am Wallersee

biegen wir links ab und steuern auf das große Wegkreuz zu, das wir in etwa 250 m Entfernung sehen. Auf diesem Feldweg gelangen wir zum Hof „Reicherting“ und von dort auf einem Güterweg relativ steil bergab bis zu einer Kreuzung. Hier nehmen wir den „Einleitenweg“ bis Hallwang. Wir orientieren uns am Kirchturm, einmal müssen wir uns bei einer Gabelung rechts halten.
Wir durchqueren Hallwang geradeaus bergab und steigen dann wieder auf der Straße hinauf nach Berg (Schild). Von Berg geht die Straße steil bergab. Auf einer Fußgängerbrücke überqueren wir die Bahngeleise, vom Bahnhof führt eine Allee in den Ort Kasern hinein. Ab dort bringt uns der gut markierte Weitwanderweg 10 (rot-weiß-rot) bis Maria Plain ①.
Achtung: Vor dem Gasthof „Jägerwirt“, auf einem kleinen Platz, verläuft der Weg durch einen schmalen Durchlaß zwischen Lebensmittelgeschäft und Mauer! Dann unter der Autostraße durch, eine Straße steil hinauf, immer der Markierung folgen. Schließlich stoßen wir auf den Kreuzweg, auf dem wir nach rechts bergauf die Basilika erreichen.
Hinunter nach Salzburg gelangen wir über den Kalvarienberg, vorbei an der Kreuzigungsgruppe und den vier Kapellen mit Figurengruppen aus der Leidensgeschichte . Der Plainbergweg führt unter der Autobahn durch und mündet in die Oberndorfer Straße, der wir stadteinwärts folgen. Wo die Itzlinger Hauptstraße nach links schwenkt, bleiben wir geradeaus und gehen ein kurzes Stück auf der Raiffeisenstraße, bis sie die Austraße kreuzt. Auf dieser gehen wir nach rechts zum Ufer der Salzach und auf der Uferpromenade, egal auf welcher Seite, flußaufwärts ins Stadtzentrum von Salzburg.

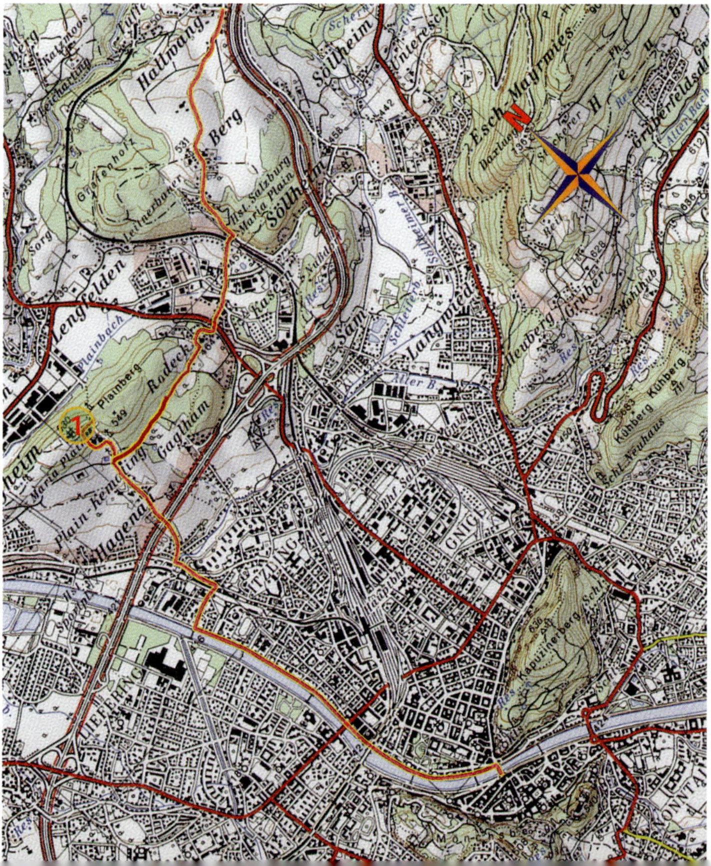

PFONGAU. Die Filialkirche St. Martin – Hauptkirche ist St. Nikolaus in Neumarkt – ist im spätgotischen Stil errichtet und hat vier (!) Vorgängerbauten, von denen der erste eine Holzkirche aus dem 8. Jahrhundert war. Die Häufung von Martinskirchen in diesem sehr früh von den Karolingern befriedeten Raum ist kein Zufall, wenn man weiß, daß der hl. Martin der Landespatron von Frankreich ist.

- *Katharina Kranzinger, Neufahrn 4, Tel. 06216/4457*
- *„Erhartbauer“, Fam. Sinnhuber, Tel. 06216/6732*
- *„Deserbauer“, Fam. Reitsauer, Malerhof 13 (Seenähe), Tel. 06216/4361*

HENNDORF. Die Pfarrkirche, in der heutigen Form spätbarock (1792–1797), hat „nur“ drei Vorgängerbauten: die Holzkirche einer bajuwarischen Siedlung, eine romanische und schließlich eine gotische Kirche, deren Westturm in die heutige St.-Vitus-Kirche integriert wurde.

- *„Hofbauer“, Fam. Schweiger, Fenning 16 (in Seenähe), Tel. 06214/7331*

SEEKIRCHEN

- *Haus Wilhelm, Fischtaging 47 (zwischen Henndorf und Seekirchen), Tel. 06212/7489*

EUGENDORF. Die heutige Pfarrkirche St. Martin (urkundlich 790 erwähnt) ist eine spätbarocke (1736/37), in ihrem Kern aber gotische Kirche. Ein sicherer Hinweis auf den Jakobsweg ist die frühere Wehr- und heutige Filialkirche St. Jakob in Unzing.

- *Anna Gstöttner, Dorf 18, Tel. 06225/8220*
- *Maria Greisberger, Dürnbichlstraße 20, Tel. 06225/7721*
- *Bauernhof Radauer, Dorf 15, Tel. 06225/7646*

HALLWANG. Bei Grabungen wurde das Bad eines römischen Gutshofes aus dem 1./2. Jahrhundert entdeckt, über dem man im 9./10. Jahrhundert die er-

Marterl in Pfongau

ste Kirche des Ortes errichtet hat. Dieser folgte ein romanischer Neubau, der seinerseits um 1430 durch einen gotischen Bau abgelöst wurde. Die heutige Form der Pfarrkirche zum hl. Martin entstand durch Barockisierung am Ende des 17. Jahrhunderts.

- *Rupert Lindner, Panoramaweg 5, Tel. 0662/456681*
- *Sepp Moser, Turnerbühel 1, Tel. 0662/456676*
- *Pauline Sammer, Panoramaweg 1, Tel. 0662/456687*

MARIA PLAIN ist seit dem 17. Jahrhundert ein beliebter Wallfahrtsort der Salzburger. 1652 stand hier nur die Kapelle, die um 1710 neu gebaut wurde. Daneben entstand von 1671 bis 1674 nach den Plänen von Giovanni Antonio Dario die jetzige Wallfahrtskirche. Zum 28. Jahrestag der Krönung des Mariengnadenbildes (1779) ertönte die zu diesem Anlaß von Wolfgang Amadeus Mozart komponierte Krönungsmesse.

MOUNTAINBIKEEIGNUNG: Abgesehen vom Wanderweg am See (Fahrverbot!), vom Wegstück nach Gumpenhub und vom Waldweg nach Maria Plain ist die Strecke gut befahrbar. Ausweichmöglichkeiten auf Straßen bzw. Radwege für die problematischen Stücke sind gegeben.
ÖFFENTLICHER VERKEHR: Die Orte an der B 1 (Henndorf und Eugendorf) und Hallwang sind mit Bus erreichbar, Seekirchen und Kasern haben eine Zugverbindung nach Salzburg.

Blick auf Salzburg von Maria Plain

SALZBURG

Die Gründung von Juvavum als Hauptstadt der Provinz Noricum an dieser strategisch wichtigen Stelle am Eingang der Alpen durch die Römer 15 v. Chr. bedeutete die Grundsteinlegung für das heutige Salzburg. Die Wirren der Völkerwanderung ließen die Stadt über Jahrhunderte in der Dunkelheit der Geschichte verschwinden, aus der sie am Ende des 7. Jahrhunderts wieder auftauchte: Bischof Rupert gründete 696 am Fuße des Mönchsberges das Benediktinerkloster St. Peter, das bis 987 zugleich Sitz der Bischöfe von Salzburg sein sollte.
Die mittelalterliche Epoche Salzburgs ist geprägt durch die Missionierung des Alpen- und Donauraumes bis hinein nach Ungarn (nach dem siegreichen Awarenfeldzug Kaiser Karls des Großen) und durch kriegerische Konflikte, die sich aus der Parteinahme der Salzburger Bischöfe für den Papst im Investiturstreit ergaben. In dieser Zeit (1077) entstand unter Erzbischof Gebhard der Vorläuferbau der Festung Hohensalzburg, ein hölzernes Kastell. Trauriger Höhepunkt dieser bewegten Zeit war die Zerstörung und Brandschatzung der Stadt durch die Truppen Friedrich Barbarossas im Jahre 1167, der auch der erste unter Bischof Virgil (745–785) errichtete Dom zum Opfer fiel. Etwa 400 Jahre später wird der spätromanische Nachfolgebau des Domes ebenfalls ein Raub der Flammen. Im Osten des Domes stand bis zu diesem Brand eine 1147 von den Herren von Thurn gestiftete Jakobskapelle.
Es ist sicher nicht falsch anzunehmen, daß die Tradition der Jakobspilgerschaft ab dem 11./12. Jahrhundert vor allem vom Benediktinerkloster St. Peter aus nach Osten getragen wurde.

Das Salzburg der Fürsterzbischöfe, deren Wirken das heutige Stadtbild entscheidend und nachhaltig prägte, begann mit Wolf Dietrich von Raitenau, der mit seinen tiefgreifenden städtebaulichen Maßnahmen den Grundstein für die weitere Entwicklung der Stadt zu einer der schönsten barocken Residenzstädte Europas legte (1586–1612). Diese glänzende Epoche, die 200 Jahre währte, fand mit der Geburt und dem Schaffen von Wolfgang Amadeus Mozart (1756–1791) ihre Krönung und ihren Abschluß. Die 1920 von Max Reinhardt ins Leben gerufenen Salzburger Festspiele knüpfen erfolgreich an diese Zeit an und festigen den Ruf von Salzburg als Weltstadt der Musik.

Der Dom zu den hll. Rupert und Virgil ist in seiner jetzigen Form sichtbares Zeichen der Blüte Salzburgs. Der nach dem Brand von 1598 erfolgte Neubau wurde erst 1655 mit dem Ausbau der Türme vollendet und wurde zum Vorbild für den barocken Kirchenbau nördlich der Alpen. Ein Marmorrelief aus dem alten Dom mit dem Pilger Jakobus (1502) ist erhalten geblieben.

Der Salzburger Dom

Das Kloster St. Peter verblieb nach der Gründung einer eigenen Bischofsresidenz unter Erzbischof Konrad I. (1100) in den Händen der Benediktiner. Seine 700jährige kontinuierliche Tradition in Kunst und Wissenschaft (seine Buchmaler- und Schreibschule hatte im Mittelalter überregionale Bedeutung) machen es einzigartig im deutschen Sprachraum. Der Charakter der nach dem Brand von 1127 neugebauten Stiftskirche St. Peter (1130–1143), einer romanischen Basilika, hat sich trotz wesentlicher Veränderungen im 17. und 18. Jahrhundert weitgehend erhalten. Am 26. Oktober 1783 fand hier die Uraufführung der Messe in c-Moll von W. A. Mozart statt.
Die Festung Hohensalzburg erfuhr nach 1077 unzählige Erweiterungen und Veränderungen. Dieser Prozeß fand 1682 mit dem Bau der mächtigen Kuenringerbastei seinen Abschluß. Noch bis zum Zweiten Weltkrieg diente die Festung als Kaserne. Über dem Eingang der Burgkirche St. Georg sieht man ein Kreuzigungs- und Christophorusrelief von 1502 und im Inneren 13 spätgotische Reliefplatten mit Christus und den zwölf Aposteln.
Das Benediktinerinnenstift Nonnberg mit der Stiftskirche Mariä Himmelfahrt und St. Erentraud ist das älteste der noch bestehenden Frauenklöster im deutschen Sprachraum. Es wurde vom hl. Rupert um 700 gegründet, seine Nichte Erentrudis war die erste Äbtissin. Nach einem Brand im Jahre 1423 wurde auf dem Grundriß des Vorgängerbaus eine spätgotische Basilika errichtet (1464–1507). Das romanische Tympanon mit dem dazugehörenden Türsturz (Anfang 13. Jh.) wurde in den Neubau integriert. Im Inneren befindet sich – im auffällig höherliegenden Querhaus – die Krypta mit dem Felsengrab der hl. Erentrudis, und in den Blendnischen unter dem Nonnenchor sieht man die bedeutendsten erhaltenen romanischen Fresken Salzburgs (um 1150).
Von den zahlreichen sehenswerten kirchlichen Bauten seien noch die Dreifaltigkeitskirche (1694) und die Franziskanerkirche, ein romanischer Bau von 1223 mit gotischem Chor und Turm vom Ende des 15. Jahrhunderts, erwähnt. Auch die Universität (schon 1622!) mit der Universitäts- oder Kollegienkirche (1696–1707) sind einen Besuch wert.

Von den weltlichen Bauten sind neben den prächtigen, den Dom praktisch einrahmenden Plätzen (Kapitel-, Dom- und Residenzplatz) der Festspielbezirk und die Getreidegasse zu nennen. Der Festspielbezirk mit dem Kleinen und Großen Festspielhaus und der Felsenreitschule ging aus dem Hofmarstall des 17. Jahrhunderts (unter Erzbischof Wolf Dietrich) hervor, bedeutende Architekten unserer Zeit haben an seiner Umgestaltung mitgewirkt.
Die Getreidegasse ist der wichtigste alte Straßenzug der „Bürgerstadt“ mit dem Haus Nr. 9, dem Hagenauer Haus, besser bekannt als Geburtshaus Mozarts, des größten Sohnes der Stadt.
Das Schloß Mirabell – auf der gegenüberliegenden Seite der Salzach – wurde 1606 unter Erzbischof Wolf Dietrich ursprünglich als Schlößchen Altenau für seine Mätresse errichtet, sein Nachfolger Markus Sittikus ließ es in Mirabell umbenennen, und Erzbischof Harrach ließ es 1721–1727 durch Johann Lukas von Hildebrandt zu einer einheitlichen Anlage umbauen. Nach dem Brand der Stadt im Jahre 1818 wurden massive Erneuerungen vorgenommen, sein barocker Charakter blieb aber weitgehend erhalten.

- *Jugendgästehaus Salzburg, Josef-Preis-Allee 18, Tel. 0662/842670 oder 845984*
- *Jugendherberge Salzburg, Eduard-Heinrich-Haus, Eduard-Heinrich-Str. 2, Tel. 0662/625976*

SALZBURG – UNKEN E 16

25,5 km – ca. 7¼ Std.

Die erste Alpenetappe! Das Alpenvorland liegt hinter uns, für den Rest des österreichischen Jakobsweges, bis Feldkirch, also ungefähr 19 Tage lang, werden die Berge unsere ständigen Wegbegleiter sein. Die Etappe führt praktisch von Jakob zu Jakob, denn im Salzburger Dom gab es einmal (1147 urkundlich erwähnt) eine Jakobskapelle, und die Pfarrkirche von Unken ist ebenfalls Jakobus d. Ä. geweiht, so wie auch die Kirche von Gois (ein Dorf gleich nach Salzburg). Der Weg führt auf der alten Poststraße über Bad Reichenhall (das „kleine deutsche Eck"), Lofer und St. Johann in Tirol nach Innsbruck.
Bad Reichenhall, alte Salzstadt und Sitz des Klosters St. Zeno, war eine wichtige Station für die Jakobspilger. Hier mußten sie sich entscheiden, entweder über das Chiemseegebiet (wunderschöne Jakobskirche in Urschalling!) und Rosenheim (Jakobskirche von Rohrdorf bei Rosenheim) ins Inntal zu gelangen oder den etwas kürzeren Weg nach Tirol über Lofer und St. Johann zu wählen. Nachdem ich diese Etappe schon eingangs als Alpenetappe bezeichnet habe, ist es klar, daß ich in der Folge die zweite Variante genauer beschreibe. Ihre Schönheit rechtfertigt dies voll und ganz. Zwar wurde aus der alten Poststraße, wie meistens, eine vielbefahrene Bundesstraße, womit sie für Fußpilger nicht mehr in Frage kommt, aber die vorhandenen Alternativen, meistens am rechten Saalachufer verlaufend, entsprechen in jeder Hinsicht dem, was man sich auch heute unter einem schönen Pilgerweg vorstellt.

Salzburger Dom – Marzoll (ca. 2 Std.)

Vom Domplatz durch die Franziskaner- und die Hofstattgasse nach NW bis zum Karajanplatz, dann durch den Tunnel unter dem Mönchsberg in die Neutorstraße-Maxglaner Hauptstraße. Auf der Innsbrucker Bundesstraße stadtauswärts bis zum Flughafen (zu Fuß oder mit dem Bus). (Die blau-gelben Schilder weisen einen anderen Weg aus der Stadt, am Radweg am Glanbach an das südliche Ende des Flughafens, dann über die Glan- und die Schweizersiedlung bis Viehhausen – etwas länger, dafür aber weniger Verkehr).
Der Bio-Imbiss „Keimling" im Himmelreich (bei der Haltestelle der Buslinie 77) bietet Pilgern ein äußerst günstiges Tagesmenu.

Grenzübertritt

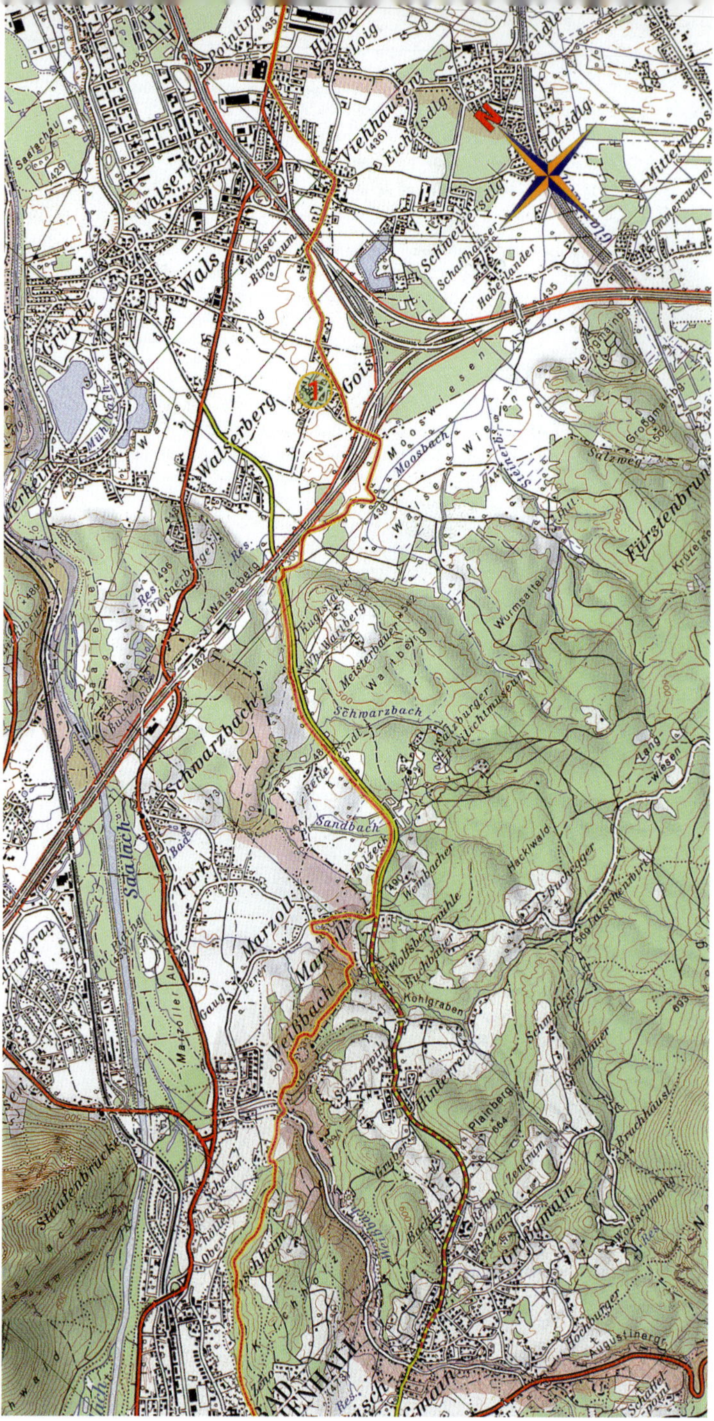

Etwa 150 m nach der Ampelkreuzung mit der Loigstraße schräg nach links auf der Himmelreichstraße nach Viehhausen. Bis hierher 45 bis 60 Minuten. Im

Ort rechts von der Kapelle geradeaus nach W. Unter der Autobahn durch, danach gleich nach links Richtung Gois (Radwegmarkierung). In Gois befindet sich eine Jakobskapelle ① – mit Sicherheit ein Hinweis auf die Jakobspilger. In und nach Gois am „Salzweg", Radwegmarkierung, nach Gois wieder unter der Autobahn hindurch, bei den drei Gabelungen südlich der Autobahn jeweils rechts, dann auf dem Radweg auf der Straße nach Großgmain bis zur Abzweigung (links) nach Grödig. Bei dieser Kreuzung nach rechts auf dem Radweg bis Marzoll. (Dort auf keinen Fall den blau-gelben Schildern geradeaus folgen, sie gehören zum durchgehend asphaltierten „Südostbayrischen Jakobsweg", eigentlich nur für Radfahrer, wenn überhaupt, interessant.)
Ein Abstecher für Radfahrer – da doch 4 km auf Asphalt bergauf – führt über Großgmain, einen der ältesten Marienwallfahrtsorte Salzburgs. Besonders sehenswert sind die gotischen Tafelgemälde in und der Marienheilgarten (Kraftplatz!) hinter der Kirche. Zurück zum Jakobsweg kommen wir über Wanderwege zum Kloster St. Zeno in Bad Reichenhall.
Unterkünfte über den TVB Großgmain, Tel. 06247/8278.

Marzoll – Unterjettenberg (ca. 3 Std.)

Über die Grenze, nach der Kirche und dem Gasthof Schloßberghof gleich nach links, auf einem markierten Wanderweg („Obermühle, Kirchholz") ein Stück der Grenze entlang (alter Grenzstein). Später kommt die Markierung „St. Zeno" dazu, dieser bis St. Zeno ② folgen.

Über das kleine deutsche Eck

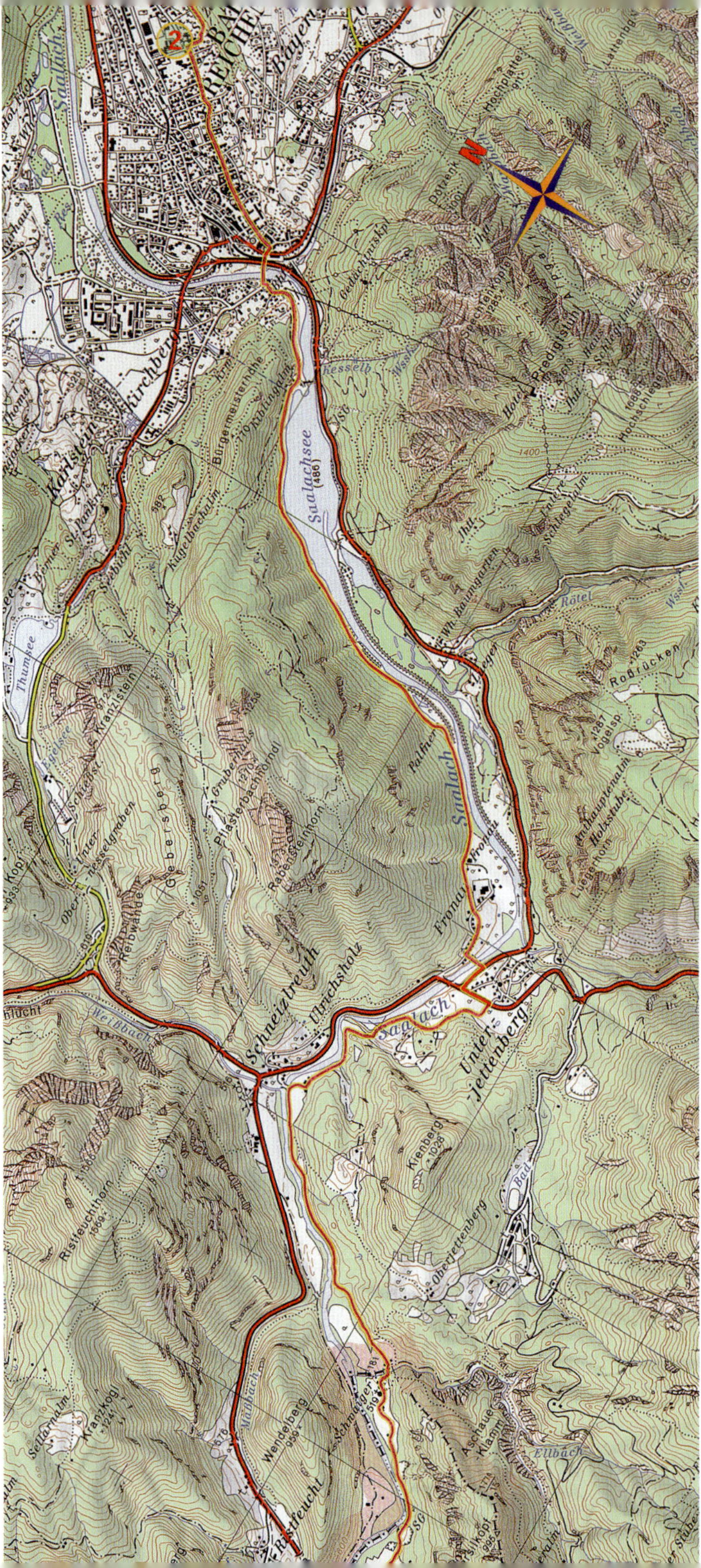

Saalach
Saalachsee
(486)
Kirchberg
Karlstein
Thumsee
Bürgermeisterhöhe
Kugelbachalm
Gebersberg
Reibwände
Fronau
Schneizlreuth
Ulrichsholz
Weißbach
Unter-
jettenberg
Rötel
Roßrücken
Krienberg
1028
Oberjettenberg
Ellbach
Wendelberg
Kranzkogl
N

Achtung: Beim Gasthof Obermühl beim Malteserhaus rechts von der Straße abbiegen – die Markierung geht weiter bis St. Zeno.

Von St. Zeno geradeaus nach W. Durch die Fußgängerzone und die Altstadt von Reichenhall, an der St.-Nikolaus-Kirche vorbei, unter der Bundesstraße hindurch, Brücke über die Saalach und gleich danach links, am Ufer der Saalach, später am Saalach-Stausee entlang Richtung „Fronau". In Fronau Fußgängersteg über die Saalach und auf der Bundesstraße ungefähr 100 m nach rechts (W) bis zur Kreuzung mit der Straße nach Berchtesgaden. Etwa 150 m in diese Richtung, bis rechts ein Feldweg abbiegt (Schild „Schneizlreuth"). Nach links geht es in den Ort Unterjettenberg hinein.

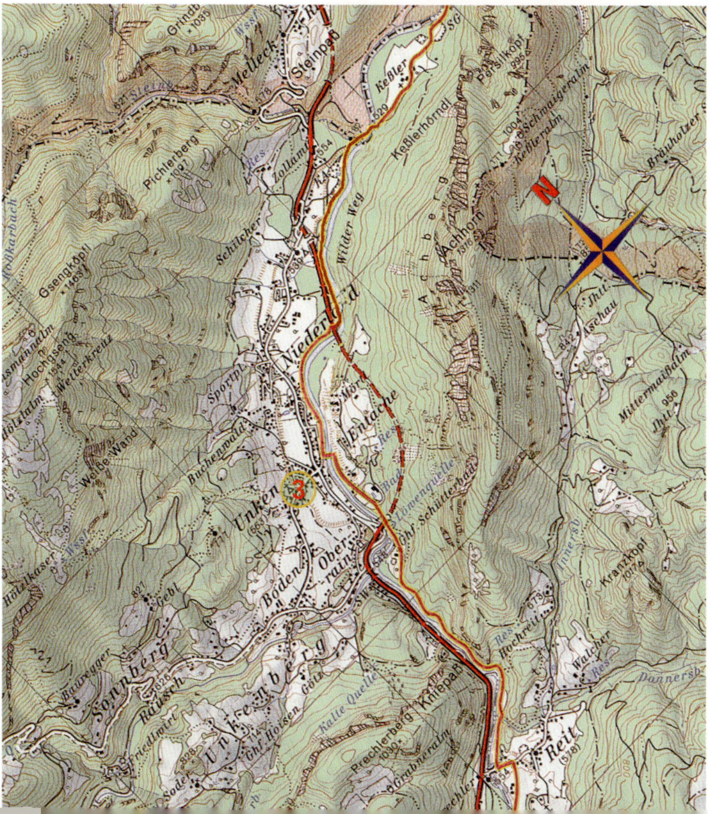

Unterjettenberg – Unken (ca. 2¼ Std.)

Der Feldweg führt am orographisch rechten Saalachufer flußaufwärts bis zu einem Bauernhof. Hinunter zum Ufer, aber nicht über die Brücke, sondern vorher links abbiegen auf den Radweg, weiter flußaufwärts Richtung „Haiderhof". Vor dem Hof rechts bergab, Schild „Unken Weg 1". Gleich danach steht ein verlassenes Grenzerhäuschen. Auf dem Wanderweg, später asphaltierter Güterweg, an Höfen und einer Kiesgrube vorbei bis zur Brücke über die Saalach. Wir überqueren sie und gehen am anderen Ufer flußaufwärts bis Unken ③.

VIEHHAUSEN, ein Vorort von Salzburg, ideal zum Übernachten für Pilger, die über Tag die Stadt besichtigen und sie am Abend noch verlassen wollen.
- *Fam. Niederbrucker, Kapellenweg 9, Tel. 0662/856190*

GOIS, knapp vor der bayerischen Grenze gelegen, besitzt auf einem kleinen Hügel eine gotische Jakobskirche (1250 erwähnt), deren Turm und Altarraum um 1450 erbaut wurden. Im Inneren finden wir den Apostel sowohl auf einem Fresko aus jener Zeit als auch als Statue und als Figur über dem Altar. Hinter dem Altar links erkennt man auf einem Fresko die hl. Anna selbdritt mit der Jungfrau Maria und dem Jesuskind auf ihren Knien. (Die Kirche ist nur in Begleitung der Mesnerin zu besichtigen!)

ST. ZENO (REICHENHALL) ist schon seit Beginn des 9. Jahrhunderts Pfarrkirche. Arn, der erste Salzburger Erzbischof, war bei der Überführung der Gebeine des hl. Zeno im Jahr 807 in Verona Gast des Langobardenkönigs (und Sohnes von Karl dem Großen) Pippin. Erzbischof Konrad gründete 1131 das Augustiner-Chorherrenstift St. Zeno, das in der Folge eine große Bedeutung als Begründer und Verwalter von Pfarreien bis ins Tiroler Unterland hatte. Besonders sehenswert ist das romanische Hauptportal der Kirche.

UNTERJETTENBERG
- *Gästehaus Mayer, HNr. 26, Tel. (D) 0049/(0)8651/63341*
- *Gästehaus Bichler, HNr. 24, Tel. (D) 0049/(0)8651/67042*

UNKEN. Das Dorf an der Saalach wurde 1137 zum ersten Mal urkundlich erwähnt. Die Pfarrkirche zum hl. Jakobus wurde in der Mitte des 14. Jahrhunderts erbaut, durch einen Großbrand 1756 aber vollkommen zerstört und im barocken Stil neu errichtet.
- *Regina Krimbacher, Pension Pfeifer (gegenüber Kirche) Tel. 06589/4307*
- *Sebastian Wimmer, Niederland 1 (Nähe Kirche), Tel. 06589/4379*
- *Lisi Leitinger, Nr. 11, Tel. 06589/7454*
- *Maria Friedl, Nr. 12, Tel. 06589/4333*

MOUNTAINBIKEEIGNUNG: Für den Abschnitt Marzoll–Bad Reichenhall empfehle ich den Radweg an der Straße, die über Großgmain nach Bad Reichenhall führt. Ansonsten ist die gesamte Etappe gut befahrbar.
ÖFFENTLICHER VERKEHR: Alle Orte sind mit Bus erreichbar, Bad Reichenhall auch mit der Bahn.

S. 107: Jakobskirche in Gois; Jakobskirche in Unken

UNKEN – ST. JOHANN E 17

35 km – ca. 7½ bis 8 Std.

Die Etappe Unken–St. Johann verläuft teilweise auf der historischen Pilgerroute, nämlich der alten Poststraße vom Paß Strub bis Waidring. Der alte Meilenstein vor Waidring belegt dies. Da sich der Großteil dieser alten Straße in der Zwischenzeit jedoch zu einer dichtfrequentierten Bundesstraße „entwickelt" hat, ist es heute ratsam, die gut ausgebauten und gut markierten Wanderwege zu benützen, die nicht weit entfernt von der Bundesstraße in dieselbe Richtung verlaufen. Die Belohnung für so viel Flexibilität sind nur kurze asphaltierte Teilstücke. Es ist eine richtige „Wanderetappe". Für den Abstecher nach St. Adolari muß man zwar am Straßenrand gehen, aber die Plagerei lohnt sich.

Unken – Lofer (ca. 2¼ Std.)

Von Unken wieder zurück zum rechten Ufer der Saalach und weiter flußaufwärts. Am Fußballplatz vorbei, den Gasthof „Schütterbad" links umgehen und von dort auf dem „Gaissteig", gut markiert, wildromantisch und wunderschön, direkt am Saalach-Ufer bis Reith. Auf der gegenüberliegenden Talseite können wir die seit 1991 wieder restaurierte Festung „Kniepaß" sehen. Die natürliche Talsperre, seit etwa 1350 „Chniepoz" genannt, war 1621 unter dem Salzburger Erzbischof Paris Lodron zur Verteidigungsanlage ausgebaut worden.

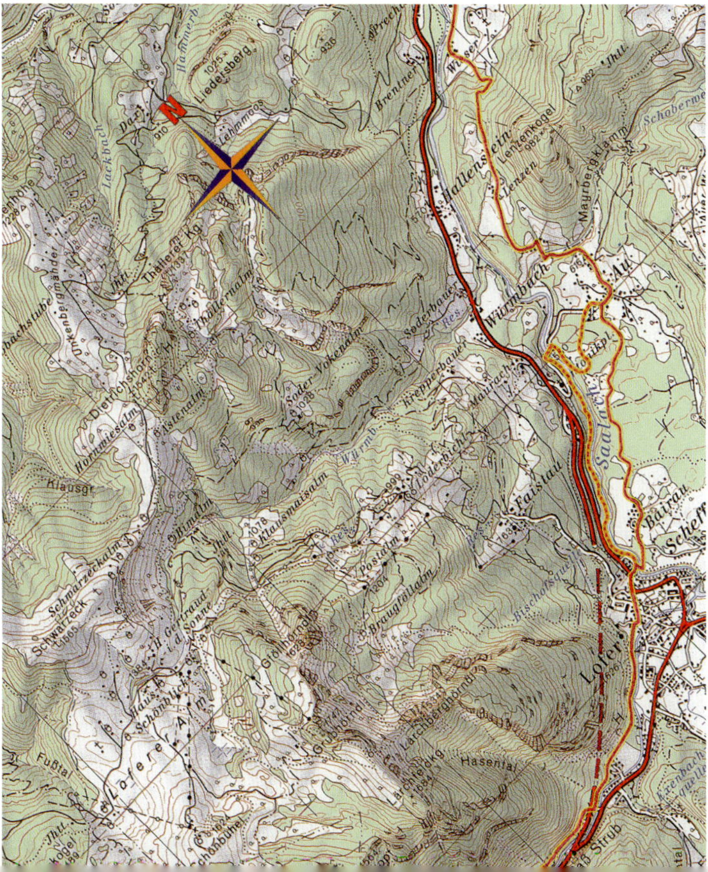

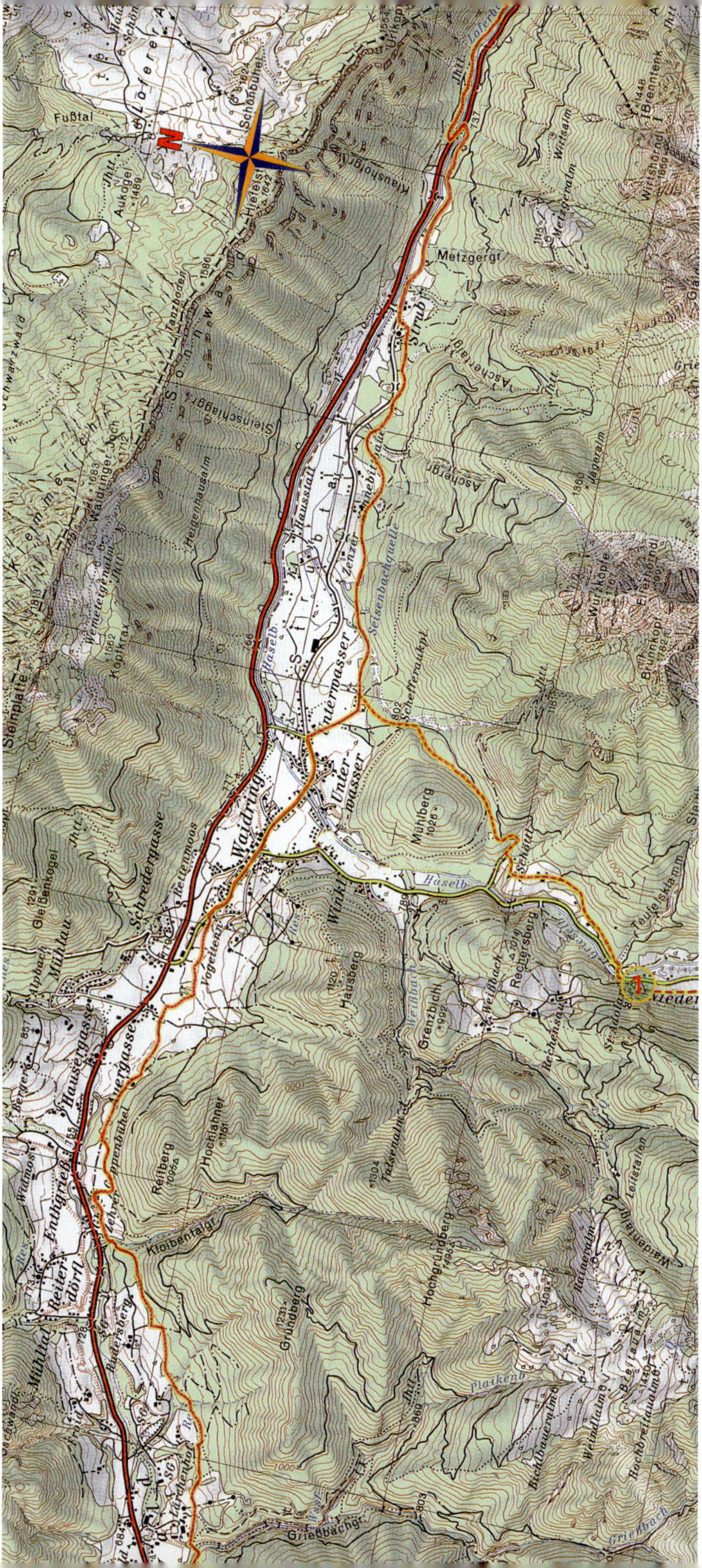

N
Fußtal
Metzgergr.
Waidring
Unterwasser
Mühlberg
Haselb.
Hausberg
Grenzbichl
Reitberg
Hochlahner
Kroibentalgr.
Grießbachgr.
Schredergasse
Hausergasse
Auergasse
Gründberg
Hochgründberg
Plaiken

Bei einer Weggabelung rechts gehen, der Markierung „Reith, Bundesstraße" folgend (nach links ist Reith–Innersbachklamm angeschrieben – eine mögliche Alternative). Bei der Brücke nicht über den Fluß, sondern nach links und nach ca. 50 m gleich wieder rechts gehen, Markierung „Au, Lofer". Der Weg ist zuerst asphaltiert, beim Bauernhof wird er zum Güterweg. Er steigt anfangs relativ steil nach S an, im Wald wird er flacher und führt – immer gut markiert – nach W, Richtung Au, Lofer. Am Lenzenbauerhof (Pestmarterl aus dem Jahre 1648!) vorbei, bergab bis zu einer Brücke, dort wieder nach S auf der Straße bergauf, immer Richtung Au, Lofer.

Den Weiler Au durchqueren (Antoniuskapelle, prächtige Bauernhöfe!), bei der Gabelung nach rechts (N) zum „Café, Gasthaus Antonia" und gleich danach nach links auf den Waldweg nach „Lofer, über Bairau" abbiegen. Nach einem kurzen Stück im Wald gibt es bei einer Gabelung zwei Alternativen, nach Lofer zu gelangen: entweder über die Felder (weiteres Pestmarterl) und den Weiler Bairau oder über den alten Driftsteig direkt an der Saalach entlang. Beim sogenannten „Teufelssteg" über die Saalach führen die beiden Wege wieder zusammen. Landschaftlich sind beide Wege sehr reizvoll, die Entscheidung fällt schwer, ich persönlich habe minimale Präferenzen für den Weg über Bairau. Vom Teufelssteg führt der Weg hinauf nach Lofer.

Lofer – Waidring (ca. 2¼ Std.)

Nach dem Gasthof Post im Zentrum bei dem Marienbrunnen rechts abbiegen, es beginnt der Wanderweg nach Waidring, Strub. Nach der Nepomuk-Kapelle steigt der Weg gut markiert am linken Flußufer an. Auf halbem Weg ist ein kleiner historischer Abstecher zur Ruine der Festung Strub möglich. (Die Festung spielte eine Rolle bei den Tiroler Freiheitskämpfen gegen die Truppen Napoleons.) Etwas später gabelt sich der Weg, beide Varianten führen auf den Paß, der linke ist etwas schattiger und weiter von der Schnellstraße entfernt. Zweimal wird der Fluß auf einem Steg überquert, bis der Weg schließlich an der Bundesstraße etwas oberhalb der Autobrücke endet. Über die Brücke geht es zurück an das andere Ufer und von dort auf der alten Poststraße nach Strub. Vor Strub steht noch ein alter Meilenstein („15 – deutsche – Meilen von Innsbruck"). 350 m später beginnt hinter dem „Brantnerhof" (rechts am Hotel vorbei nach rechts in den Wald hinein) der Wanderweg Nr. 1. Er führt am frei zugänglichen Kneippbad vorbei (ideal für ein Fußbad für die gemarterten Pilgerfüße!) bis Waidring. Achtung, nicht den Winterweg nehmen!

In Au bei Lofer

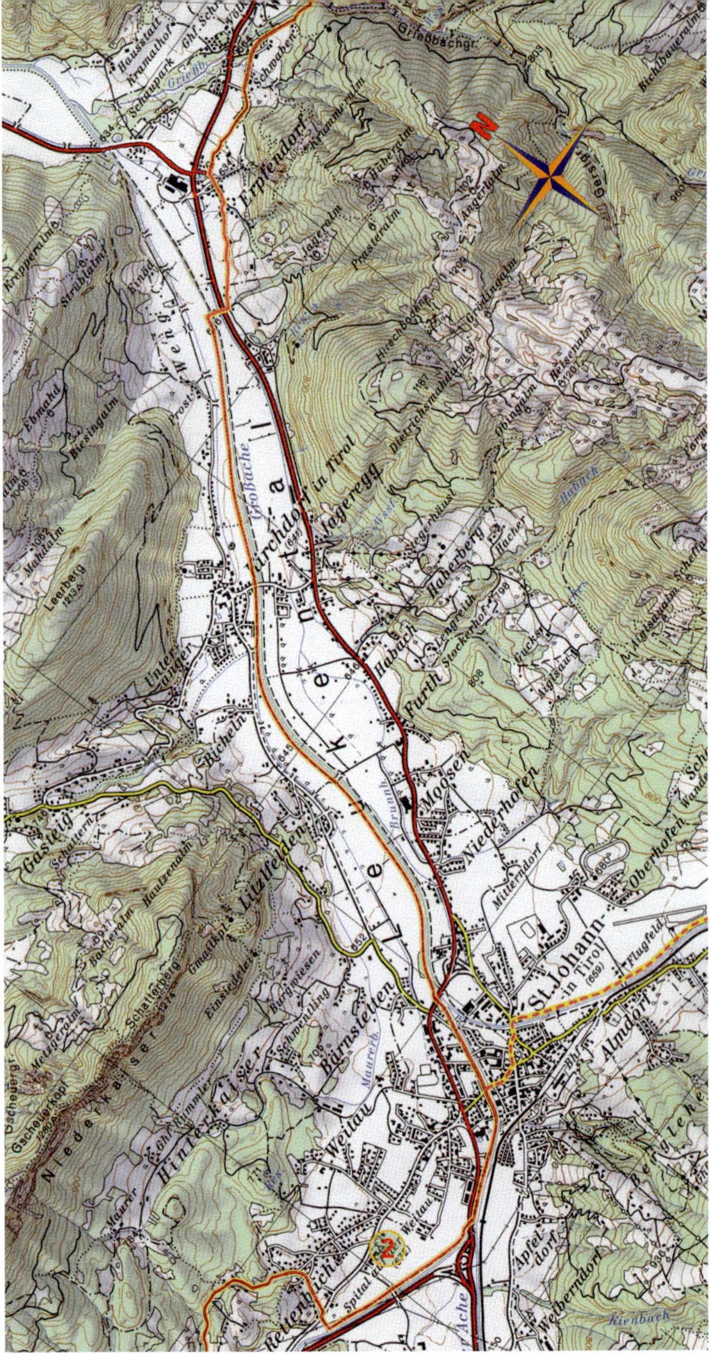

Waidring – Erpfendorf (ca. 2 Std.)

Waidring wird auf der Hauptstraße durchquert, die Kirche bleibt links liegen. Am Dorfausgang zweigt nach links ein Wiesenweg ab, beschildert als Wanderweg Nr. 2 nach Erpfendorf. Der Weg führt zuerst am Waldrand entlang, schwenkt dann nach N hinunter zur Straße und führt zwischen zwei Bauernhöfen hindurch. Knapp bevor der Weg auf den parallel zur Straße verlaufenden Fahrradweg stößt, unmittelbar nach der Überquerung eines Baches auf einem Steg, führt eine Forststraße nach links wieder hinauf in den Wald, Schild „Erpfendorf, Lärchenhof". Diesen Weg nehmen, er führt am Waldrand oberhalb eines riesigen Hotelklotzes vorbei nach Erpfendorf, immer der Beschilderung folgen! Im Wald unbedingt auf die Markierung achten, sie ist nicht immer sehr deutlich! Einmal z. B., knapp vor dem Lärchenhof, wird eine Schiabfahrt überquert. Sich hier nach unten orientieren! Grundsätzlich geht es darum, immer talauswärts (SW) an oder in der Nähe des Waldrandes zu bleiben. Vor Erpfendorf beginnt eine Asphaltstraße, die ins Dorf führt. Nicht den Winterweg benützen!

Erpfendorf – St. Johann in Tirol (ca. 1 1/2 Std.)

Wir durchqueren Erpfendorf und verlassen den Ort auf der alten Poststraße. Am Ortsausgang steht am rechten Straßenrand das leider fast völlig verfallene alte Gasthaus Froschlack mit seinen wunderschönen geschnitzten und bemalten Dachbalken. Wir unterqueren die Bundesstraße, überqueren die Großache auf dem Fußgängersteg und folgen dem Dammweg an Kirchdorf und Litzlfelden vorbei bis nach St. Johann.

Weg über St. Adolari, St. Ulrich und St. Jakob nach St. Johann (ca. 5 3/4 Std.)
Etwa 600 Meter nach der Kneippanlage haben wir die Möglichkeit, einen anderen Weg nach St. Johann zu nehmen. Er führt über die wunderschöne gotische Wallfahrtskirche St. Adolari ① (Adolaris war ein Gefährte des hl. Bonifaz), über St. Ulrich, die Mutterpfarre des Pillerseetales und schließlich über die Jakobskirche von St. Jakob in Haus. Der landschaftlich reizvolle Weg wird von einer lokalen Initiative betreut und ausgeschildert. Er ist um gut 9 km (ca. 2 1/4 Gehstunden) länger, führt wieder etwa 100 Höhenmeter hinauf und die letzten zwei Stunden bis St. Johann über kleine, aber asphaltierte Straßen.

113

REITH
- *Maria Faistauer, Haus Nr. 5, Tel. 06589/4526*
- *Fam. Scheul, „Bergerhof", Haus Nr. 6, Tel. 06589/4524*

LOFER war im Mittelalter ein wichtiger Verkehrsknotenpunkt (Fuhrwerke und Poststation) und wurde deshalb schon im Jahre 1232 zum Markt erhoben. Erst der Bau der Eisenbahn im letzten Jahrhundert, die Lofer „links" liegen ließ, bereitete seiner Wichtigkeit

Pestmarterl in Au bei Lofer

ein Ende. Die Holzdrift auf der Saalach, auf der Holz für die Salzbergwerke (Reichenhall) flußabwärts befördert wurde, war hingegen noch bis ins 20. Jahrhundert ein wichtiger Wirtschaftszweig.
• *Pfarrhof von Lofer, Tel. 06588/8309, unbedingt vorher anrufen!*
• *Fam. Prenninger, Au 33 (Ortsteil vor Lofer), Tel. 06588/8607*
• *Haus Edelweis (Neben der Kirche), Lofer 109, Tel. 06588/8383*

WAIDRING lag an der alten Poststraße von Salzburg nach Innsbruck und wurde durch den Bau der Umfahrungsstraße wesentlich entlastet. Die Pfarrkirche St. Vitus und St. Nikolaus ist ein barocker Neubau (geweiht 1764) einer spätgotischen Kirche (1480/1504), von der praktisch nichts mehr übriggeblieben ist.
• *Adelheid Riedlsberger, Achenweg 7, Tel. 05353/5476*
Bauernhof am Ortsende:
• *„Wastlbauer", Georg Heigenhauser, Schredergasse 2, Tel. 05353/5328*

ERPFENDORF kann sich einer Tiroler Seltenheit rühmen: Seine der hl. Barbara geweihte Pfarrkirche ist erst 40 Jahre alt. Sie wurde nach den Plänen – die er übrigens in Erfüllung eines Gelübdes kostenlos entworfen hatte – des großen Tiroler Architekten Clemens Holzmeister 1956/57 erbaut. Sie ist der gelungene Versuch der Versetzung des gotischen Baustils ins 20. Jahrhundert.
• *E. u. S. Schreder, „Haus Tirol", Bichlweg 8, Tel. 05352/8340*
• *Katharina Mayr, Bichlweg 17, Tel. 05352/8491*

KIRCHDORF. Die dem hl. Stephanus geweihte Pfarrkirche (barockisierte Spätgotik) wird urkundlich schon 1197 erwähnt und gehörte bis 1803 zum Stift St. Zeno in Reichenhall. Rechts vorne, oberhalb einer Nische, entdecken wir eine große Jakobsmuschel.

ST. JOHANN IN TIROL liegt am Schnittpunkt noch heute wichtiger Verkehrsverbindungen in der Nord-Süd- und Ost-West-Achse und hatte schon im Frühmittelalter eine gewisse Bedeutung als Verwaltungszentrum. Das Hospiz St. Nikolaus ②, gegründet 1262, am Westrand des Marktortes weist darauf hin, daß hier Pilger aus drei Richtungen (Paß Strub, Hochfilzen, Paß Thurn) zusammenkamen und ihr vermehrtes Auftreten seinen Bau erforderte bzw. rechtfertigte. Die Pfarrkirche von Oberndorf, etwa 2,5 km südwestlich, ist sicher nicht zufällig dem hl. Jakobus geweiht.
Die Pfarrkirche Mariä Himmelfahrt (urkundl. 1216 erwähnt) ist ein eindrucksvoller barocker Bau, im 18. Jahrhundert an Stelle einer gotischen Kirche errichtet.
• *Fam Daxer, Bärnstetten 2 (östl.), Tel. 05352/62401*
• *Annemarie Engel, „Hornblick", Hirzingerweg 16 (westl.), Tel. 05352/67425*
• *Familie Truetsch, Velbenstraße 43 (westl.), Tel. 05352/66657*

MOUNTAINBIKEEIGNUNG: Bis auf die Variante „Driftsteig" vor Lofer ist die gesamte Strecke befahrbar. Sollte auf verschiedenen Abschnitten Radfahrverbot bestehen, gibt es von Waidring bis St. Johann (der Dammweg an der Großache könnte so ein Fall sein) sehr gut markierte Radwanderwege.
ÖFFENTLICHER VERKEHR: Alle Orte befinden sich an der Buslinie Wörgl–Salzburg; St. Johann ist ein wichtiger Bahnhof an der Westbahnstrecke.

31 km – ca. 7 Std.

Die Etappe St. Johann–Bruckhäusl wurde von mir als große – positive – Überraschung verbucht. Das Tiroler Unterland ist allgemein als eine vom Massentourismus zerstörte Region verschrien, und ich erwartete mir große Hindernisse bei der Suche nach heute noch begehbaren Wegen in Talnähe. Daß ich vielleicht sogar der historischen Route folgen könnte, wagte ich gar nicht zu hoffen. Doch siehe da, von St. Johann nach Going gibt es den „Römerweg“, der, wenn er schon nicht aus der Römerzeit stammt, zumindest sehr alt ist. Anscheinend wurden früher alle Verkehrswege, die zu alt waren, um ihren genauen Ursprung zu kennen, den Römern zugeschrieben. Jedenfalls dürfte man auf dem Römerweg zwischen St. Johann und Going auf der Route sein, die auch die Pilger im Mittelalter nahmen. Der Rest des Weges verläuft großteils etwas höher am Hang, ist sicher nicht mit dem historischen Weg identisch, dafür aber so weit von den Touristensilos entfernt, daß die immer noch schöne Landschaft voll zur Geltung kommt. Mehrere Male öffnen sich wunderbare Ausblicke auf den Wilden Kaiser! Wie schon am Vortag kommen wir an prächtigen Bauernhäusern und in den Ortschaften und an der Straße, die man ja doch mehrmals kreuzt, an schönen alten Gasthäusern vorbei.
Der Anteil an Asphalt ist höher als am Vortag, aber erträglich, da es sich meistens um asphaltierte, aber wenig befahrene Wirtschaftswege handelt.

St. Johann – Ellmau (ca. 2½ Std.)

Die angenehmste Art, St. Johann zu durchqueren, besteht darin, an der Großache zu bleiben. Also, unter der Bundesstraße hindurch und den Rechtsbogen der Ache ausgehen – ca. ½ Std., bis der Weg auf die alte Bundesstraße stößt und diese überquert. Wer in das Ortszentrum will, muß bei der dritten Brücke nach der Unterquerung der Bundesstraße über die Ache gehen.

Weg nach Going

Beim „Bacherwirt“, wo der Achenweg die alte Bundesstraße trifft, gerade über die Straße. Genau gegenüber führt ein kleiner Wanderweg bachaufwärts bis zum „Römerweg“. Die alte Straße führt am Bach entlang in Richtung W über den „Innergranderhof“ (ein prächtiger Bauernhof, 1170 zum ersten Mal urkundlich erwähnt) bis zum Gasthof „Römerhof“. Der Weg ist als „Radweg Going“ gut ausgeschildert.
Ab dem „Römerhof“ dieser Beschilderung folgen. Der

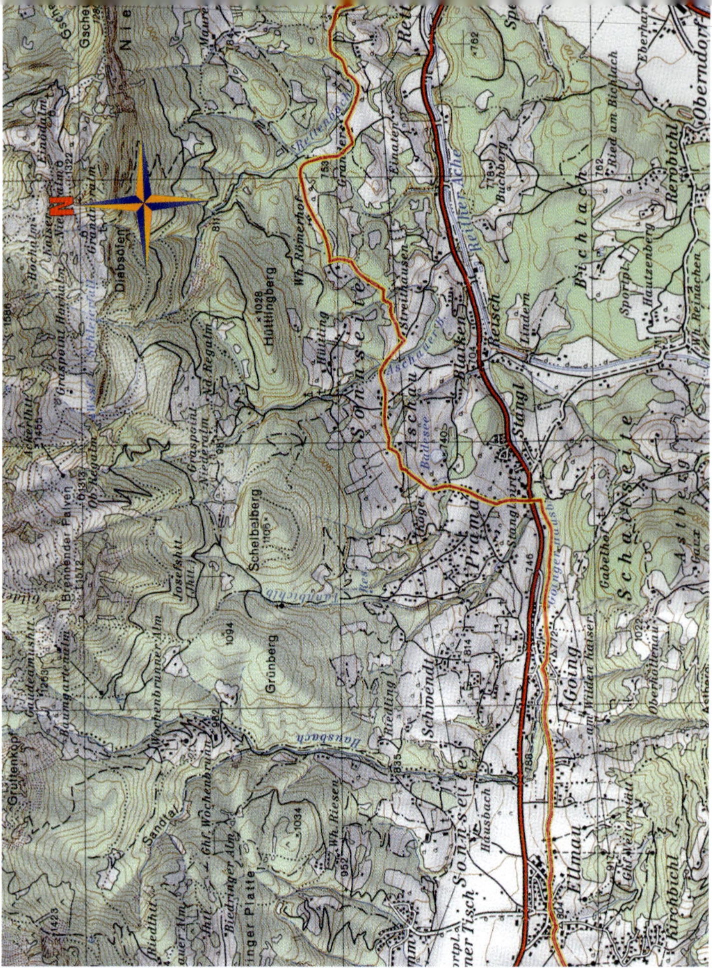

Wanderweg ist großteils nicht asphaltiert, erst wieder im Einzugsgebiet von Going. Er führt nördlich um den Badesee herum, bei einem kleinen Platz mit Brunnen zeigt ein Wegweiser „Stangl, Waldweg Going" nach S. Auf diesem bis zum „Stanglwirt" an der Bundesstraße. Wenige Meter nach rechts, die Straße wird auf dem Zebrastreifen überquert, und ein Holzsteg führt über den Goinger Hausbach. Ein Waldweg führt bachaufwärts nach Going. Nach der Eisschützenhalle unten bleiben, nicht über den Bach gehen, sondern auf dem kleinen Wiesenweg zwischen den Gärten in den Ortskern bis zur Kirche. An ihr vorbei, bei der ersten Gabelung rechts, bei der nächsten links und auf der alten Straße nach Ellmau.

Ellmau – Söll (ca. 2¼ Std.)

Im Dorf bis zur Kirche, bei der Gabelung danach links. Auf der Straße bis zum Ortsteil Au, dort über den Bach. In Richtung Faistenbühel (Schild) am Gegenhang eine steile Straße bergauf, die Linkskurve ausgehen und dem Schild „Egg, Scheffau" folgen. Die Straße überquert am Waldrand ein Plateau, ein Gasthof bleibt links liegen, ebenso die Abzweigung nach Hochschwendt. Sie senkt sich zum Weiler Egg, doch vorher führt ein kleiner Wiesenweg bergab zum Bach und im Wald am Bach entlang zu einer asphaltierten Straße, der wir bergab folgen. Am linken Waldrand biegen wir nach links auf die kleine Straße ab und kommen zu einem Bauernhof, wo die Beschilderung, „Bärbichl, Söll" beginnt. (In diesem Bereich führt der Wanderweg über bäuerlichen Grund. Also seid bitte freundlich und rücksichtsvoll! Mittelfristig plant die Gemeinde eine neue Wegführung, um Konflikte mit den Grundeigentümern zu vermeiden.) Der als Nr. 12, markierte Weg führt unter der Gondelbahn hindurch und am Hinweisschild zum Restaurant „Bavaria" vorbei. Er senkt sich zur Bundesstraße, biegt dort gleich wieder nach links ab, durchquert den Ortsteil Gänsleiten, unterquert die Bundesstraße und führt bis zur Kirche von Söll.

Söll – Bruckhäusl/Grattenbrücke (ca. 2¼ Std.)

Von der Kirche geht es weiter in Richtung NW zum Ortsteil Pirchmoos. Bei der Marienkapelle links (W) vorbei und auf dem asphaltierten Radweg bis zur Bundesstraße (Jausenstation „Lederer"). Nach ungefähr 80 m auf der Straße zweigt links der gut markierte Wanderweg nach Itter ab. Der später teilweise asphaltierte Weg wird erst knapp vor Itter verlassen, dort, wo die Straße von unten herauf führt. Die Straße wird überquert, es geht geradeaus zwischen Häusern durch bis zu einem Dorfbrunnen. Am alten Haus nördlich des Brunnens führt der Weg rechts vorbei auf die Felder, nach ca. 150 m zweigt er nach links ab und senkt sich durch den Wald hinab zur Bundesstraße. Die Straße wird überquert, wir gehen ungefähr 20 m hinauf zu einem Bauernhof. Von dort führt ein asphaltierter Güterweg parallel oberhalb der Bundesstraße nach W, bis er in diese mündet. Der Güterweg war früher – Überraschung! – die alte Poststraße, das uralte und wunderbar erhaltene Haus Nr. 14, an dem wir vorübergehen war die Poststation. Wir erkennen über der Türe die Jahreszahl 1528. Also ein Stück authentischer Pilgerstraße! Auf der Bundesstraße etwa 100 m weiter in Richtung Wörgl, dann führt ein Weg zum Ufer der Brixentaler Ache. Am Uferweg geht es bis Bruckhäusl. Beim Steg nach Bruckhäusl wechseln wir an das linke Ufer, dort bringt uns ein Wanderweg zur nächsten, der Grattenbrücke.
Ein lohnender Abstecher führt auf der nördlichen Flußseite hinauf zur Marienkirche auf dem „Grattenbergl", hin und retour 20–30 Min.: Über die Brücke ① zur Bundesstraße („Auto Brunner"), dort 40 m nach rechts, dann nach links ab in Richtung „Walchhof". Nach ein paar Metern wieder nach links und auf einem Steig hinauf zur Kirche (Schild). Auf dem „Grattenbergl" Jausenstation.

GOING, im Mittelalter Bauern- und Knappensiedlung (Bergbau am Rerobichl), ist heute fast ausschließlich vom Fremdenverkehr geprägt. Seine Pfarrkirche zum Hl. Kreuz ist, wie die meisten in dieser Gegend, ein barocker Bau (1774/75), der die ursprüngliche gotische Kirche (1390 erwähnt) ersetzte.

- *Paula Treichl, Sonnseite 45 (beim Stanglwirt), Tel. 05358/2474*
- *Bauernhof „Wagnerbauer", H. Bichler, Dorf 6, Tel. 05358/4253*
- *Maria Hochfilzer, Lanzenweg 9, Tel. 05358/2477*
- *Fam. Gschwendtner, Lanzenweg 4, Tel. 05358/2756*
- *Erna Keuschnigg, Söllnerweg 7, Tel. 05358/2416*
- *Gutes und günstiges Pilgermenu im „Liftstüberl", Tel. 05358/43077*

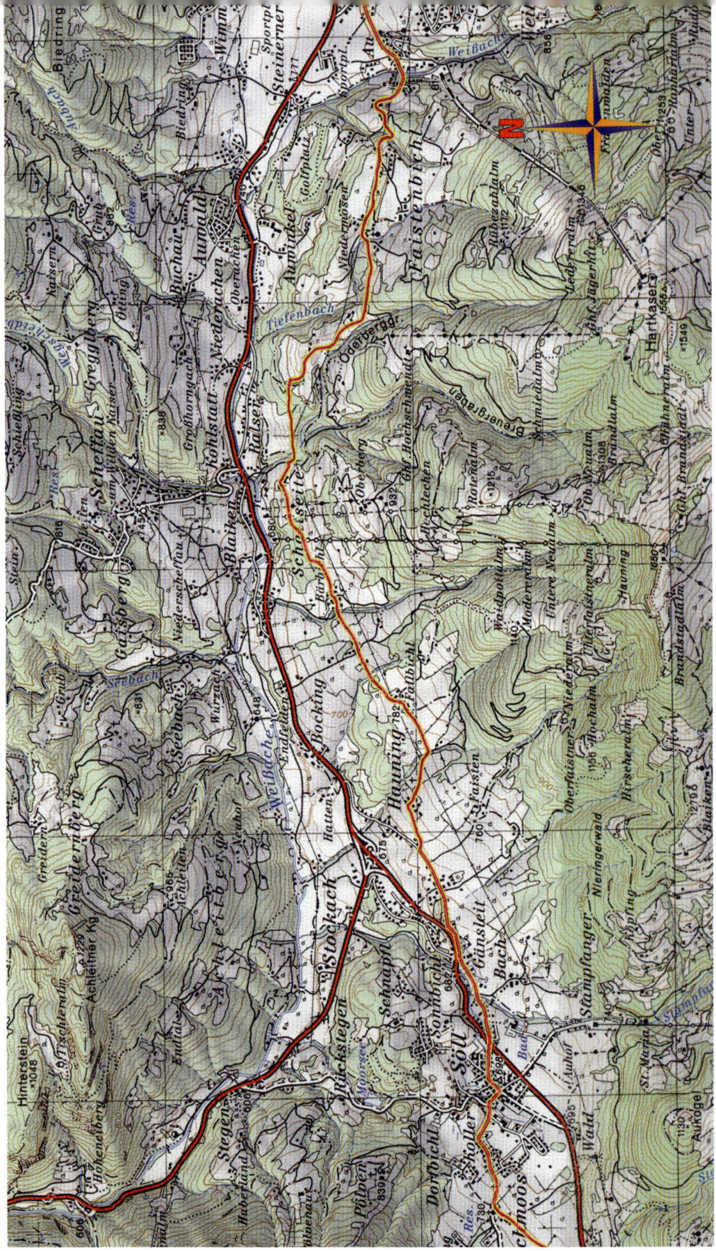

ELLMAU ist wie Going ein altes Bauerndorf, heute ganz auf den Tourismus ausgerichtet. Von der gotischen Kirche (13./14. Jahrhundert), dem hl. Michael geweiht, sind im heutigen Barockbau nur mehr im Turm Reste zu erkennen.

- *Willi Niedermühlbichler, Austraße 19, Tel. 05358/3571*
- *Angelika Leitner, Faistenbichl 7 (westlich von Ellmau), Tel. 05358/2619*
- *Barbara Gogl, Rohrmosen 12 (Plateau nach Ellmau), Tel. 05358/2947*
- *Erna Kopp, Rohrmosen 7 (nur Nebensaison), Tel. 05358/2911*

SCHEFFAU

• *„Vorderschwarzach", G. Payr, Blaiken 17, Tel. 05358/8357*
• *„Baumgartenhof", Andrea Bichler, Blaiken 9, Tel. 05358/8175*
• *„Brandlhof", Anni Horngacher, Blaiken 8, Tel. 05358/8176*

SÖLL schließt die Reihe der Fremdenverkehrsdörfer ab, die ihre Attraktivität vor allem der imposanten Kulisse des „Wilden Kaisers" verdanken, einem schroffen, wildromantischen Gebirgsmassiv am Nordhang des Leukentales.
Die Pfarrkirche ist den Kirchenvätern Petrus und Paulus geweiht und ebenfalls ein barocker Neubau aus dem 18. Jahrhundert, der sicher besser als der gotische oder gar der romanische Baustil den Reichtum und die Üppigkeit der Region widerspiegelt. Am Hauptaltar der Pfarrkirche rechts können wir die Statue des hl. Jakobus erkennen.
Im Weiler Pirchmoos westlich von Söll steht die gerade 100 Jahre alte Lourdes-Kapelle. Eine Gelegenheit, einen „Abstecher" nach Lourdes zu machen, so wie viele Pilger in Frankreich auf ihrem Weg nach Santiago auch das echte Lourdes in den Pyrenäen besuchen.
• *Nach Söll: Bauernhof „Steinhäusl", Am Steinerbach 7, Tel. 05333/5421 und*
• *Evi Ortner, Am Steinerbach 3, an der Bundesstraße, Tel. 05333/5389*

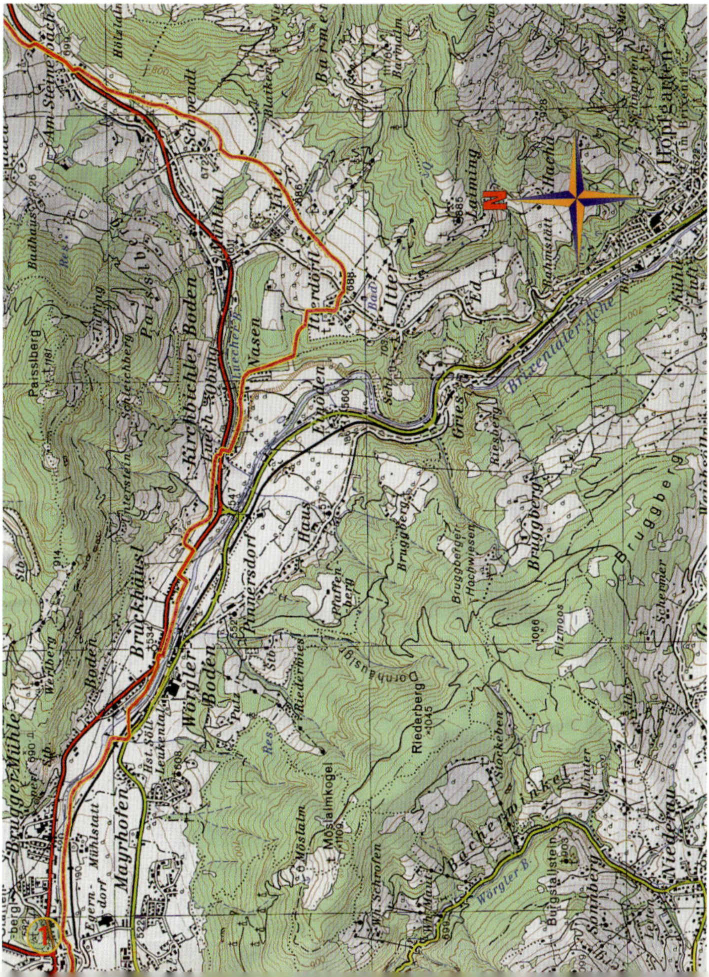

ITTER

- *Bauernhof „Hintenberg", Maria Steiner, Haus Nr. 20, Tel. 05332/73768*
- *Rosa Gastl, Haus Nr. 151, Tel. 05335/2684*

BRUCKHÄUSL. Die Pfarrkirche ist ebenfalls den Aposteln Petrus und Paulus geweiht und, wie die Kirche von Erpfendorf, nach den Plänen von Clemens Holzmeister erbaut worden (1976/77). Die Wallfahrtskirche Mariahilf auf dem Grattenbergl ist im 18. Jahrhundert im barocken Stil errichtet worden.

- *Loisi Einwaller, Boden 114, Tel. 05332/70254*
- *Josef Stöckl, Boden 54, Tel. 05332/70356*

MOUNTAINBIKEEIGNUNG: Die gesamte Etappe ist befahrbar, nur auf kurzen Abschnitten (vor Going, nach Ellmau) muß das Rad entweder getragen oder geschoben werden. Große Teile der Strecke sind als Radwege ausgeschildert.
ÖFFENTLICHER VERKEHR: Alle Orte sind mit Bus erreichbar, Bruckhäusl hat auch einen Bahnhof.

BRUCKHÄUSL – STRASS IM ZILLERTAL E 19

29 km – ca. 6 Std.

Wir kommen ins Inntal und stoßen damit auf die Route, welche die Pilger aus dem oberbayrischen Raum (Chiemsee, Rosenheim) bei Kufstein ins Inntal brachte. Sie folgt der Römerstraße, die von Kufstein her an der Sonn-, also Nordseite des Inntales verlief. Noch in der Karte des Tiroler Kartographen Peter Anich (18. Jh.) ist sie in ihrem gesamten Verlauf bis Telfs eingezeichnet.
In Strass, unserem Etappenziel, mündet eine zweite Pilgerroute in den Inntalweg ein, und zwar jene, die aus dem Pinzgau im Salzburger Land über den Gerlospaß ins Zillertal und bei Strass ins Inntal führt. So ist es sicher kein Zufall, daß die Pfarrkirche von Strass dem hl. Jakobus geweiht ist.

Bruckhäusl – Breitenbach (ca. 2½ Std.)

Ab der Grattenbrücke (nur im Fall des Abstechers zum Grattenkirchl überqueren) halten wir uns rechts der Bahnlinie. Nördlich am Bahnhof und auch an Wörgl selbst vorbei kommen wir zu einer T-Kreuzung. Wer ins Zentrum von Wörgl will, biegt hier links ab. Wir gehen nach rechts unter der Autobahn hindurch und über eine Fußgängerbrücke auf die nördliche Innseite, danach nach links, eine relativ steile Schotterstraße hinauf.
Von hier nach rechts kann man einen längeren, aber lohnenden Abstecher zum beliebten Wallfahrtsort Mariastein machen. Der aus Kufstein kommende Pilgerweg führt direkt daran vorbei.
Wir folgen der Straße nach W, gehen bei einer Kehre geradeaus weiter, und bevor die Straße über einen Bach führt, zweigen wir am Waldrand auf einen Wirtschaftsweg ab, der nach rechts bergan führt (wir sind im Ortsteil Achleit

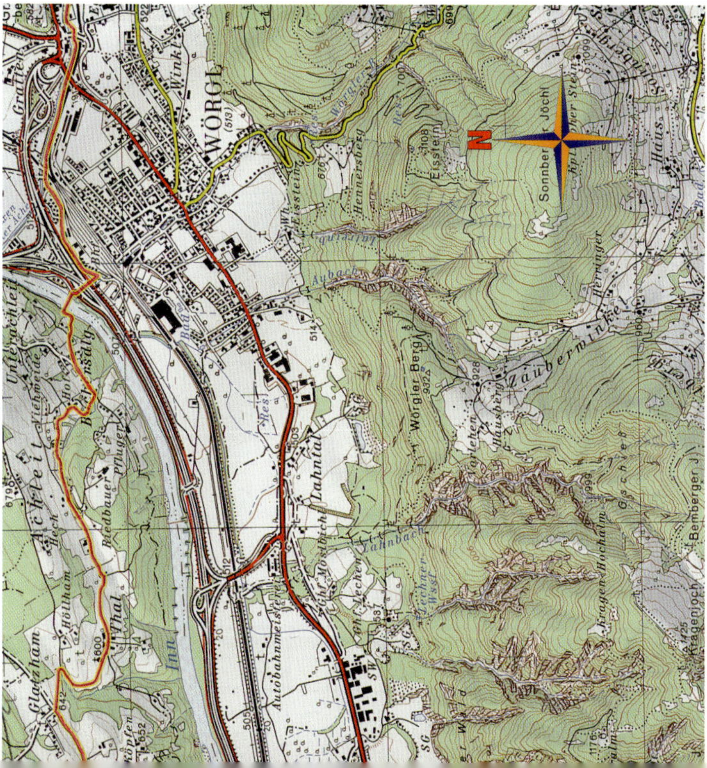

der Gemeinde Angerberg). Beim Vorderhof (Unterkunft) zwischen den Hofgebäuden durchgehen und gleich dahinter zuerst leicht bergab, dann ansteigend nach NW. Beim nächsten Bauernhof wieder zwischen den Gebäuden durchgehen, bergab zum Waldrand, von dort nach W leicht ansteigend bis zu einer Asphaltstraße, auf der es nach links (W) zuerst an einem Hof, dann an einem kleinen Weiler (Thal) vorbei in Richtung Breitenbach geht. Der Güterweg macht eine langgezogene Rechtskurve, bei der darauffolgenden T-Kreuzung geht es nach links bis zum Weiler Glatzham. Der Landesstraße etwa 600 m nach links folgen, dann rechts und gleich wieder links. Ein asphaltierter Weg führt etwas oberhalb, parallel zur Landesstraße, über die Weiler Ried, Egg und Berg und am Schluß relativ steil hinunter zu der schon von weitem sichtbaren Kirche von Kleinsöll ①, einem gotischen Kleinod.

Bei dem alten Brunnen am Bauernhof vor der Kirche nach rechts, um das Haus herum. Zuerst eine Wiese abwärts, durch ein Waldstück und nach der Hälfte der nächsten Wiese hinunter zum Waldrand. Am linken unteren Eck der Lichtung beginnt der Wanderweg nach Breitenbach. Zuerst bergab in Richtung Inn, dann an einem Bach entlang ins Dorf.

Breitenbach – Rattenberg (ca. 2 Std.)

Breitenbach wird auf der Hauptstraße in nördlicher Richtung durchquert. Etwa 200 m nach der Pfarrkirche, bei einer Kapelle, zweigt der Weg nach links steigend ab. Der historische (!) Römerweg beginnt in den Wiesen oberhalb von Breitenbach nach der Steigung – bei der Gabelung rechts – und führt durch den Wald bis zur Landesstraße nach „Haus, Berglsteiner See" (NW).

Tatsächlich führte eine Römerstraße, immer auf der Sonnseite, etwas über der Talsohle gelegen, von Kufstein an durch das gesamte Inntal. Da die Römerstraßen bis ins hohe Mittelalter die besten und daher meistbenützten Verkehrswege waren, liegt der Schluß nahe, daß sie auch von Pilgern begangen worden sind. Seit Angerberg (Wörgl gegenüber auf der nördlichen Talseite) be-

Kleinsöll, Johanneskirche

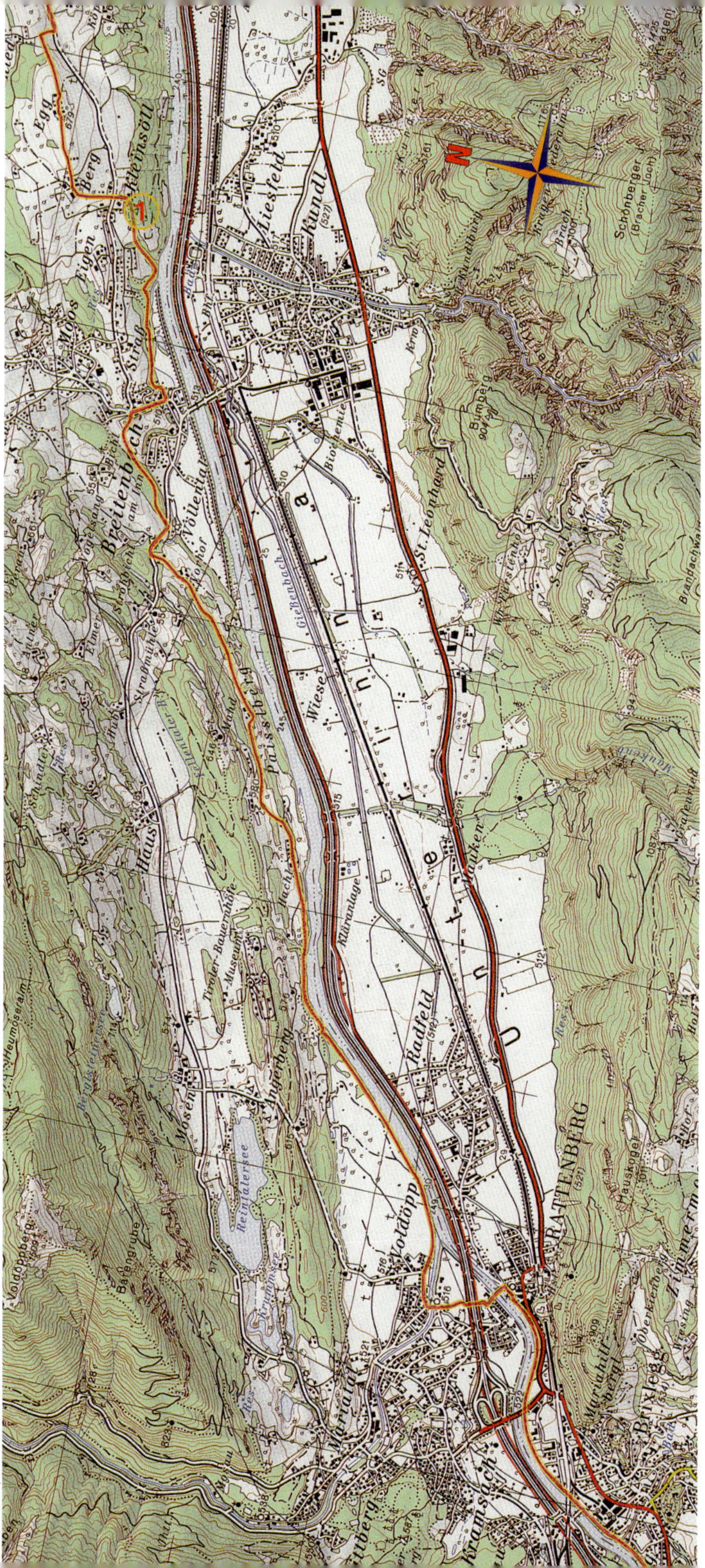
Kundl
Breitenbach
Radfeld
Rattenberg
Reintalersee
Gießenbach
St. Leonhard
Kläranlage
Bumberg

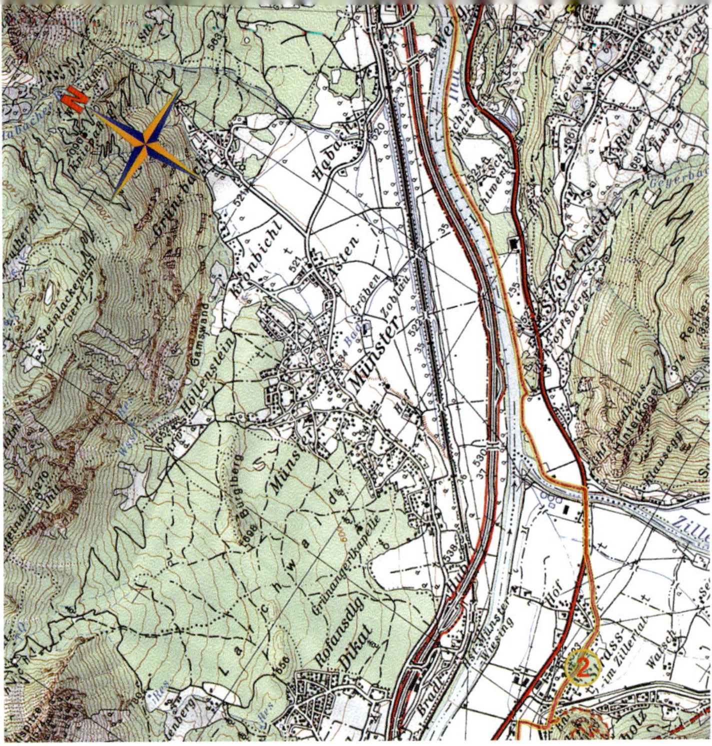

finden wir uns also auf oder nicht weit weg von der ursprünglichen Pilgerroute. Nach etwa 300 m auf der Straße in NW-Richtung, nach der Brücke, zweigt ein asphaltierter Weg nach links ab, Schild „Wanderweg Kramsach". Nach ca. 3 km, die Straße führt nach dem Hof „Hachl" in einer Rechtskurve bergauf, geht ein Wiesenweg am Waldrand geradeaus (W) weiter, Schild „Kramsach". Der Weg führt zum Inn hinunter, dann am Ufer entlang bis Kramsach. Bei der Kriegerkapelle am Südende der Brücke über die Brandenberger Ache geht es links, 30 m später bei der Gabelung wieder links zwischen den Häusern bis zur Straße, die unter der Autobahn und über den Inn nach Rattenberg führt.

Rattenberg – Strass im Zillertal (ca. 1½ Std.)

Von Rattenberg geht es bis zur Zillerbrücke – etwa 6 km – immer auf dem Innradweg an Brixlegg und St. Gertraudi vorbei nach Westen. (Oder: Hinein nach Brixlegg, durch den Ort durch, dann durch den wunderschönen Park von Schloß Matzen und erst dann, am Schloß Lichtwerth vorbei, zum Radweg.) Die Ziller wird überquert, 400 m nach der Brücke biegt die alte Straße links ab und führt zur Kirche des hl. Jakob von Strass im Zillertal ②.

ANGERBERG-ACHLEIT

- *Bauernhof „Vorderhof", Peter Moser, Haus Nr. 12 (direkt am Weg), Tel. 05332/56256*

KLEINSÖLL. Seine gotische Kirche wird urkundlich 1315 erwähnt, aber es gibt Hinweise auf eine noch ältere Kirche aus der Zeit der bajuwarischen Besiedlung im 9. und 10. Jahrhundert. Sie ist dem hl. Johannes dem Täufer geweiht. An der Kanzel ist neben anderen auch die Figur des Pest- und Pilgerheiligen Rochus zu sehen.

BREITENBACH dürfte bereits zu Urzeiten Siedlungsgebiet gewesen sein, es lag ja auch an der Römerstraße, an die heute noch der „Römerweg" nördlich des Ortes erinnert. Seine erste urkundliche Erwähnung erfolgte aber erst 1157. Die Pfarrkirche zum hl. Petrus wurde im barocken Stil erbaut (1737/39).

KRAMSACH, das schon zu Beginn des 12. Jahrhunderts urkundlich erwähnt wird, erlebte seine wirtschaftliche Blütezeit im Mittelalter, als Sitz der Schmelzhütte der Fugger im 16. Jahrhundert und später einer Messing- und Glashütte (übrigens bis ins 20. Jahrhundert). Berühmt ist auch der Kramsacher bzw. Hagauer Marmor, der seit der Mitte des 15. Jahrhunderts in den Kramsacher Steinmetzwerkstätten verarbeitet wird. Der spätgotische Kern der Pfarrkirche zum hl. Nikolaus ist noch erkennbar und hat sich der Barockisierungswelle des 18. Jahrhunderts recht gut widersetzt.

- *„Tirolerhof", Ramona Kopp, Fachental 75, Tel. 05337/63655*
- *Pension Hubertus, Frieda Rampl, Voldöpp 16, Tel. 05337/62343*
- *Pension Pirhofer, Voldöpp 14, Tel. 05337/62844*
- *Pension Auer, Claudiaplatz 5, Tel. 05337/93616*

RATTENBERG, Stadt seit 1393, hat sich bis heute seinen einzigartigen mittelalterlichen Charme erhalten, da es seit dem Rückgang des Bergbaus im 17. Jh. praktisch keine baulichen Veränderungen mehr erfahren hat. Mehr als 200 Jahre intensiven Erzbergbaus haben die Stadt nachhaltig geprägt.
Beherrscht wird die Stadt von der Ruine der ehemals bayrischen Burg (urkundlich 1254 erwähnt), die 1503 unter Kaiser Maximilian I. zur mächtigen Festung ausgebaut worden war.
Die Pfarrkirche zum hl. Virgil wurde im Inneren barockisiert, hat sich ihren gotischen Charakter aber weitgehend bewahrt. Rechts am Anna-Altar sehen wir den hl. Jakobus und in der Taufkapelle am westlichen Ende begegnen wir zum ersten Mal der hl. Notburga, der wundertätigen Magd aus dieser Gegend, die nach der hl. Maria zu den meistverehrten Heiligen in Tirol gehört. Auch das ehemalige Augustinerkloster (heute Museum) am südlichen Innufer ist ein schönes Beispiel für den Baustil des 14. und 15. Jahrhunderts. Zum Kloster gehörte auch das zur selben Zeit gegründete Bürgerspital.

Rattenberg

BRIXLEGG. Die Marktgemeinde, schon 788 urkundlich erwähnt, war seit 1460 Sitz zahlreicher Schmelzhütten für Kupfer und Silber, sie beherbergt heute noch die bekannten Montan-Werke. Besiedlungsspuren weisen aber zurück bis in die Bronze- und vor allem in die Römerzeit. (Die Römerstraße überquerte hier den Inn und verlief für eine Weile an der südlichen Talseite.) Die spätgotische Pfarrkirche (1508) wurde in der Mitte des 18. Jahrhunderts barockisiert, sie ist Unserer Lieben Frau geweiht. Im Chor entdecken wir eine spätgotische Rötelinschrift, sie könnte, wie in Obsaurs im Oberinntal, von einem Pilger stammen.

STRASS IM ZILLERTAL ist Kreuzungspunkt zweier Pilgerwege und war bis 1805 Zoll- und Grenzstation gegen das damals noch salzburgische Zillertal. Die Pfarrkirche zum hl. Jakobus d. Ä. wurde im 18. Jahrhundert barockisiert (ursprünglich gotisch, erstmals erwähnt 1337). Im Schiff der Kirche befindet sich ein Fresko des hl. Jakobus in der Maurenschlacht, ein Hinweis auf die Wiederbelebung des Apostels im Kampf gegen die Türken im 17. Jh.

- *Berta Brunner, HNr. 116, Tel. 05244/62042*
- *Alfred Endhofer, HNr. 29, Tel. 05244/62109*
- *Gasthof Pfandler (neben der Kirche), Tel. 05244/62195*

MOUNTAINBIKEEIGNUNG: Abgesehen von den Abschnitten Kleinsöll–Breitenbach und vom Hof „Hackl“ (vor Kramsach) bis zum Weg am Innufer (Schiebestrecken!) ist die gesamte Etappe befahrbar. Von Kleinsöll nach Breitenbach kann man auf die Straße ausweichen.
ÖFFENTLICHER VERKEHR: Alle Orte sind mit Bus, Bahn oder beidem erreichbar. In Wörgl halten auch internationale Schnellzüge.

Lindenallee bei Rotholz

22 km – 5½ bzw. 6½ Std.

Diese Etappe möchte ich als Höhepunkt des österreichischen Jakobsweges bezeichnen. In geographischer Hinsicht ist die Etappe über den Arlbergpaß mit seinen 1800 m Seehöhe, die uns noch bevorsteht, unübertroffen, und auch vom Wandererlebnis her mag es schönere Etappen geben (wir müssen immerhin 6–8 km auf Asphalt zurücklegen), aber in spirituell-religiöser Hinsicht gibt es keine Etappe, die vier, und wenn man in Maria Larch biwakiert, fünf Wallfahrtsorte berührt: Maria Brettfall, die Notburgakapelle, Maria Tax und schließlich als Höhepunkt St. Georgenberg, den ältesten und bedeutendsten Tiroler Wallfahrtsort.
Die Kirche des schon im 10. Jahrhundert existierenden Klosters St. Georgenberg (Benediktinerabtei seit 1138) ist seit Beginn des 13. Jahrhunderts auch dem Apostel Jakobus d. Ä. geweiht. Georgenberg ist sicher schon seit Jahrhunderten ein Pflichtbesuch für jeden Jakobspilger. Die Schönheit der Wolfsklamm, die man an ihrem oberen Ende noch mitbekommt, rundet den Besuch von St. Georgenberg landschaftlich und als Wandererlebnis ab.

Strass – Jenbach (ca. 1 Std., 2 Std. für die Variante 2)

Für den ersten Abschnitt dieser Etappe, nach Rotholz, gibt es zwei Varianten. **Variante 1**, der „Normalweg", bleibt im Tal. Er führt über die Landesstraße und die Geleise der Zillertaler Bahn noch etwa 60 m geradeaus nach W, dann nach rechts. Nach etwa 100 m wieder nach links und auf einer wunderschönen Lindenallee direkt auf die Landwirtschaftliche Versuchsanstalt Rotholz zu. Wir durchqueren das historische Gebäude, verlassen es durch das Westtor und kommen bergab nach rechts zur Holzbrücke über den Inn.
Die um rund eine Stunde Gehzeit längere **Variante 2** führt über zwei beliebte Tiroler Wallfahrtsorte, Maria Brettfall und die Notburgakapelle. Ein kleines Wegstück nach der Überquerung der Geleise zweigt nach links (Hinweisschild) der Kreuzweg nach Maria Brettfall ① ab. Von Maria Brettfall geht es weiter bergauf, vorbei an einer Stelle mit einem traumhaften Blick über das Inntal, bis zu einer Forststraße, die ein Stück später in eine Asphaltstraße mündet, auf der es bergab weitergeht. Nach etwa einem Kilometer steigt links ein Forstweg relativ steil an, der nach 50 m eine Linkskehre macht. Bei dieser Kehre geradeaus gehen (Schild Rottenburg ②). Das Ziel, die Ruine der Rottenburg und die Notburgakapelle, lohnt die Anstrengung auf jeden Fall. Von der Burgruine führt ein breiter Weg ins Tal nach Rotholz und rechts am Gasthof „Esterhammer" vorbei hinunter zur Holzbrücke.
Nach der Brücke unter der Autobahn durch, nach 150 m eine kleinere Straße rechts ab, unter den Bahngeleisen durch gelangen wir nach Jenbach.

Jenbach – St. Georgenberg (ca. 2 Std.)

Im Zentrum von Jenbach bergauf, vor dem Einbahnschild nach links zur Pfarrkirche. An dieser vorbei verläßt die Landesstraße Jenbach in Richtung Stans. Von der Kirche bis zur Abzweigung zum Schloß Tratzberg müssen wir etwa 30 Minuten „Asphalttippelei" am Straßenrand in Kauf nehmen, aber für die nächsten zwei Stunden sind wir vor Asphaltstraßen sicher.
Zuerst ein Stück in Richtung Tratzberg, aber nur bis zur zweiten Rechtskehre. Dort, bei einem großen Wegkreuz, führt der Weg geradeaus, über Wiesen, an einem Bauernhof vorbei, durch den Wald zu einer – leider doch – asphal-

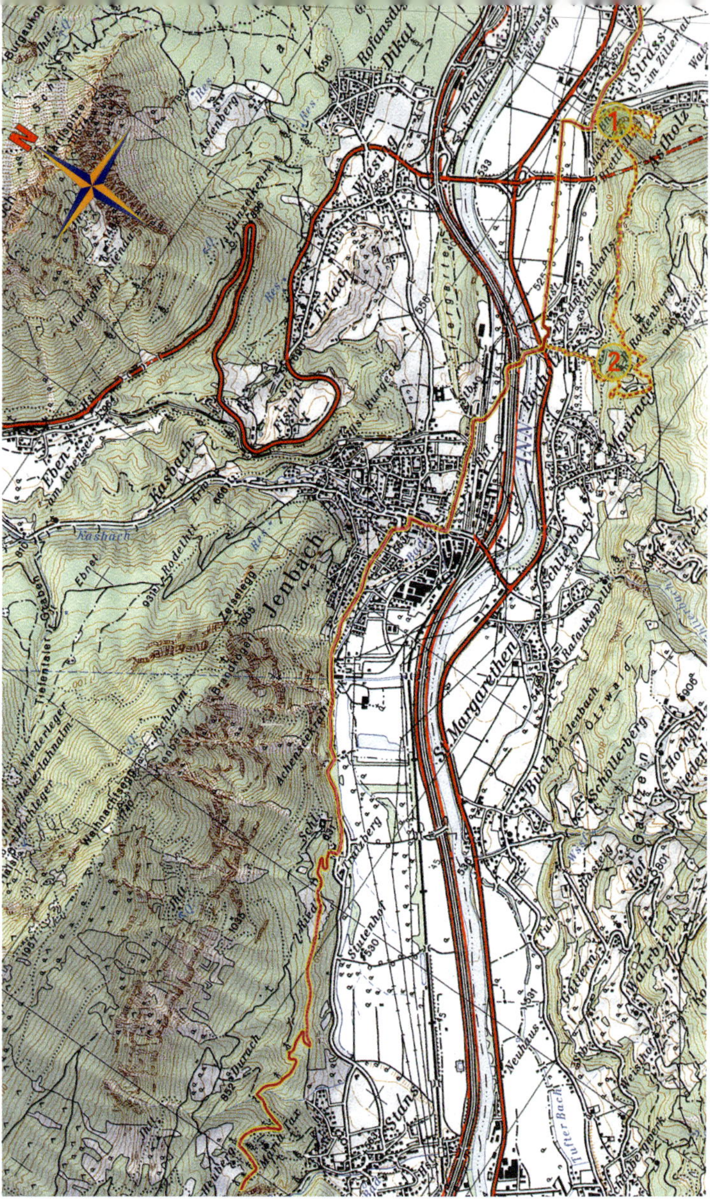

tierten Straße. Aber nach zwei Kehren bergwärts ist der Spuk wieder vorüber, und es beginnt – nach links – der Kreuzweg nach St. Georgenberg ③. Unterwegs besteht die Möglichkeit zu einem Abstecher nach Maria Tax, einer kleinen, fast vergessenen Wallfahrtskirche (Schild) unterhalb des Weges nach St. Georgenberg. Oberhalb der Kirche führt ein kleiner Pfad durch den Wald hinauf wieder zurück zum Kreuzweg. Von dort sind es nur mehr rund 20 min bis zum Wallfahrtsort mit seinen zwei Kirchen.

St. Georgenberg – Terfens (ca. 2½ Std.)

Der Weg führt uns von der Wallfahrtskirche wieder hinunter zum Bach, über die Brücke und auf dem Fahrweg etwa 250 m talauswärts bis zu der Stelle, wo ein Pfad nach rechts bergauf führt (Schild „Vomperberg, Bauhof"). Um von hier zum Stift Fiecht zu gelangen, gibt es zwei Möglichkeiten:
Variante 1: Auf dem Fahrweg weiter bis Fiecht, zuerst Schotter, später Asphalt. Knapp vor Fiecht geht ein Waldweg nach links direkt in den Ort. Der Weg ist länger und weist mehr Asphalt auf als die Variante 2.
Variante 2: Den Pfad Richtung „Vomperberg, Bauhof" hinauf, zuerst durch den Wald leicht steigend, auf dem Plateau am Bauernhof vorbei, etwa 400 m die Asphaltstraße bergab, dann die erste Forststraße nehmen, die nach

rechts abzweigt. Sie kreuzt bald einen markierten Wanderweg, der nach links erst am Waldrand, dann durch den Wald relativ steil bergab zu einer weiteren Forststraße führt. Diese wird überquert, der Weg (Schild „Fiecht") führt weiter bergab in den Ort und zum Stift.
Wer auf den Besuch des Stiftes verzichten will, kann auch auf der Forststraße bleiben (nach rechts) und erst später auf die Straße von Fiecht nach Vomp stoßen.

St. Georgenberg, Maria unter der Linde

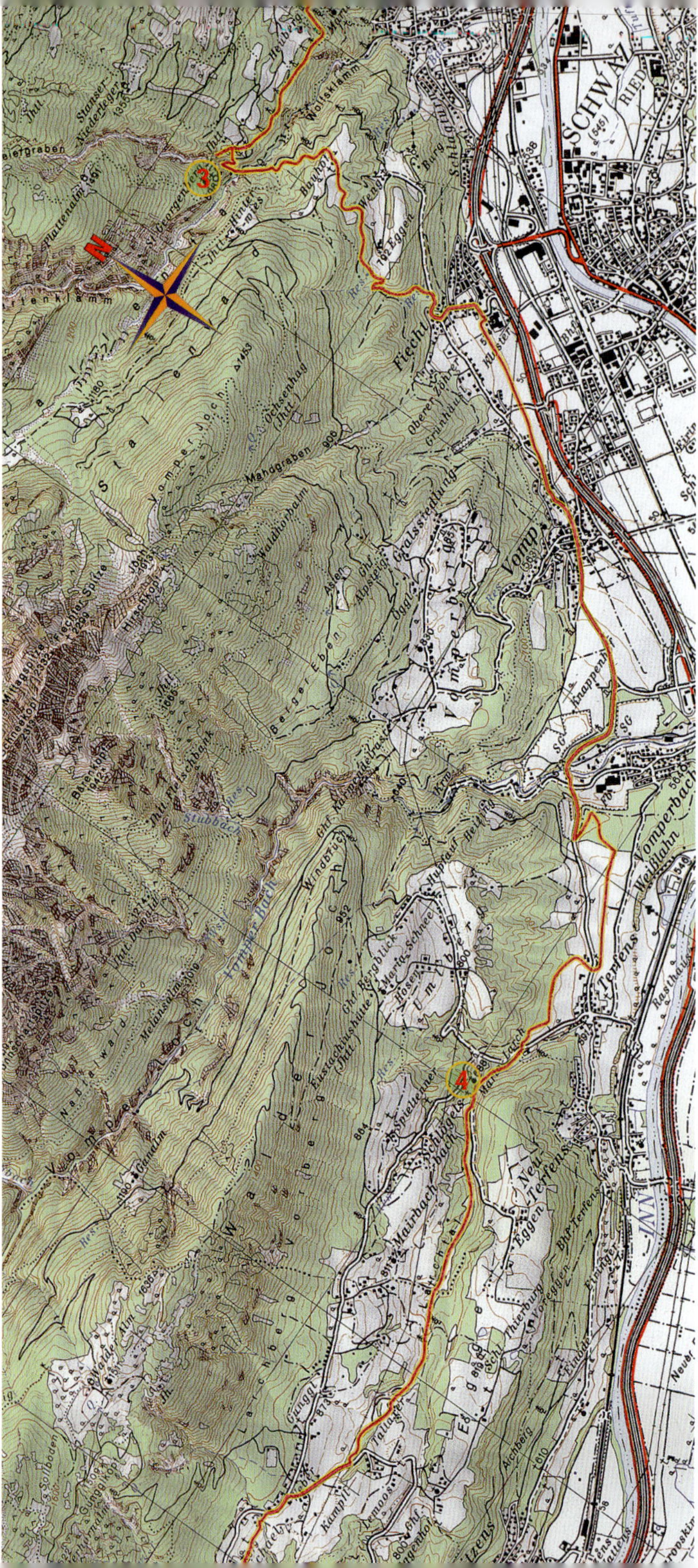

SCHWAZ
RIED
Fiecht
Vomp
Vomperberg
Vomperbach
Weißlahn
Terfens
INN
Vomper Bach
Stubbach
Mahdgraben
Wolfsklamm
Staner Joch
Umberg
Mairbach
Eggen
Kampl
Nasswald
Walderjoch
3
4
N

Wer die Stiftskirche besucht hat, nimmt den asphaltierten Güterweg oberhalb des Stiftes, der oberhalb der Autobahn nach W verläuft und am Ortseingang von Vomp auf die Straße stößt. Von der Pfarrkirche weg warten wieder etwa 30 Minuten „Asphalttippelei" am Straßenrand auf den Pilger, da der ursprüngliche Wanderweg am Waldrand durch ein riesiges Schotterwerk unpassierbar gemacht wurde. (Der Preis des Fortschrittes ...)

Es geht also auf der Straße nach Westen, bei der Kreuzung folgen wir dem Schild in Richtung „Terfens", gehen auf dem Radweg am Schotterwerk vorbei, über den Vomperbach und dann noch ungefähr 200 m leicht bergauf.
Knapp vor der Kuppe gibt es eine Möglichkeit, dem Asphalt zu entkommen, indem man die zweite Forststraße nimmt, die im spitzen Winkel, fast zurück nach O, links abzweigt und gleich darauf auf einem Waldweg ein Stück direkt nach S geht. Dort beginnt ein Weg, der nach W aus dem Wald heraus und über die Felder parallel (südlich) zur Landstraße nach Terfens führt.

MARIA BRETTFALL, Wallfahrtskirche aus dem 18. Jahrhundert. Der Ursprung der Wallfahrt geht auf den Bergbau zurück, der in dieser Gegend betrieben wurde. Ein Knappe soll eine kleine Marienstatue vor einem Stolleneingang aufgestellt haben.

ROTTENBURG stammt aus dem 12. Jahrhundert. Die Burgruine ist heute vor allem deshalb bekannt, weil auf ihr im 13./14. Jahrhundert die Magd Notburga ihre Dienste versah, die heute als *die* Tiroler Heilige verehrt wird. Die unterhalb der Ruine errichtete Notburgakapelle ist ein vielbesuchter Wallfahrtsort. Vor allem Menschen, die sich einen Ehepartner wünschen, pilgern oft zur Heiligen.

SCHLOSS ROTHOLZ, früher Thurnegg, wurde im 16. Jahrhundert als Jagdschloß für Erzherzog Ferdinand II. erbaut und wird seit 1879 als landwirtschaftliche Lehranstalt genützt.

- *In der Lehranstalt stehen von Anfang Juli bis Anfang September von Mo bis Fr 6 Plätze für Pilger zur Verfügung. Tel. 05244/62161*

Notburgakapelle, Ruine Rottenburg

JENBACH ist schon seit dem 15. Jahrhundert ein wichtiger Industrieort (Eisenhütte), seine Besiedlung geht aber sogar bis in die La-Tène-Zeit zurück. Die gotische Pfarrkirche St. Wolfgang wurde im 15. Jahrhundert erbaut. Unter der Orgelempore sieht man die Figur der hl. Notburga, der im Ort auch eine Kapelle geweiht ist.
- *Marianne Grafl, Feldgasse 15a, Tel. 05244/66326*

SCHLOSS TRATZBERG. Der spätgotische Neubau (1500–1515) befindet sich heute im Besitz der Grafen Enzenberg. Seine prächtigen Stuben, Säle, Hallen und Kapellen können besichtigt werden und sind diesen Besuch auch wert.

ST. GEORGENBERG. Schon seit dem 10. Jahrhundert Sitz einer Mönchsgemeinschaft, wurde es 1138 zur Benediktinerabtei und 1204 auch dem hl. Jakobus geweiht. Nach einem großen Brand im Jahre 1705 wurde das Kloster nach Fiecht ins Tal verlegt. St. Georgenberg ist der bedeutendste und älteste Tiroler Wallfahrtsort. Am Hauptaltar der Wallfahrts- und ehemaligen Stiftskirche steht eine Statue des Apostels. Die Kirche Maria unter der Linde (urkundlich 1240 erwähnt), oberhalb der Wallfahrtskirche gelegen, wurde 1475 neu erbaut. Auch dort, in einem Glasfenster links über dem Altar, ist der hl. Jakobus abgebildet.
- *Übernachtung, wenn Platz: Gastpater Arno, Tel. 05242/63276-33*

STIFT FIECHT. Der Brand von 1705 war die letzte in einer Reihe von Naturkatastrophen, welche die Benediktiner von St. Georgenberg dazu bewog, hier ihr neues Kloster zu errichten. Der prächtige barocke Bau (1712) kann auch besichtigt werden.
- *Übernachtung (entgeltlich, mindestens 3 Tage vorher anrufen, gilt auch für Georgenberg!), Gastpater Raphael, Tel. 05242/63276-45.*

VOMP war uraltes und wichtiges Siedlungsgebiet (schon im 10. Jahrhundert urkundlich erwähnt). Die Urpfarre (1138) gehörte zum Stift Georgenberg, die gotische Pfarrkirche Petrus und Paulus wurde 1480 errichtet.
- *Pfarrhof (unentgeltlich, mit Kochgelegenheit), Tel. 05242/64481*
- *Annelies Dornauer, Schnittlauchgasse 25, Tel. 05242/65380*
- *B. Steinlechner, „Haag“, Dorf 35, Tel. 05242/62524*

TERFENS. Auch diese Pfarre gehörte ursprünglich zum Stift Georgenberg. Die gotische Pfarrkirche St. Justina wurde 1337 errichtet.
- *Maria Schallhart (ohne Frühstück), Auweg 17, Tel. 05224/67100*
- *Josef Erhart, „Scheibenhof“, Schlögelsbach 13 (oberhalb von Maria Larch), Tel. 05224/66089 (insbes. Vor- und Nachsaison)*

MOUNTAINBIKEEIGNUNG: Die gesamte Strecke, abgesehen von der Variante über Maria Brettfall/Rottenburg, ist befahrbar. Von Georgenberg bis Fiecht kann der Radfahrer die Forststraße benutzen.
ÖFFENTLICHER VERKEHR: Alle Orte sind an das öffentliche Verkehrsnetz (Eisenbahn oder Bus) angeschlossen.

29 km – ca. 6 Std.

Im Inntal „drängen" sich die Wallfahrtsorte, so auch auf der Etappe Terfens–Innsbruck: Maria Larch, Gnadenwald, Absam, Arzl.
Es ist nicht mit Sicherheit festzustellen, ob dieser Streckenverlauf auch jenem entspricht, dem die Pilger im Mittelalter folgten, vor allem, was den Weg über das Plateau von Gnadenwald betrifft. Wenn man aber weiß, daß die Pilger nach Santiago de Compostela auf ihrem Weg nach Möglichkeit auch regionale und lokale Wallfahrtsorte besuchten – schließlich waren sie auch aus religiösen Motiven unterwegs –, so ist die Annahme, daß Maria Larch und Gnadenwald wenigstens für einige Pilger Ziele waren, nicht allzu weit hergeholt, auch wenn es heute keine Spuren oder Dokumente gibt, welche dies belegen. Landschaftlich ist das Mittelgebirge von Gnadenwald heute für jeden Pilger ein Hochgenuß, vor allem wenn man bedenkt, daß unten im Inntal Asphalt die Alternative ist, abgesehen von dem sehr schönen Wanderweg am Waldrand von Fritzens nach Mils.

Terfens – St. Martin/Gnadenwald (ca. 2 Std.)

Der Feldweg mündet bei einer Scheune und einem Wegkreuz noch vor Terfens in die Straße. Diese einfach überqueren und auf den Waldrand zusteuern. Am Waldrand führt ein Weg oberhalb an Terfens vorbei (NW) und überquert die Straße nach Gnadenwald. Links von der Straße geht es parallel zu ihr bergauf – Schild „Maria Larch" – zur Wallfahrtskirche Maria Larch ④.
Von der Wallfahrtskirche geht es nach W, ein kurzes Stück auf der Straße, dann geradeaus weiter durch das einsame, romantische Larchtal. Bei der Asphaltstraße, die von links aus dem Wald kommt, nach rechts bis zur Gnadenwalder Straße. Links ist schon die Kirche St. Michael in Gnadenwald ① zu sehen. Von der Straße zweigt ein Weg ab, der direkt zur Kirche führt und später wieder in die Hauptstraße mündet. Diese wird nur kurz „genossen", nach etwa 200 m zweigt ein Weg nach rechts in den Wald ab, sozusagen ein „Zubringer" zum Waldlehrpfad, der nach weiteren 100 m beginnt und nach W, großteils am Waldrand, in traumhaft schöner Landschaft, zur Kirche St. Martin führt.
Für Freunde der Tiroler Geschichte noch ein kleiner Abstecher: Wer statt nach 200 m erst nach 400 m abbiegt, kann südlich der Straße, also links, in knapp 100 m Entfernung die Speckbacherkapelle besuchen. Sie ist dem Kampfgefährten Andreas Hofers gewidmet, der aus Gnadenwald stammte.

St. Martin/Gnadenwald – Absam (ca. 1¼ Std.)

Oberhalb von St. Martin geht der Weg weiter, gut markiert, bis er schließlich im Halltal an der Walderbrücke endet.
Von dort sind es bis zur Marienwallfahrtskirche von Absam ② ungefähr 25 Minuten auf Asphalt. Von der Walderbrücke talauswärts, bei der Gabelung rechts, nach 150 m wieder links, bergab bis ins Zentrum von Absam. Auf der Hauptstraße nach rechts bis zur Wallfahrtskirche.

Absam – Innsbruck (ca. 2¼ Std.)

Wir verlassen Absam auf der Dörferstraße, biegen unmittelbar nach dem letzten Haus rechts nach rechts ab und nach wenigen Metern nach links. Auf dem

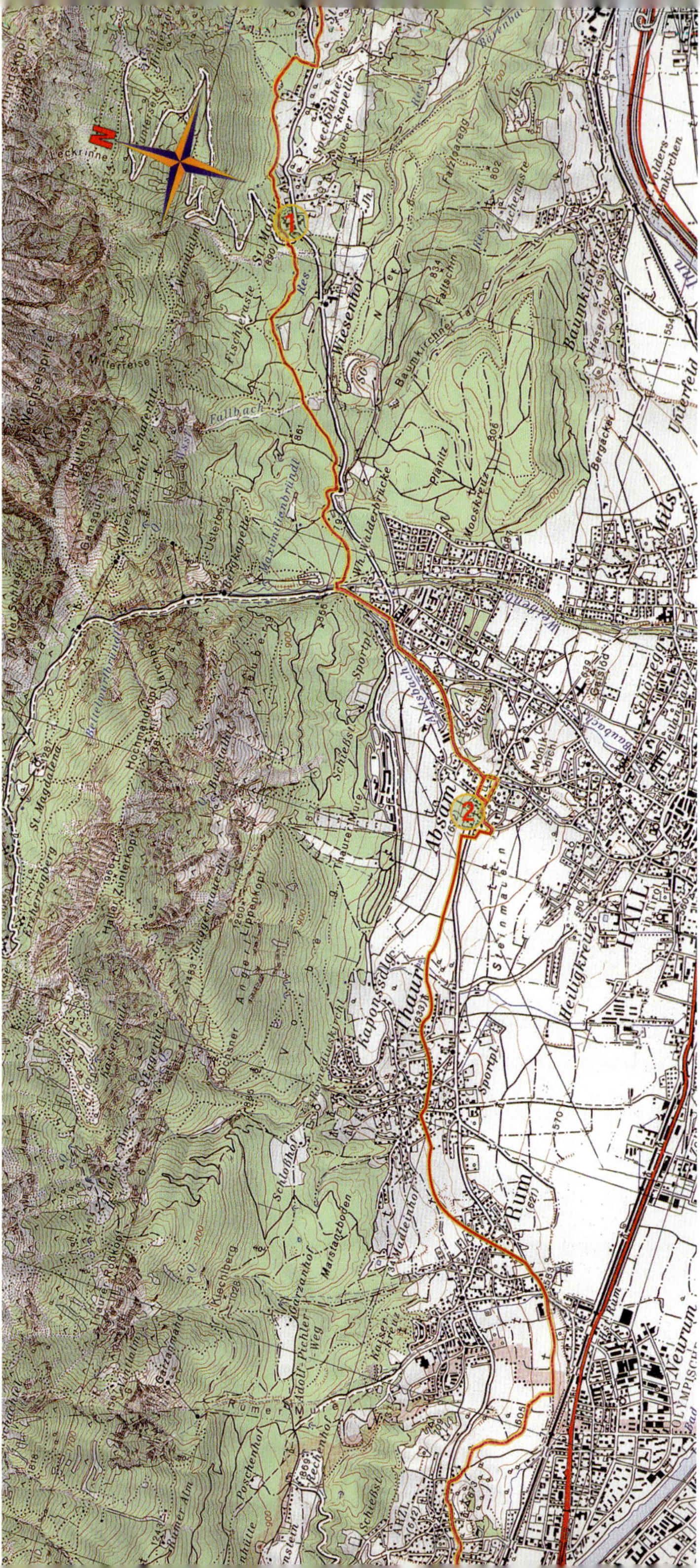
Absam
Thaur
Rum
Baumkirchen
Mils
Wiesenhof
Heiligkreuz
Neurum

zuerst asphaltierten Güterweg parallel zur und oberhalb der Dörferstraße verlaufend, steuern wir die Türme der zwei Kirchen von Thaur an, die wir schon von weitem erblicken. Der Güterweg senkt sich in einer Rechts-Links-Kurve, der Asphalt hört auf, und nach der Nothburga-Bildsäule steigt der Wiesenweg wieder zu einer Mariensäule mit Bank an. Von dort geht es geradeaus nach Thaur hinein, wir lassen sowohl die Vigil- als auch die Pfarrkirche rechts liegen, gehen am Ende des Platzes mit Brunnen wenige Meter nach rechts bergauf, um gleich nach links in den Rumerweg einzubiegen. Auf diesem verlassen wir Thaur und erreichen über die Felder (bei der Gabelung mit dem Wegkreuz links halten) auf einem schönen Wanderweg die Pfarrkirche von Rum. Wir umgehen sie rechts und biegen nach rechts in den Georgweg ein. Gleich darauf gehen wir beim Hotel Huberhof bergab, münden in den Kirchweg und queren wenig später die Kreuzung. Über den Aurain, an der Hauptschule vorbei und auf Feldwegen erreichen wir den weithin sichtbaren Kalvarienberg von Arzl.
Für die etwa 30 Minuten nach Innsbruck gäbe es zwar Schleichwege, um dem Asphalt auszuweichen, aber es ist direkter und einfacher, der Hauptstraße zu folgen. Dafür werden die Pilger – und das ist wirklich eine Besonderheit – am Eingang von Innsbruck, an der Kettenbrücke, von einer Statue des Apostels Jakobus willkommen geheißen. Der Weg zum Jakobsdom ist einfach. Von der Talstation der Hungerburgbahn auf der gegenüberliegenden Seite der Kettenbrücke führt die Innpromenade direkt zur Altstadt. Nach dem Kongreßhaus zweigt die Herrengasse links ab, und von ihr führt ein Durchgang zum Dom.

MARIA LARCH. Der jetzige Bau wurde gegen Ende des 17. Jahrhunderts errichtet, im Inneren befindet sich u. a. eine Figur des hl. Jakobus. Die Wallfahrt geht auf ein Wunder zurück, das die hl. Maria – als kleine Statue in einer Lärche („Larch") – vollbracht haben soll. Neben der Kapelle steht das „Brunnenhaus", eine offene Kapelle mit einem Brunnen, der heilkräftiges Wasser spendet. Die Menschen kommen von weit her, um hier Wasser zu holen, der Pilger findet hier ideale Bedingungen zum Biwakieren vor.

GNADENWALD. Die Pfarrkirche St. Michael (1337), außen noch gotisch, wurde innen barockisiert. Das Kloster St. Martin (mit Kirche) stammt aus dersel-

Absam, Wallfahrtskirche

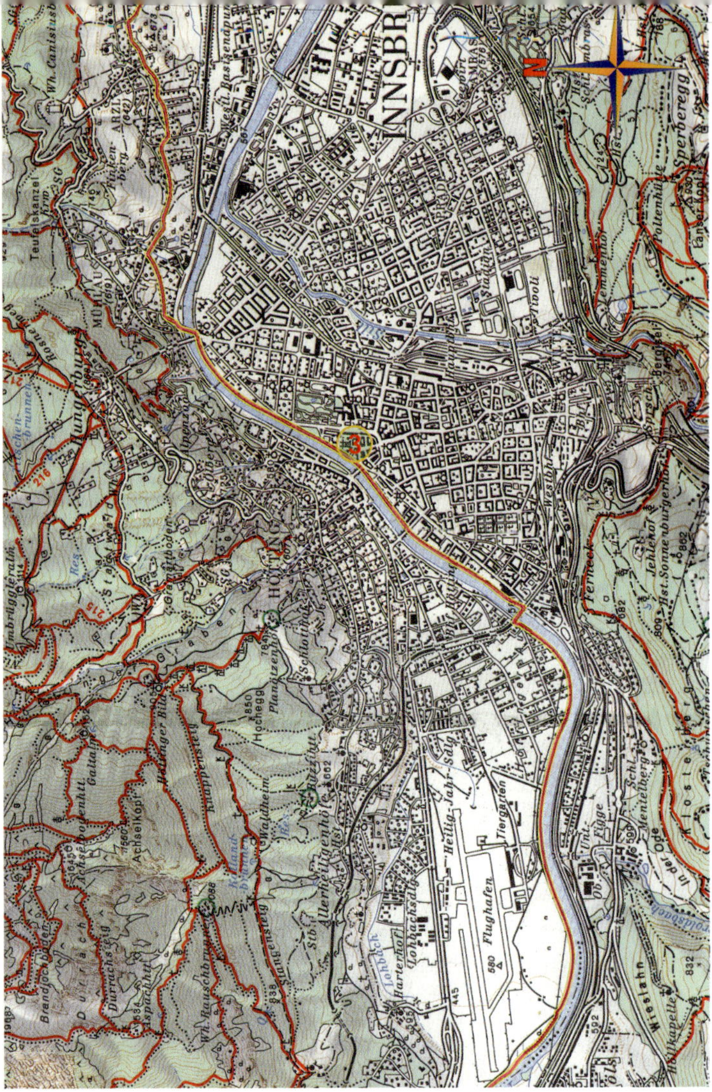

ben Zeit und ist heute ein beliebter lokaler Wallfahrts- und Heiratsort.

- *Mathilde Kerscher, Gnadenwald 43 (Nähe Larchtal), Tel. 05223/48117*
- *Kloster St. Martin, Tel. 05223/52528; 52686; Schlafsack, vorher anrufen!*
- *Franz Knapp, Gnadenwald 47, Tel. 05223/48102*

THAUR, mit der spätgotischen (15.Jh.) Pfarrkirche Maria Himmelfahrt, ist der Geburtsort des Pilgerpatrons Romedius, der in der alten Schloßkapelle hoch über dem Ort verehrt wird. Erst kürzlich wurde die Filialkirche St. Ulrich und Afra aus dem 10. Jahrhundert restauriert. Sie gilt als der älteste sakrale Zentralbau nördlich der Alpen.

ABSAM gehört neben Rum und Thaur zu den bekannten Tiroler Krippenorten und ist außerdem Geburtsort des berühmten Geigenbauers Jakob Stainer. Die spätgotische Pfarr- und Wallfahrtskirche St. Michael wurde im 15. Jahrhundert erbaut (urkundlich schon um 990 erwähnt) und am Ende des 18. Jahrhunderts vor allem im Inneren barockisiert. Seit 200 Jahren ist Absam auch der meistbesuchte Tiroler Marienwallfahrtsort.

• *Maria Holzhammer, Feldweg 1b, „Bauernhof", Tel. 05223/41661 (auf der Salzbergstraße nach S in Richtung Hall)*

HALL IN TIROL liegt zwar etwas abseits der vorgeschlagenen Route, war aber im Mittelalter zweifellos eine wichtige Station für die Jakobspilger. Sein hervorragend restaurierter mittelalterlicher Stadtkern (er gehört zu den schönsten Österreichs) und seine zahlreichen kirchlichen und weltlichen Bauten aus dieser Zeit machen einen Besuch der Salinenstadt fast zur Pflicht. Ihre Bedeutung geht auf das – heute als Museum zu besichtigende – Salzbergwerk, ihre Funktion als Kopfstation der Großschiffahrt auf dem Inn und auf die Münzstätte der Habsburger (seit 1477) zurück. Für die Jakobspilger von heute: In der gotischen Stadtpfarrkirche St. Nikolaus sieht man links vorne in der Waldaufkapelle ein Fresko, auf dem sich zwei Pilger – einer von ihnen ist blind – über die Empore beugen. Weiters interessant sind die Magdalenenkapelle und der Karner (Bebräbniskapelle), der früher dem hl. Jakobus geweiht war, die Jesuitenkirche und natürlich die Burg Hasegg mit Münzturm.

RUM, ARZL, MÜHLAU sind alte Bauerndörfer an der „Dörferlinie", die zwischen 1938 und 1940 teilweise Innsbruck eingemeindet wurden. Rum mit der spätgotischen Georgskirche (1470) ist eigene Gemeinde. Sehens- und besuchenswert ist der Kalvarienberg von Arzl mit seiner Kirche zur Schmerzhaften Mutter Maria und seinen sieben Kalvarienbergskapellen.

• *Pfarre Mühlau (1–3 Pers.), Schloßfeld 2, Tel. 0512/267421*

MOUNTAINBIKEEIGNUNG: Die gesamte Strecke ist befahrbar. Sollte auf den Wanderwegen in Gnadenwald Radfahrverbot bestehen, ist die nicht sehr frequentierte und großteils auf 50 km/h beschränkte Straße eine akzeptable Alternative.

ÖFFENTLICHER VERKEHR: Terfens und Hall liegen an der Bahnlinie, Gnadenwald und die Dörfer zwischen Hall und Innsbruck sind mit Bus erreichbar.

Arzl, Kalvarienberg

INNSBRUCK

Innsbruck ist ein uralter und heute noch wichtiger europäischer Verkehrsknotenpunkt sowohl in der Nord-Süd-Verbindung (über den Brenner, den mit 1370 m Seehöhe niedrigsten Alpenpaß) als auch für die Ost-West-Verbindung durch das Inntal, durch welches schon zur Zeit der Römer die „Via Decia" verlief.
Die Römer selbst hatten schon vor fast 2000 Jahren an dieser Schnittstelle zweier so bedeutender Verkehrswege das Kastell „Veldidena" errichtet, von dem sich der heutige Name des Innsbrucker Stadtteils Wilten herleitet. Seither machten auf ihrer Reise – vor allem in den Süden – unzählige gekrönte Häupter, Künstler und andere berühmte Persönlichkeiten in Innsbruck halt. Eine entsprechende Tafel am Eingang des Hotels „Goldener Adler" in der Altstadt weist darauf hin. Pilger gehörten sicher auch zu den vielen Durchreisenden, ein Beleg dafür findet sich in einem Absatz der Tiroler Landesordnung aus der ersten Hälfte des 16. Jahrhunderts, in dem ausdrücklich vor Jakobspilgern gewarnt wird, die sich auf ihrem Weg durch das Inntal alles andere als „pilgerlich" gebärdet zu haben schienen.

Im Jahre 1239 wurde Innsbruck das Stadtrecht verliehen, und 1248 ging es von den bayrischen Grafen von Andechs an die Grafen von Tirol über. Innsbruck war eine wichtige Handelsstadt und fast 250 Jahre lang fürstliche Residenz, zeitweise sogar (unter Kaiser Maximilian I. und seinem Enkel Ferdinand I.) kaiserliche Residenzstadt der Habsburger. In dieser Zeit, seiner Blütezeit, war Innsbruck eine Stadt von europäischer Geltung, besonders in kultureller – und da vor allem musikalischer – Hinsicht. Diesem Erbe entsprechend finden seit einigen Jahren wieder am Ende jedes Sommers die Festwochen Alter Musik statt. Heute ist Innsbruck auch als Sportstadt bekannt, zweimal (1964 und 1976) fanden hier die Olympischen Winterspiele statt.

Für Pilger (nach Rom oder Santiago) war Innsbruck ein wichtiges Etappenziel. Von hier brachen sie entweder über den Brenner nach Süden auf (romanische Jakobskirche in Nößlach, oberhalb von Gries am Brenner!) oder zogen durchs Inntal weiter nach Westen, um über den Arlbergpaß in die Schweiz, nach Maria Einsiedeln, zu gelangen.
Der Brenner dürfte von Jakobspilgern wohl in beiden Richtungen begangen worden sein. Pilger aus Ost- und Südtirol bzw. aus der Steiermark und Kärnten gingen über Innsbruck, wahrscheinlich um möglichst lange im deutschsprachigen Raum (bis Savoyen) zu bleiben, aber natürlich auch, weil es ab

Jakobsstatue am Stadteingang von Innsbruck

Maria Einsiedeln schon im Mittelalter einen schriftlichen Pilgerführer gegeben hatte, sie also von dort weg auf einer offiziellen Pilgerroute, der „Oberstraß", unterwegs waren.
Viele Pilger wählten aber auch die Südroute über Verona, Mailand, Turin und die Provence, auf der zwar die deutsche Sprache weniger gesprochen wurde, die aber kürzer war. Wie auch immer, der Jakobsdom ③ von Innsbruck ist ein eindeutiger Hinweis auf die Bedeutung der Stadt für die Jakobspilger. Alle vier großen Deckenfresken von Cosmas Damian Asam (1722–1724) sind dem Apostel geweiht. In der Hauptkuppel wird er als Feldherr dargestellt, der das Heer der spanischen Christen in der Schlacht von Clavijo gegen die Mauren führt. Auch hier ist, wie in Strass, der Zusammenhang mit den damals Mitteleuropa bedrohenden Türken nicht von der Hand zu weisen. Weiters findet man den hl. Jakobus als Fürbitter für die leidende Menschheit und als Fürbitter für Innsbruck, Tirol, Österreich und die katholische Christenheit dargestellt. Die Statue des Pilgerapostels, die früher den Platz vor dem Dom zierte, wurde vor einigen Jahren – war die Entscheidung ein Zufall? – auf der Nordseite der Kettenbrücke aufgestellt, wo sie heute die aus dem Osten kommenden Pilger willkommen heißt. Ein Service, in dessen Genuß der Pilger erst wieder in Puente la Reina in Navarra kommt ...

In Innsbruck ist vieles sehenswert, vor allem natürlich die Altstadt mit dem schon erwähnten Jakobsdom, dem Goldenen Dachl, dem Wahrzeichen der Stadt (spätgotisch, vollendet um 1500), der Herzog-Friedrich-Straße mit ihren ehrwürdigen Bürgerhäusern, der Ottoburg, dem Alten Rathaus (1358) und dem Stadtturm (1460). Nicht zu vergessen ist natürlich die Innsbrucker Prachtstraße, die Maria-Theresien-Straße, die von der Triumphpforte im Süden in die Altstadt führt. Auch die Residenz der Habsburger, die Hofburg (erbaut ab der Mitte des 15. Jahrhunderts), mit dem „Riesensaal" und der „Silbernen Kapelle" sowie die anliegende Dogana, heute Kongreßhaus und Veranstaltungszentrum, sind einen Besuch wert.
Unter den zahlreichen Kirchen der Stadt ist neben dem Jakobsdom vor allem die Hofkirche (1553–1563), auch „Schwarzmanderkirche" genannt, zu erwähnen. Sie wurde erbaut, um das Grabmal Kaiser Maximilians I. zu beherbergen (der aber in Wiener Neustadt begraben ist). Es wird flankiert von 28 überlebensgroßen Bronzestandbildern (von daher der Name „Schwarzmander" = schwarze Männer) von Herrschern und Herrscherinnen des Mittelalters.

Außerdem befindet sich in der Hofkirche auch das Grabmal Andreas Hofers, des großen Tiroler Freiheitshelden, der zu Beginn des 19. Jahrhunderts den Truppen Napoleons an der Spitze eines Tiroler Bauernheeres einige Zeit lang erfolgreich Widerstand leistete. Am südlichen Stadtrand (im Stadtteil Wilten, Stiftskirche und Basilika) erhebt sich der Bergisel, Schauplatz der Schlachten gegen die bayrisch-französischen Besatzungstruppen, mit dem Andreas-Hofer-Denkmal und der Olympia-Sprungschanze.
Etwas außerhalb von Innsbruck, aber mit öffentlichen Verkehrsmitteln gut erreichbar, liegt das Schloß Ambras, das Erzherzog Ferdinand II., der Sohn Kaiser Ferdinands I., in der 2. Hälfte des 16. Jahrhunderts großartig ausbauen ließ. Besonders sehenswert sind der prachtvolle Spanische Saal und die Rüstkammern (mit Waffen- und Kuriositätensammlung) des Schlosses.

- *Jugendherberge St. Nikolaus, Innstraße 95 (gegenüber dem Altersheim Malfatti am nördlichen Innufer), Tel. 0512/286515, günstige Mittagsmenüs*

- Kloster Wilten (Prämonstratenser), Klostergasse 7 (südl. Stadtrand), Tel. 0512/583048 (mindestens 2 Tage vorher anrufen, begrenzte Aufnahmefähigkeit, nach dem Gastmeister verlangen)
- Pfarre Allerheiligen, St.-Georgs-Weg 15 (am westlichen Stadtrand am Hang oberhalb des Flugplatzes, die moderne Kirche ist von weitem sichtbar), Tel. 0512/281724 (vorher anrufen, einfache Unterkunft im Jugendheim, Schlafsack erforderlich, Kochmöglichkeit)
- Integrationshaus (östl. Stadtrand), Gumppstr. 71, Tel. 0512/361115

Der Jakobsdom in Innsbruck

INNSBRUCK – PFAFFENHOFEN E 22

ca 30 km – ca. 7 Std.

Der vorgeschlagene Weg von Innsbruck nach Westen, über Kranebitten, Völs und Kematen, erhebt keinerlei Anspruch auf historische Authentizität, es geht einzig und allein darum, möglichst asphalt- und verkehrsfrei (die Autobahn dominiert das ganze Tal) aus der Großstadt hinaus zu kommen.
Von Unterperfuss nach Pfaffenhofen führt der Weg über die uralten Dörfer Inzing, Hatting, Polling und Flaurling (ihre Endungen auf -ing weisen auf bajuwarische Besiedlung hin), die an der sogenannten Salzstraße liegen, da auf ihr das Salz aus dem Haller Salzbergwerk ins Oberinntal befördert wurde. Die Pilger gingen im Mittelalter entweder auf der Salzstraße oder auf der sonnseitig gelegenen Römerstraße (Zirl – Telfs), wie die Georgskirche von Leiblfing mit ihren Pilgerfresken und die heute nicht mehr vorhandene Jakobskapelle in Telfs belegen. (In Telfs mündet der Pilgerweg aus Mittenwald/Leutasch ins Inntal.) Die weitaus bessere „Wanderbarkeit" der Strecke an der Salzstraße legt die Streckenführung auf dieser Seite des Inns nahe.

Innsbruck – Unterperfuss (ca. 3½ Std.)

Vom Jakobsdom durch die Altstadt (Goldenes Dachl, Ottoburg) zur Innbrücke, am südlichen Innufer bis zur Karwendelbrücke (Eisenbahn), dort hinüber auf das Nordufer, der Uferpromenade entlang flußaufwärts bis Kranebitten.
Über die Brücke nach Völs. (Die blau-gelben Schilder führen in den alten

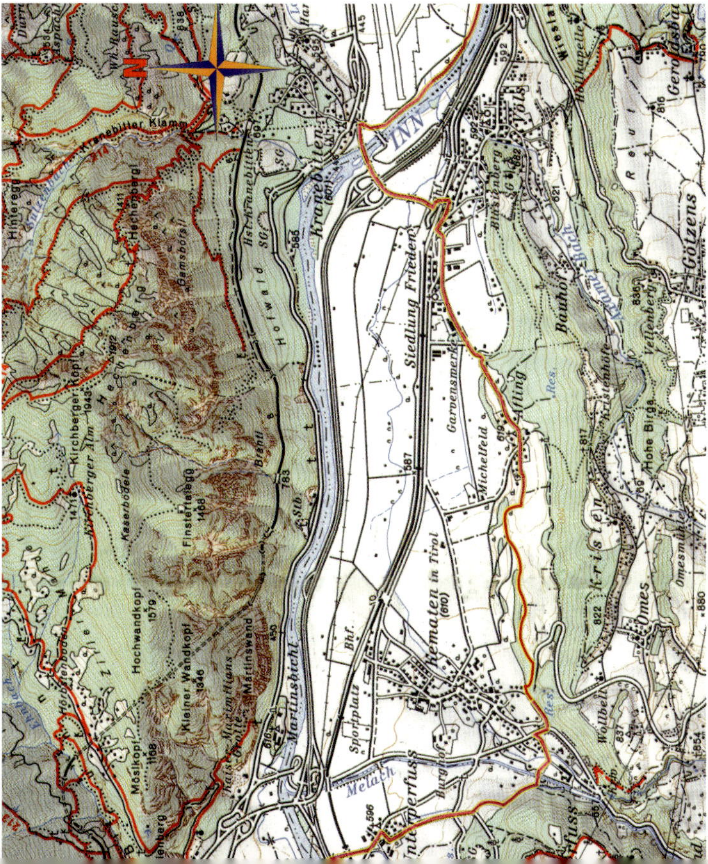

Ortskern, insgesamt ein Umweg von 30 Minuten.) Wir nehmen die Fußgängerunterführung unter der Bahnlinie, kommen über den Bahnhof zur Völser Hauptstraße und auf dieser nach W zum Supermarkt „Eurospar". Von dort bringt uns eine kleine Straße in Richtung SW zum Weiler Afling und wenig später ein Feldweg nach rechts (N) zum Waldrand. Ein parallel zum Güterweg verlaufender schöner Waldweg führt übers „Himmelreich" bis zur großen Kurve der Straße Kematen–Axams. Auf dieser bergab nach Kematen, ca. 30 m vor der Kreuzung mit der Sellrainer Straße nach rechts, dann gleich links zur Ampel. Die Umfahrungsstraße überqueren, weiter nach W, auf einer kleinen Brücke über die Melach. Vom Waldrand führt eine Schotterstraße nach N, bis zur Straße nach Oberperfuss. Auf der Straße ca. 50 m bergab nach N, bis zur Kreuzung. Geradeaus führt eine schöne Allee nach Unterperfuss.

St. Georg in Leiblfing, Außenwand

Unterperfuss – Polling (ca. 2 Std.)

In Unterperfuss an der Kirche vorbei, auf der Straße ein paar Meter nach W, dann am Reitstall vorbei nach N. Unter der Bahnlinie und der Autobahn durch zum Inn und auf der Innpromenade nach W. Einmal wird eine Straße (nach Zirl) überquert, ein schöner Wiesenweg führt am südlichen Innufer weiter nach W. Bei einem großen Wegkreuz zweigt ein Weg nach links (Schild) nach Inzing ab. Wieder unter der Autobahn und der Bahnlinie durch nach Inzing, die Hauptstraße überqueren, an der Kirche vorbei zum Sportplatz. Oberhalb des Sportplatzes führt ein asphaltierter Güterweg nach Toblaten. Am Waldrand bleiben, dann auf einem Wiesenweg hinunter zur Kirche von Hatting. Die Oberdorfstraße wieder bergauf (Schild „Hattinger Berg"), bei der Mairbachstraße nach rechts, immer nach W, ein weiterer Wiesenweg führt nach Polling.

Polling – Pfaffenhofen (ca. $1^1/_2$ Std.)

Bei der Disco am Ortsrand von Polling (Holzzaun) nach links die Forststraße am Waldrand leicht bergauf, dann auf einem Wiesenweg immer westlich (nicht abbiegen) bis zu einem Hügel mit Häusern. Diesen rechts (bergab) um-

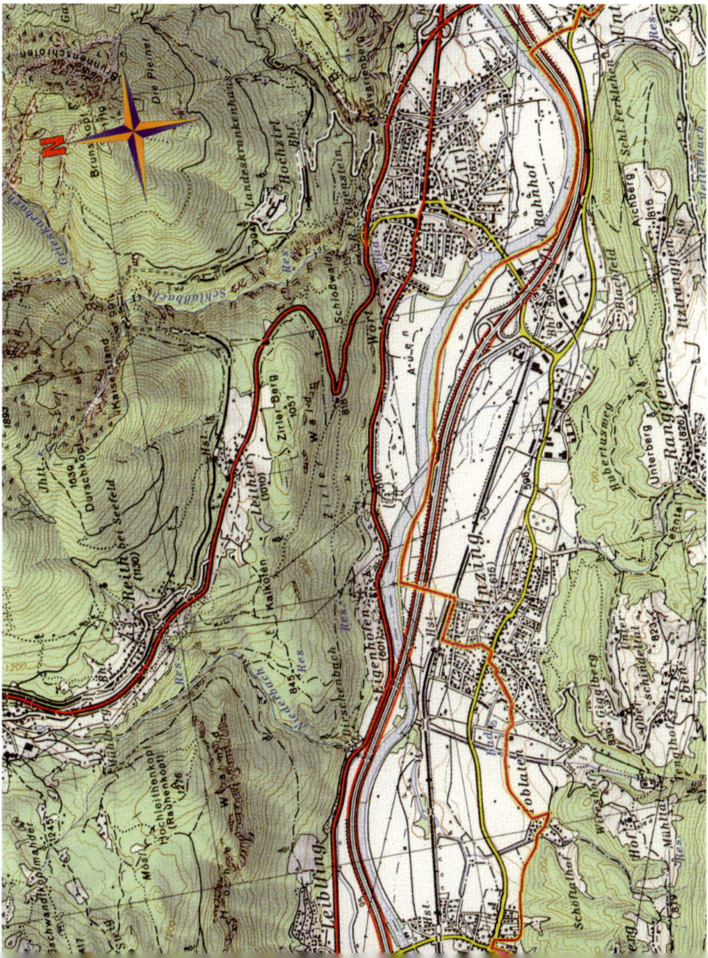

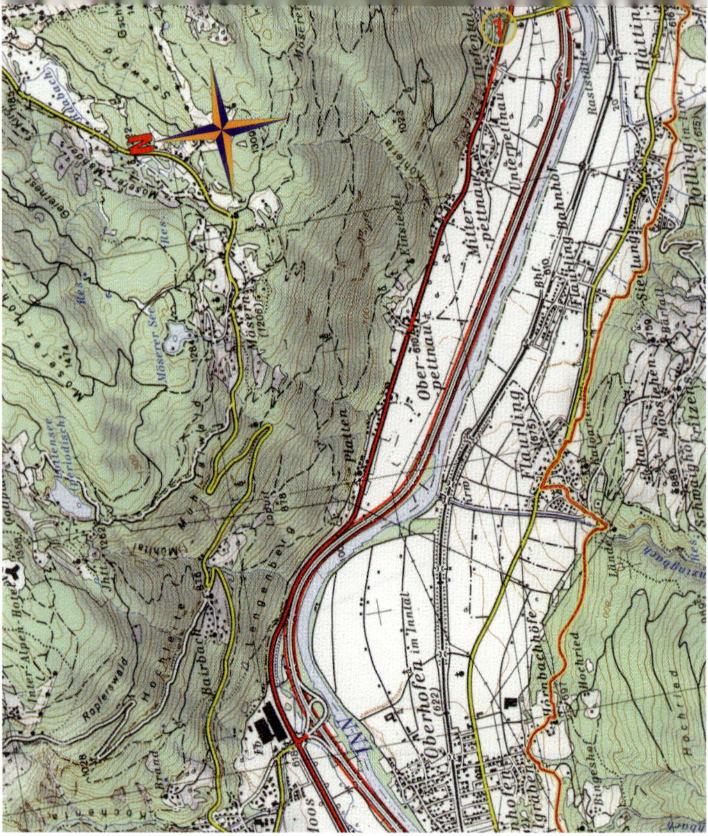

gehen, bis die Straße an ein Feld stößt. Dort geradeaus über einen Wiesenweg, später verläuft der Weg am Waldrand (ca. 20 m oberhalb der Straße) nach Flaurling. Auf der Hauptstraße durchs Dorf, beim Schild „Flaurlinger Berg“ (neben vielen anderen Schildern) nach links bergauf, an der Kirche vorbei bis zu einer T-Kreuzung (Birken, Kreuz), dort nach rechts zum Bach, bachaufwärts bis zum Steg. Den Bach überqueren und auf dem Wiesenweg nach W Richtung Oberhofen. Der Weg führt durch ein Waldstück. Rund 40 m nach dem Ende des Waldes stößt er auf die Kehre einer asphaltierten Straße. Dort nach rechts bergab bis zum Haus „Reas'n Hof“ (linker Hand). Gleich danach führt eine scharfe Linkskurve bergauf (Schild „Bingeshofweg“, „Pfaffenhofen“), und auf einem gut beschilderten Wanderweg kommen wir bis zur Kirche von Pfaffenhofen.

VÖLS wurde in den letzten Jahren – auf Grund seiner Nähe zum Ballungsraum Innsbruck – mehr und mehr zum „Schlafdorf“ und zum Standort großer Supermärkte. Erwähnens- und besuchenswert ist aber die kleine, barocke (ursprünglich gotische, schon 1286 erwähnte) Wallfahrtskirche, die dem hl. Blasius, einem der 14 Nothelfer, geweiht ist. Sie befindet sich auf dem Hügel südlich des Dorfes, der ebenfalls den Namen des Heiligen trägt.

AFLING ist ein kleiner, sehr ursprünglicher Weiler, der schon im 12. Jahrhundert urkundlich erwähnt wurde. Die barocke Kirche Maria Schnee wurde in der 2. Hälfte des 18. Jahrhunderts vom Götzener Baumeister Franz Singer errichtet.

KEMATEN geht wahrscheinlich auf die Römerzeit zurück, wie auch der Name lateinischen Ursprungs andeutet (cemenata = Rasthaus, Wärmestube). Es wird vermutet, daß im Gebiet der Gemeinde schon damals eine wichtige Brücke über den Inn führte. Urkundliche Hinweise auf Kematen reichen bis 1180 zurück.
Die ursprünglich gotische Kirche, dem hl. Viktor und der hl. Maria Magdalena geweiht, wurde mehrfach umgebaut und präsentiert sich heute vorwiegend als barocker Bau des 18. Jahrhunderts. Die Sonnenuhr an ihrer Südseite wird dem Tiroler Kartographen Peter Anich zugeschrieben, der im 18. Jahrhundert lebte.

UNTERPERFUSS ist eine der kleinsten und jüngsten Gemeinden Tirols, erst seit 1832 scheint es als eigene Gemeinde auf. Die Kirche zur hl. Katharina wurde 1761 errichtet, es war das erste Werk des Baumeisters Franz Singer. Im Ort (HNr. 10) ist eine weitere Sonnenuhr von Peter Anich zu bewundern.
- *Mariareinisch Tel. 05232/2759*
- *Gertraud Simon Tel. 05232/2294*

INZING liegt am Beginn der auf der Südseite des Inns verlaufenden Salzstraße. Entsprechend alt ist das Dorf, das schon 1034 urkundlich erwähnt wurde. Es ist eines der Tiroler „Krippendörfer“. Seine Pfarrkirche zum hl. Petrus ist auch Wallfahrtskirche und ist der barocke Neubau (1777/79 von Franz Singer) einer gotischen Kirche des 14./15. Jahrhunderts.
- *Pilderherberge im Pfarrhaus, Kirchgasse 5, Tel. 05238/88144 oder 0664-4516022*
- *„Roaslerhof“ (Bauernhof), P. Wanner, Michlweg 2, Tel. 05238/87232*
- *Fam. Abentung, Toblaten 4 (nach Inzing), Tel. 05238/88417*

HATTING ist trotz seines hohen Alters – sein Name läßt sich in Urkunden bis ins 11. Jahrhundert zurückverfolgen – erst seit 1992 eine eigene Gemeinde.

Blick zurück auf Hatting

Die Pfarrkirche zum hl. Ägidius hat sich ihren gotischen Charakter (14. bzw. 16. Jahrhundert) großteils bewahrt.
Auf der gegenüberliegenden Talseite hebt sich die spätgotische St.-Georgs-Kirche von **LEIBLFING** ① ab. Pilgerfresken an der Außenwand sind ein Hinweis darauf, daß die Pilger auch die nord-, also sonnseitig verlaufende Römerstraße „Via Decia" benutzten.
• *F. Schöpf jun. (Bauernhof), Salzstraße, Tel. 05238/88562*

POLLING wuchs im Laufe der Zeit (schon im 8. Jahrhundert tauchte der Name in Urkunden auf) von den sonnigen Mittelgebirgshängen in den Talboden hinunter, seit dem Mittelalter liegt sein Dorfkern an der Salzstraße. Die Kirche ist für den Pilger insofern interessant, als sie dem Pest- und Pilgerheiligen Rochus geweiht ist (1678), der auch entsprechend oft auf den Gewölbemalereien im Inneren dargestellt wird. Auch in der „Kreuzkapelle" am Westrand des Dorfes findet man eine Statue des „Heiligen mit dem Hund" neben dem hl. Sebastian. Rochus als Kirchenpatron ist aber auf seine Bedeutung als Pestheiliger zurückzuführen, denn die Kirche wurde an Stelle einer Pestkapelle errichtet.

FLAURLING. Die Besiedlung erfolgte wie in Polling von oben nach unten, erst 1326 wird von der Weihe einer Kapelle an Stelle der heutigen Kirche berichtet. Diese stammt aus dem 16. Jahrhundert, wurde aber später barockisiert. Interessantes Detail: Wenn man die hl. Margarete, die Kirchenpatronin, im Zusammenhang mit den sie links und rechts flankierenden Figuren der hl. Barbara und der hl. Katharina betrachtet, hat man die vorchristlichen „Drei Saligen Fräulein" vor sich, die „Einbett, Warbett und Wilbett" hießen und auf Margarete, Barbara und Katharina „umgetauft" wurden. Heute symbolisieren diese Heiligen Glaube, Hoffnung und Liebe.
• *Rudolf Reiter, Bauernhof, Mitteldorf 10, Tel. 05262/68811*
• *Gasthof Goldener Adler, Salzstraße 2, Tel. 05262/62767*

PFAFFENHOFEN. Schon im 5./6. Jahrhundert gab es hier eine frühchristliche Kirche, es wird vermutet, daß diese für kurze Zeit sogar Sitz eines Wanderbischofs war. Reste dieser Urkirche befinden sich unter dem heutigen Kirchenbau (erste Weihe 1310, Mariä Himmelfahrt), der mehrfach umgebaut bzw. erweitert wurde. Im Lauf der Geschichte wurde der ursprünglich gotische Bau barockisiert und dann wieder regotisiert.
Wenn man in Betracht zieht, daß 696 vom hl. Rupert das Bistum Salzburg gegründet wurde, von dem aus die Rechristianisierung Mitteleuropas betrieben wurde, kann man annehmen, daß diese frühe Kirche im damaligen bayrischen Kulturraum eine nicht unwesentliche Rolle spielte und später auch für Pilger bedeutend war.
• *Irma und Theresia Mair, HNr. 167 und 168, Tel. 05262/63913 bzw. 62063*
• *Margret Maurer, HNr. 11 (bei der Kirche), Tel. 05262/64681*
• *Josef und Traudi Wieser, Oberfeld 188 (am Weg), Tel. 05262/67000*
• *Helga Degenhart, Aue 143, Tel. 05262/68503*

MOUNTAINBIKEEIGNUNG: Die gesamte Strecke ist befahrbar. Sie ist teilweise mit dem Inntal-Radweg identisch, der sich natürlich für die gesamte Etappe als (einfachere und schnellere) Alternative anbietet.
ÖFFENTLICHER VERKEHR: Alle Dörfer auf der Strecke sind sowohl mit Bus als auch mit Bahn erreichbar.

25 km – ca. 5 Std.

Der Höhepunkt dieser Etappe ist das Zisterzienserstift Stams, das (gegründet 1273, also zur Blütezeit der Jakobswegtradition in Mitteleuropa) mit Sicherheit eine wichtige Station für die Pilger war, vor allem wenn man weiß, wie wichtig dem Ordensgründer Bernhard von Clairvaux die Idee des Pilgerns und des Kreuzfahrens war.
Auf der zweiten Hälfte der Etappe, ab Silz, befinden wir uns wieder auf dem oder in unmittelbarer Nähe des historischen Weges. Die Pfarrkirche Haiming war zu ihren Anfangszeiten dem hl. Jakobus geweiht und in der Nähe von Magerbach können noch Reste der alten Römerstraße „Via Decia“ entdeckt werden. Wermutstropfen sind natürlich die sehr nahe verlaufende Autobahn und das riesige Schotterwerk, durch welches man durch muß. Aber auch das geht vorbei, und außerdem wird man durch den Abschluß der Etappe, durch den Wanderweg am Inn entlang bis Roppen, wieder versöhnt.

Pfaffenhofen – Stams (1½ Std.)

Auf der Hauptstraße ein Stück nach W. Beim Schild „Bahnhof“ rechter Hand in stumpfem Winkel nach links abbiegen (Schild „Klausbach“). Durch die Siedlung hindurch und um die Werkshalle eines Sägewerks herum. Gleich danach führt eine Forststraße nach links (SW) am Waldrand bergauf, wo sie zu einem schwachen Wiesenweg wird. Anschließend durchquert der Weg ein kleines Waldstück, trifft dort auf den Weg nach Rietz (Schild), überquert den Bach und führt beschildert bis Rietz. Bei der Gabelung halten wir uns links („Ranggasse“, später „Dorf“), gehen unterhalb der Kirche durchs Dorf und später bei einer weiteren Gabelung (Schild „Post“, „Gemeinde“) wieder nach links. Wir kommen an einem schön bemalten Haus vorbei (hl. Josef und hl. Heinrich) und gehen bei der nächsten Gabelung (Café Post) nach rechts, nach der Brücke dann nach links. Eine kleine asphaltierte Straße führt über die Weiler Buchen, Haslach und Windfang und an der Sprungschanze des Schigymnasiums vorbei nach Stams. Wunderschöne Ausblicke auf das Stift!

Blick auf Stift Stams

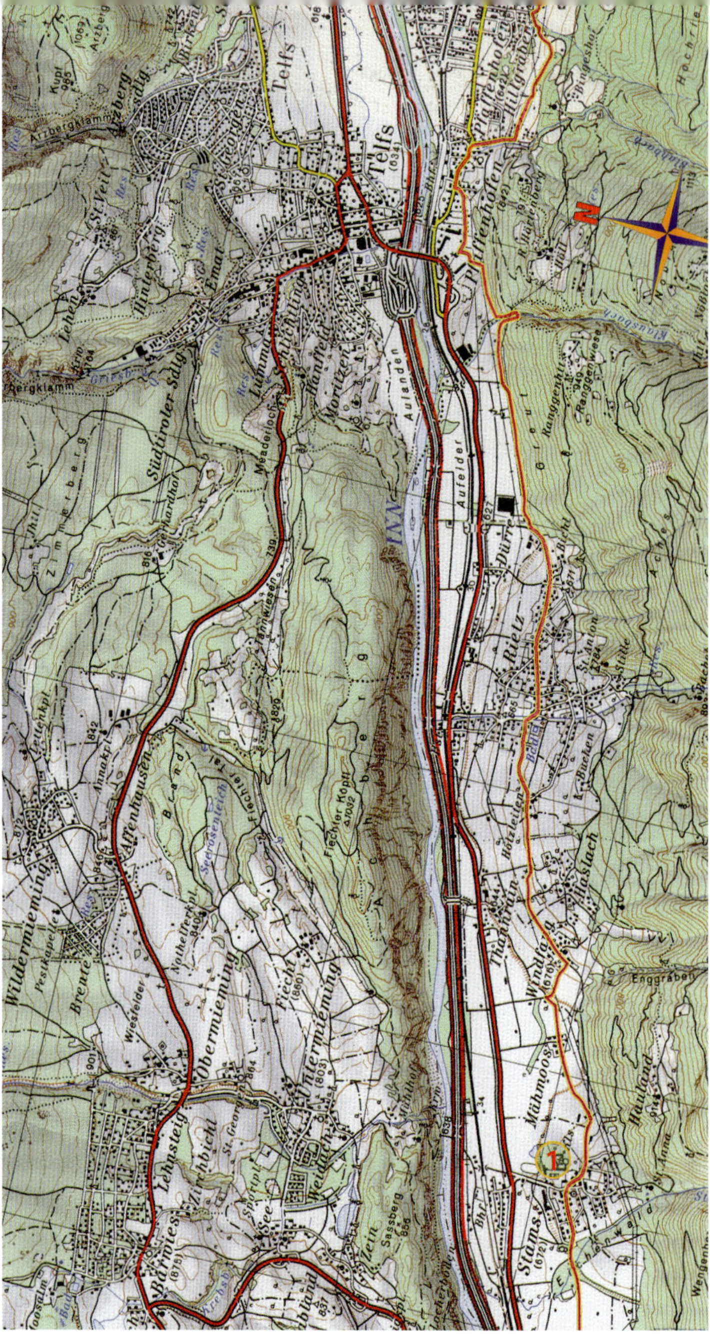

Stams – Silz (1 Std.)

Vom Stift Stams ① direkt nach W, durch einen Eichenwald (Brücke) weiter bis zum Abflußkanal des Kraftwerks. Diesem entlang aufwärts bis zum Waldrand, dort nach W, zuerst auf einem Feldweg, dann auf einem asphaltierten Weg. Am

Kreuz mit dem doppelten Querbalken links vorbei auf dem „Dornigen Weg“ bis Silz. In Silz können wir uns an einem kleinen neueren Brunnen mit dem Becken in Form einer Jakobsmuschel oder an der Hauptstraße, nicht weit von der Kirche, an einem älteren Brunnen mit der Statue des hl. Jakobus erfrischen.

Silz – Roppen (ca. 2½ Std.)

Vom Brunnen etwa 1 km auf der Bundesstraße nach W. Am Waldrand führt der alte Prozessionsweg über Pirchet nach rechts in den Wald hinein, Bildstöcke weisen uns den Weg. Nach dem Wald gehen wir ein paar 100 Meter auf der Bundesstraße, bis wir die Abzweigung nach rechts nehmen, die Geleise überqueren und bei der ersten Möglichkeit nach links auf die weithin sichtbare Kirche von Haiming ② zusteuern. Von der Kirche gelangen wir durch das Dorf zum Inn und über die Brücke nach Magerbach.
Auf der nördlichen Innseite bleibend weiter flußaufwärts, nach ca. 300 m nach links zum Parkplatz abbiegen, nicht unter der Autobahn durch, sondern dem Schild „Bojenweg“ (schöner Wanderweg am Innufer) folgen. Der Weg führt nach Schlierenzau, knapp vor dem Weiler muß man aber bei einer Gabelung rechts weitergehen (Schild „Radweg Imst“, auch möglich, etwas länger: nach links hinunter bis zum Brunnen, dort nach rechts auf den neuen – wieder einmal asphaltierten – Radweg bis zum Römerbad).
Danach unter der Autobahn durch. Eine asphaltierte Straße führt ca. 20–25 min parallel zur Autobahn zu einem riesigen Schotterwerk. Das Schotterwerk wird durchquert, es geht wieder unter der Autobahn zurück auf die Südseite und dort weiter nach W (Schild „Roppen“). Bei einem Schlagbaum links zweigt ein Weg nach links in stumpfem Winkel in einen Föhrenwald ab. Von dort führt ein wunderschöner Wanderweg am Fluß entlang (ideale Rastplätze!) nach Roppen, vorbei am kürzlich restaurierten Römerbad. Nach der Unterquerung der Bundesstraße sieht man schon auf einem Hügel links des Weges die Bruder-Klaus-Kapelle ③, ein Platz, der sich ebenso zum Rasten, Biwakieren und Besinnen anbietet. Den nach dem Römerbad blau-gelb ausgeschilderten Umweg – von hinten, also der Flußseite, hinauf zur Kapelle – würde ich nicht empfehlen. Er ist um einiges länger und weist einen ziemlich steilen Anstieg auf.

RIETZ. Die Pfarrkirche ist dem hl. Valentin geweiht (erste Erwähnung 1369) und großteils im ursprünglichen spätgotischen Stil erhalten. Nur das Innere wurde barockisiert. Oberhalb des Ortes, südlich auf einem Hügel, liegt die Wallfahrtskirche zum hl. Antonius von Padua (erbaut 1757). Die Dorfstraße wird von schönen Bauernhäusern aus dem 16. und 17. Jahrhundert gesäumt, die ihrerseits mit barocken Wandgemälden von biblischen Szenen und Heiligen verziert sind.
• *Pfarrhof, Pater Clemens, Tel. 05262/63062*
• *Bauernhof, Albert Schöffthaler, Dorf 10, Tel. 05262/62041*

STAMS. Schon von weitem nimmt man die monumentale barocke Anlage (17./18. Jahrhundert) des Zisterzienserstiftes wahr, das von Elisabeth, der Mutter des letzten Hohenstaufen, und ihrem Mann, Meinhard II. von Görz-Tirol, 1273 als Begräbnisstätte der Tiroler Landesfürsten gegründet wurde. Da man erst seit der 2. Hälfte des 12. Jahrhunderts vom Entstehen eines österreichischen Jakobsweges sprechen kann (wenn man die Existenz von Klöstern und Pfarren als Voraussetzung dafür betrachtet), liegt der Schluß

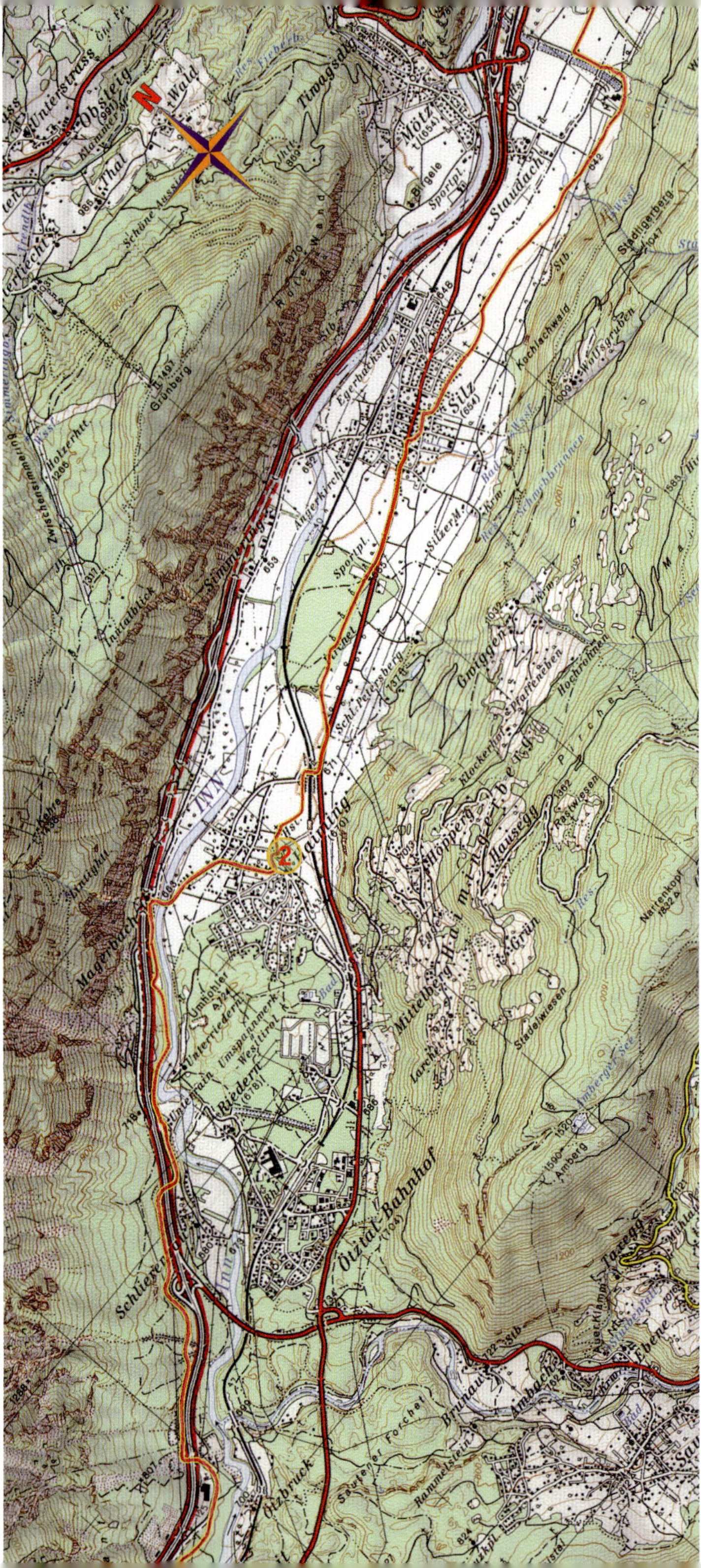
Obsteig
Unterstrass
Thal
Wald
Mötz
Staudach
Silz
Grünberg
Simmering
INN
Haiming
Magerbach
Riedern
Ötztal Bahnhof
Schlierenzau
Ötzbruck
Brunau
Ambach
Sautener Forchet
Amberger See
Amberg
Haiminger Berg
Hausegg
Staudach
Kochlachwald
Hochrohnen
Egerbachsiedlung
Sportpl.
Nattenkopf
Inntalblick

nahe, daß das Stift Stams für Pilger auf ihrem Weg nach Westen nach Innsbruck der wichtigste Etappenort im Inntal war. Teile des Stiftes sind als Museum für die Öffentlichkeit zugänglich (die Fürstengruft in der Stiftskirche Mariä Himmelfahrt, die Heilig-Blut-Kapelle...). In der Stiftskirche ist der Apostel Jakobus (neben anderen Heiligen) in zwei Seitenaltären abgebildet. – Die Pfarrkirche von Stams ist dem hl. Johannes dem Täufer geweiht (1318); der gotischer Bau, später barockisiert, war schon vor der Gründung des Stiftes ein bekanntes Pilgerziel. Stams selbst wurde schon 1065 erstmals urkundlich erwähnt.

- *Im Kloster selbst, aber unbedingt ein paar Tage vorher anrufen (Abt German Erd), Tel. 05263/5697 oder 6021)!*
- *Anni Grüner, Thannrain, Tel. 05262/62660*

SILZ. Von der ursprünglichen Kirche (erwähnt 1233) ist nichts mehr vorhanden. Der heutige Bau, er ist den Aposteln Petrus und Paulus geweiht, wurde Mitte des letzten Jahrhunderts errichtet. Unweit der Kirche steht ein kleiner Trinkbrunnen in Form der Jakobsmuschel, während im Ort an der Bundesstraße uns der alte Jakobsbrunnen mit einer schönen Jakobsstatue und quellfrischem Wasser erfreut.

HAIMING. Die Pfarrkirche zu den hll. Crysanth und Daria ist ein gotischer Bau, der im großen und ganzen nicht wesentlich verändert wurde. Eine Weihe fand 1384 statt, aber es war sicher nicht die erste. Die Vermutung liegt nahe, daß der Anlaß dieser Weihe die „Umtaufe" der alten Jakobskirche war.

- *Matratzenlager, Ghf. „Rafting-Alm", Magerbach 2, Tel. 05266/88606*

ROPPEN. Die Pfarrkirche St. Leonhard wurde im 19. Jahrhundert an Stelle einer Kirche aus dem 14. Jahrhundert errichtet. Der Ort selbst wurde 1260 zum ersten Mal urkundlich erwähnt. Die Römerstraße am Nordhang geht in einiger Entfernung am Dorf vorbei. Links oberhalb des ins Dorf führenden Weges liegt die Bruder-Klaus- oder „Burschl"-Kapelle (1962) mit Darstellungen des hl. Christophorus.

- *Andreas Prantl, Trankhütte 244, Tel. 05417/5336*
- *André Köll, Löckpuit 113, Tel. 05417/5225*
- *Fam. M. Prantl, Roppen 276, Tel. 05417/5271*

Muschelbrunnen in Silz

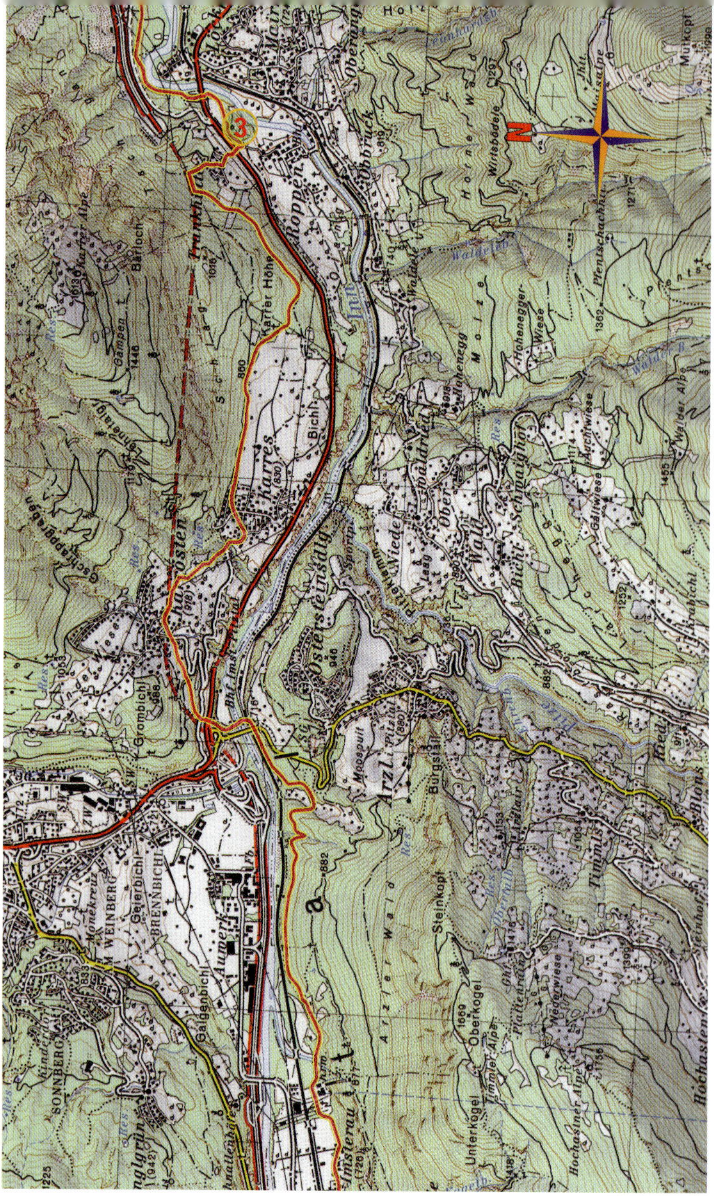

MOUNTAINBIKEEIGNUNG: Gleich nach Pfaffenhofen muß das Rad eventuell ein Stück geschoben werden. Danach ist die Strecke bis nach Magerbach problemlos befahrbar. Dort kann der Bojenweg nach Schlierenzau und auch das letzte Teilstück vor Roppen auf dem Inntal-Radwanderweg befahren werden, den seit Silz auch die Fußgänger großteils benützen.

ÖFFENTLICHER VERKEHR: Alle Orte sind sowohl mit Bus als auch mit der Bahn erreichbar.

ROPPEN – ZAMS

25,5 km – ca. 6 Std.

Das Oberinntal zwischen Imst und Landeck, was in etwa unserer Tagesetappe entspricht, war im Mittelalter von einiger wirtschaftlicher Bedeutung, vor allem für das Post- und Fuhrwesen. Hier verlief neben der Ost-West-Verbindung durch das Inntal und über den Arlberg auch die römische Via Claudia Augusta, die vom Reschenpaß im Süden kommend über Zams weiter zum Fernpaß und nach Deutschland führte. Einige Kilometer vor Zams, in Mils, wurden rund 50 m dieser Straße freigelegt. Der Weg führt uns zu zwei wunderschönen Plätzen etwas oberhalb des Talbodens, Obsaurs und Kronburg, die geradezu zum Verweilen einladen. An der rechten Innenwand der St.-Vigil-Kirche von Obsaurs befindet sich ein einzigartiger authentischer Hinweis auf die Jakobsroute durch das Inntal: das Graffito eines Jakobspilgers aus dem Jahre 1604 (Jakobsmuschel und Pilgerstäbe).

Roppen – Karres (ca. 1 Std.)

Vom Wanderweg am Inn aus NO-Richtung kommend unter der Bundesstraße hindurch. Vor dem Dorf erhebt sich links vom Weg der Hügel mit der Bruder-Klaus-Kapelle. Die nordwärts aus dem Dorf führende Straße nehmen (also nicht ins Dorf gehen), wieder unter der Bundesstraße hindurch und bergauf bis zur Trankhütte, die um 1500 als Raststation und Pferdetränke an der alten Straße errichtet wurde. Weiter auf der „Römerstraße" westwärts bis Karres.

Karres – Imsterau (ca. 1½ Std.)

Das Dorf durchqueren und am Dorfausgang nach der Brücke nach rechts bergauf (N). Auf einem Wanderweg nach Karrösten.
Von dort nach S bergab, (nicht den Wanderweg nach Imst nehmen!) zuerst ein Stück auf der Straße, dann auf einem alten Weg bis zur Bundesstraße. Über die Fußgängerbrücke, gleich danach steil nach links hinunter (Fahrverbotsschild) zur Königskapelle (1855 errichtet zur Erinnerung an den hier im Jahr vorher tödlich verunglückten König von Sachsen, Friedrich August II.). Von dort über den Inn und die Bahngeleise und gleich danach nach rechts (W) leicht bergauf und nach ca. 700 m in einer Linkskurve nach rechts weiter (Schild „Imsterau"). Der Waldweg führt oberhalb von Inn und Eisenbahn nach W und fällt am Schluß leicht nach Imsterau ab.

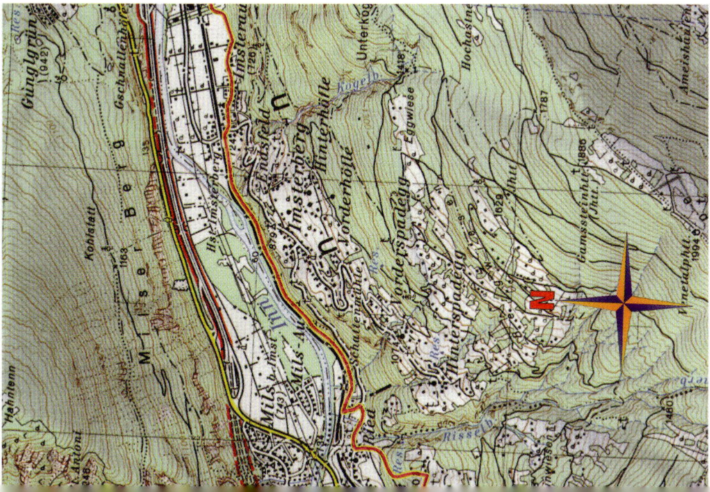

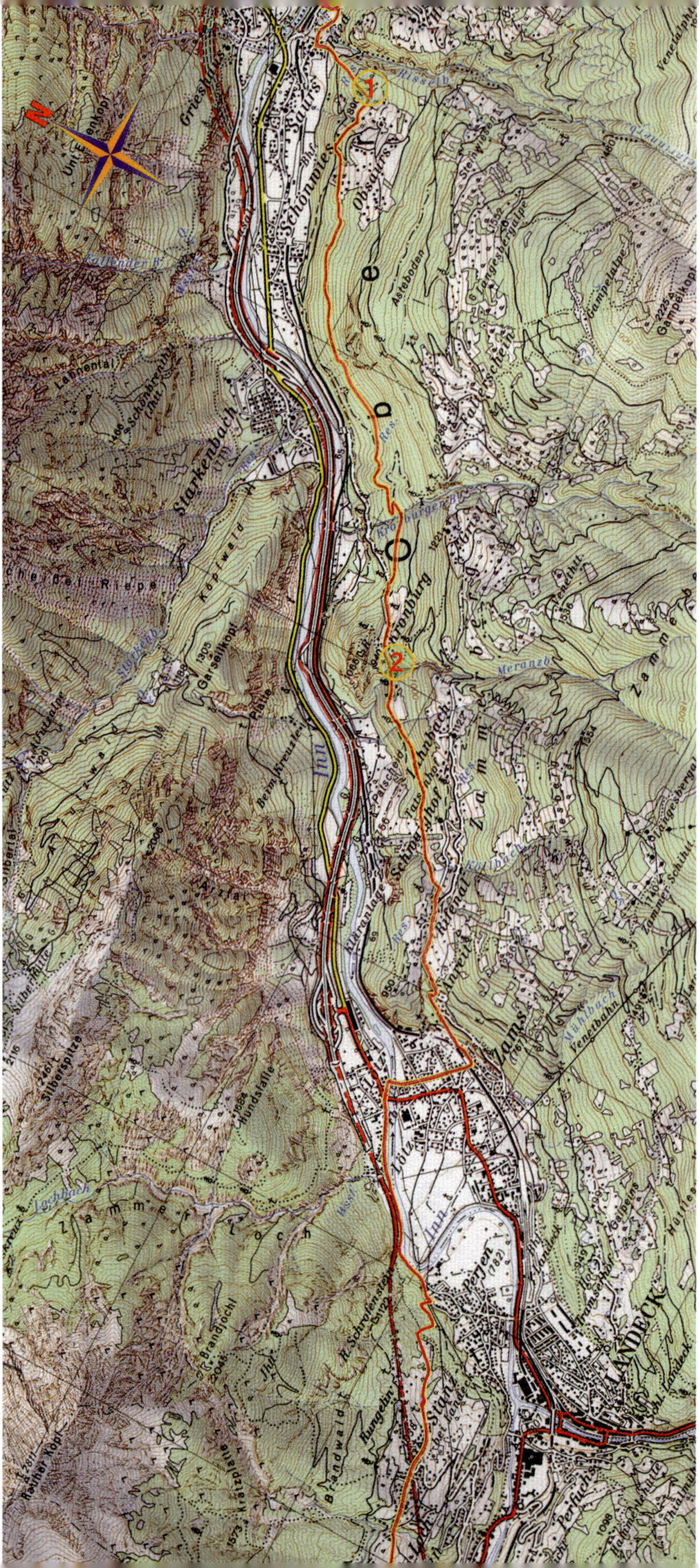
N
1
2
Schönwies
Obsaurs
Asteboden
Starkenbach
Lahnental
Kronburg
Meranzb.
Garsellkopf
Inn
Zams
Zammer Loch
Perjen
LANDECK
Venetbahn
Gampelkopf

Imsterau – Kronburg (ca. 2 Std.)

Den Ort durchqueren, nach der Kirche bei der Gabelung rechts, bis zum Gasthaus Alpenrose. An dessen Nordseite weiter nach W, zuerst auf einem Wiesen-, dann auf einem Waldweg parallel zur Bahn, an einer Wegkapelle aus dem 16. Jahrhundert vorbei bis zu einer Asphaltstraße. Dort nach links (S), 100 m leicht bergauf, dann wieder rechts bis zum Weiler Ried.

Rötelzeichnung eines Pilgers in St. Vigil, Obsaurs

In Ried links hinauf bis zum Waldrand. Etwa 20 m nach dem Waldrand (nicht den Weg zur Mühle nehmen!) zweigt links ein kleiner Pfad von der Forststraße ab und führt in 15–20 min zur Kirche von Obsaurs ① hinauf. Der Pfad ist auf den ersten Metern durch Erdarbeiten zerstört worden, dann aber bestens begehbar.

Von hier geht es auf der Straße nach Westen bis zu einer Haarnadelkurve. Die Straße führt etwa 50 m bergab, dann links leicht bergauf an einer Kapelle und einem Bauernhof vorbei. Weiter auf einer ansteigenden Forststraße, die wir nach etwa 20 Minuten nach rechts bergab (ebenfalls eine Forststraße) verlassen. Nach weiteren ca. 5 Minuten bringt uns ein nach links ansteigender Waldweg über die wildromantische Kronburger Schlucht (Schild) zur Straße, auf der wir nach links ansteigend zur Wallfahrtskirche von Kronburg ② gelangen.

Kronburg – Zams (ca. 1 Std.)

Von der Kirche weiter auf dem Wanderweg Richtung Zams, am Hang bleiben, Richtung Rifenal (nicht die Abzweigung nach rechts, leicht bergab, nehmen, wo auch „Zams, Fischteich“ angeschrieben ist). Nach Rifenal bergab, auf der Straße am Parkplatz der Liftstation vorbei. Gleich nach dem Ortsschild „Anreit“ geht ein kleiner Pfad rechts ab (Schild „Zams“), der die Straßenkehren abschneidet und bei einer Häusergruppe wieder in die Straße mündet. Nach dem (einzigen) Haus weist rechts ein Schild („Wanderweg 1, Zams“) wieder nach rechts hinunter. Wir folgen dem Pfad bis zum aufgelassenen Bahnhof von Zams. Bei der Gabelung nach dem Gleiskörper kommen wir nach links zur Kirche. Wenn wir Zams direket durchqueren wollen, halten wir uns rechts und gelangen einem Kanal entlang geradeaus zum Innsteg. Wer im Pfarrhaus übernachtet hat, kann auf der Bundesstraße zum Inn gehen.

KARRES, KARRÖSTEN. Das sonnige und hoch über der damals unpassierbaren Innschlucht gelegene Plateau war sehr früh besiedelt worden. Auch

Vierzehn-Nothelfer-Kapelle (rechts) in der Imsterau

war es für die Römer der geeignete Platz für die Trassierung ihrer Straße, die sich erst bei Imst wieder ins Inntal senkte. Die alte Straße hinauf nach Karres und Karrösten, die heute wieder von Pilgern benützt wird, folgt im großen und ganzen der Streckenführung der Römerstraße.

Die Pfarrkirche zum hl. Stephanus in Karres ist ein spätgotischer Bau des 15. Jahrhunderts, dessen Inneres im 18. Jahrhundert barockisiert wurde. Die der hl. Magdalena und dem hl. Nikolaus geweihte Kirche von Karrösten ist der barocke Neubau (1770) einer urkundlich schon um 1300 erwähnten Kirche, von der im Nordturm noch Reste vorhanden sind.

- *Erich Winkler (Bauernhof), Karres 8, Tel. 05412/61444*
- *Hilde Zimmermann (Bauernhof), Karres 43, Tel. 05412/64592 oder 68856*
- *Mathilde Röck, Karrösten 19, Tel. 05412/67606*

OBSAURS. Die Kirche St. Vigil ist ein spätgotischer Bau aus der 2. Hälfte des 15. Jahrhunderts. Abgesehen von der wunderschönen Lage hoch über dem Talboden und der Ausstrahlung, der sich kaum jemand entziehen kann, ist dieses heute wunderbar restaurierte Juwel aus drei Gründen erwähnenswert: Im Inneren befindet sich das Graffito eines Jakobspilgers, der diesen – wahrscheinlich vorchristlichen – Kultplatz im Jahre 1604 besuchte, über dem Eingangsportal hängt innen ein Leinwandbild (um 1700), das die heiligen Jungfrauen Ambett, Gwerbett und Wilbett darstellt, und an der Nordfassade der Kirche stellt eine Wandmalerei den hl. Christophorus dar.

- *Alfred Guem, Öde 85, Schönwies, Tel. 05418/5637*

KRONBURG. Funde weisen auf die Existenz einer prähistorischen Höhensiedlung am Standort der mittelalterlichen (14. Jahrhundert) Kronburg hin. Auf

St. Vigil, Obsaurs

der Sattelhöhe liegt die Wallfahrtskirche Mariahilf, eine schlichte barocke Kirche (1718 geweiht), an deren Stelle vorher eine Kapelle (1673) stand.
• *Gasthof Kronburg (Ermäßigung mit Pilgerpaß), Tel. 05442/62218*

ZAMS. 1268 wurde der Sitz der Urpfarre Stanz in den Verkehrsknotenpunkt Zams (Via Claudia Augusta) verlegt. Die dem hl. Andreas geweihte Pfarrkirche wurde nach der Zerstörung durch einen Großbrand im Jahre 1911 im neobarocken Stil erbaut. Ebenso wie der Turm blieb hingegen das gotische Widum* (1337) vom Feuer verschont und dient heute wieder als Pilgerherberge.

** Widum war im Mittelalter der gängige Name für den Pfarrhof oder das Pfarrgut und wird heute eigentlich nur mehr in Tirol verwendet.*
• *Haus Gstir (Bauernhof), Rifenal 13, Tel. 05442/67199*
• *Matratzenlager im Widum mit Kochgelegenheit, Tel. 05442/62332*

MOUNTAINBIKEEIGNUNG: Bis auf drei kurze Stücke ist die Strecke befahrbar: von Karres nach Karrösten sollte die Straße benützt werden, von Saurs nach Obsaurs gibt es als Alternative zum steilen Pfad einen Forstweg, und von Rifenal hinunter nach Zams sollte man auf der Straße bleiben.
ÖFFENTLICHER VERKEHR: Karres, Karrösten und Zams sind mit Bus erreichbar, Imst, Imsterau und Saurs (Schönwies) haben einen Bahnhof.

St. Vigil, Obsaurs

20,5 km – ca. 5 Std.

Zams war der Ausgangspunkt der Saumstraße (ihr Bau wurde 1312 begonnen), die über den Arlbergpaß führte. Sie wurde erst 1787 durch eine „richtige“ Straße ersetzt. Reste der alten Straße sind noch heute nicht nur sicht-, sondern auch begehbar. Karrenspuren finden wir im Wald zwischen Grins und Strengen und zwischen Strengen und Flirsch. Dieser alte Weg wird auch „Römerstraße“ genannt, deshalb auch die „Römerbrücke“ in Grins, aber es gibt keine Hinweise darauf, daß die Römer eine Straße über den Arlberg gebaut haben. Wie auch immer, wir befinden uns auf uralten Pfaden und mit Sicherheit auf den Spuren der Jakobspilger des Mittelalters.

Zams – Stanz (ca. 1½ Std.)

Entweder von der Zammer Kirche die Hauptstraße entlang bis zur Innbrücke (N), diese überqueren, oder ca. 50 m östlich der Hauptstraße einem Kanal entlang zur Fußgängerbrücke über den Inn und auf der Hauptstraße nach Westen zur Zammer Brücke (Kapelle). Nördlich des Inns nach Westen, Richtung „Römerweg“. Am Rad- und Fußweg zwischen Inn und Autobahnböschung bis zum Ende des „Fun-Parks“ auf der Überdachung der Autobahn (nicht zu früh nach rechts unter der Autobahn durch!). Bei der ersten Möglichkeit gehen wir nach rechts hinauf auf die Böschung. Hier beginnt der alte Weg („Pfaffensteig“, noch Karrenspuren) nach Stanz. Nicht der Markierung „Sonnenweg“ folgen und beim Schild „Schrofenstein“ relativ steil nach rechts hinauf. Weiter oben bei einer neuerlichen Abzweigung dem Schild „Stanz“ folgen; aus dem Wald heraus, ca. 100 m auf einem Wiesenpfad auf dem oberen Rand einer Böschung, der später zu einem breiteren Weg bis Stanz wird.

Auf dem „Römerweg“ bei Grins

Stanz – Strengen (ca. 2 Std.)

Durch den Ort hindurch, unterhalb der Kirche vorbei, eben weiter bis Grins auf einem geschotterten Kreuzweg, der auch Römerstraße genannt wird. Knapp vor Grins, nach einer schönen Wegkapelle (Bild S. 159) kann der Pilger seine müden Füße kneippen. Vor Grins stoßen wir auf eine Straße, der wir nach

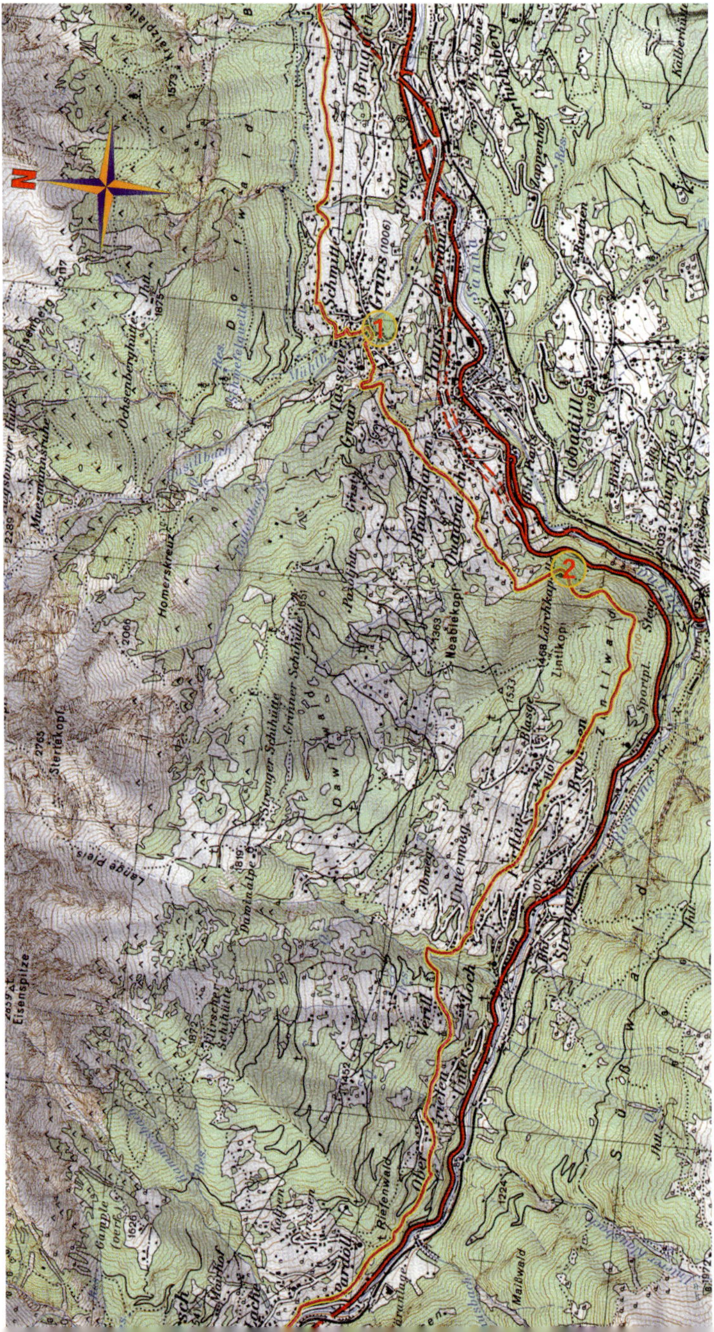

links in den Ort hinein folgen. In Grins über die Römerbrücke ① (beeindruckende alte Brücke über die Schlucht), durchs Dorf hindurch, an der Kirche vorbei, leicht bergab über den Bach. Der Asphalt hört auf, die Straße wird zum Feldweg, später zum Kreuzweg zur Lärchkapelle ②. Knapp vor der Kapelle entdecken wir wieder Karrenspuren von der „Urstraße". Nach der Kapelle den Weg nach rechts nehmen. Auch dieser leicht ansteigende Weg ist ein Kreuzweg. Auf diesem Weg bis Strengen, Ortsteil Weiher. Die Asphaltstraße überqueren, geradeaus weiter bis zum „Tyrolerhof".

Strengen – Flirsch (ca. 1½ Std.)

Am Tyrolerhof vorbei und auf einem Feldweg im Hang entlang bis zu einer neuerlichen Asphaltstraße. Dieser bergan (W) folgen und gleich nach der ersten Rechtskurve scharf nach links auf einen Feldweg (unterhalb eines Bauernhofes, steil ansteigend) einbiegen, der gleich wieder in eine Schotterstraße mündet, die über den Bach zum Ortsteil Verill führt. Bergab (immer in etwa der Hochspannungsleitung folgend) bis zu einer Kehre. Dort geradeaus bergauf Richtung „Oberriefen". Nach ca. 150 m links ab, Schild „Jausenstation". Nach der Jausenstation nicht den neuen Feldweg leicht bergab neh-

„Römerbrücke" in Grins

men, sondern am Hang bleiben, oberhalb des Stadels geradeaus weiter (am Stadel Schild „Römerweg“). Im Wald die Forststraße überqueren. Ein wunderschönes Stück der alten Paßstraße liegt vor uns. Weiter bis zur Bundesstraße, am „Haus an der Römerstraße“ vorbei, nach Flirsch.

STANZ beherbergte die Mutterpfarre des Stanzertales (1150 erste urkundliche Erwähnung). Seine spätgotische Pfarrkirche ist den Aposteln Petrus und Paulus geweiht. Stanz ist die Heimat des berühmten Barockbaumeisters Jakob Prandtauer.

GRINS, urkundlich 1288 erwähnt, ist das zweite Dorf auf dem Sonnenplateau hoch über dem Tal, über das die erste Paßstraße verlief. Es war Stützpunkt der Fuhrleute vor dem Anstieg zum Paß. Die heute noch benützte spätgotische sogenannte „Römerbrücke“ im Zentrum ermöglichte die Überquerung der tiefen Schlucht des Mühlbaches. Die Pfarrkirche zum hl. Nikolaus (erwähnt 1439) ist ein barocker Neubau von Franz Singer um 1775/79. Die Kapelle zum hl. Florian an der Römerbrücke erinnert an den Dorfbrand von 1945 und die Gefallenen der beiden Weltkriege. Vor dem Gemeindeamt steht ein zweigeteilter Brunnen. Aus einem der beiden Hähne kommt das Wasser der Grinner Heilquelle. – Unweit der Wallfahrtskapelle „Lärchkapelle“ (Spätbarock) auf dem Weg nach Strengen befindet sich im Wald ein Stück der ursprünglichen Paßstraße, wie in der Folge immer wieder.

- *Helene Prantauer, HNr. 36c, Tel. 05442/67384*
- *Erwin Singer, HNr. 36b, Tel. 05442/63640*
- *Gusta Nuener, HNr. 44, Tel. 05442/66335*
- *Anna Prantner, HNr. 56, Tel. 05442/65354*

STRENGEN. Da der „Römerweg“ – und ebenso der Weg, dem der Pilger heute folgt – am oberen Rand des sich steil über die Hänge verteilenden Dorfes verläuft, bedeutet ein Besuch von Strengen einen höhenmetermäßig nicht unbeträchtlichen Umweg. Aber wie auch immer: Die Pfarrkirche zum hl. Martin ist zwar ein barocker Um- (1636/37) bzw. Neubau (1753/55), weist aber noch einige Elemente der Spätgotik (1420) auf.

FLIRSCH. Hier berührte die alte Paßstraße erstmals seit Zams wieder den Talboden. Knapp vor dem Ort fügt sich der Tritt des Pilgers in jene Spuren, die schon vor Jahrhunderten von anderen vor ihm hinterlassen wurden. Die Pfarrkirche ist dem hl. Bartholomäus geweiht (erwähnt 1385). Auch sie entging der Barockisierung nicht, und man könnte sie wie die meisten anderen als „barotisch“ bezeichnen.

- *Anna Rosa Guem, am Dorfeingang, Flirsch 102, Tel. 05447/5712*
- *Bauernhof „Grießhof“, Hermann und Maria Schwazer, HNr. 180 (am westl. Ortsrand), Tel. 05447/5292*
- *Gasthof Grissemann, Tel. 05447/5216*

MOUNTAINBIKEEIGNUNG: Der Pfad hinauf nach Stanz ist nicht befahrbar. Als Alternative bietet sich der breitere Wanderweg an, der oberhalb von Perjen gemächlich im Wald ansteigt und in die Straße nach Stanz mündet.
ÖFFENTLICHER VERKEHR: Alle Orte sind mit dem Bus erreichbar. Die Bahn bleibt in den kleinen Bahnhöfen nicht mehr stehen, d. h. keine Zusteigmöglichkeit zwischen Landeck und St. Anton!

21 km – ca. 5 Std.

Eine wahrhaft historische Etappe! Zum einen wird der höchste Paß auf dem Pilgerweg von Wien nach Santiago überquert, der Arlbergpaß mit 1800 Metern, zum anderen stoßen wir auf der Paßhöhe auf das über 600 Jahre alte Hospiz St. Christoph, das 1386 auch für Pilger gegründet wurde, die sich auf ihrem beschwerlichen Weg nach Santiago oder Rom befanden. Aus folgenden Daten:

1218 Bau des Johanniter-Hospizes in Klösterle
1268 Verlegung der Pfarre von Stanz nach Zams
1273 Gründung des Stiftes Stams durch Meinhard II.
um 1275 St.-Jakob-Kirche in Pettneu
1312 Bau der Arlberg-Saumstraße (steigende wirtschaftliche und politische Bedeutung dieser Verkehrsverbindung)
1386 Bau des Hospizes St. Christoph am Arlbergpaß

kann man ziemlich schlüssig ableiten, daß ab der 2. Hälfte des 13. Jahrhunderts die Pilgerroute über den Arlbergpaß entweder erst entstand oder immer mehr an Bedeutung gewann.

Flirsch – Pettneu (ca. 1½ Std.)

Den Ort durchqueren, ca. 1 km auf der alten Straße, dann nach rechts (N) in den Wald hinauf, Schild „Waldweg nach Schnann".
Ca. 200 m oberhalb der Straße führt der Weg nach Schnann. Oberhalb des Dorfes bleiben, bei einer Abzweigung die Richtung „Klamm" wählen. Nach

„Jakobusweg"

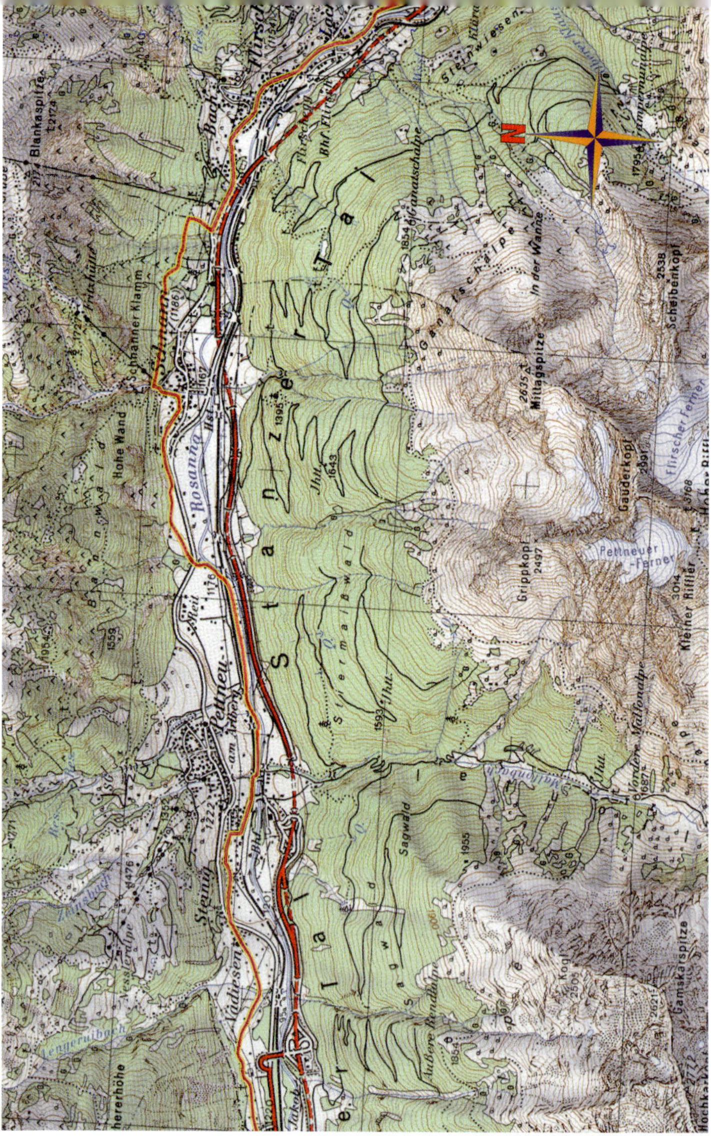

Überqueren des Baches hinunter nach Schnann. Ungefähr 10 m vor der Dorfstraße führt eine kleine Straße nach Westen aus dem Dorf hinaus, wird zum Feldweg am Waldrand, bis zur Bundesstraße. Diese überqueren und am orographisch linken Ufer der Rosanna bis zum Bahnhof Pettneu.

Pettneu – St. Anton a. A. (ca. 1½ Std.)

Per Fußgängerunterführung auf die andere Seite der Bahnlinie, vom Bahnhof etwa 100 m nördlich, links in Richtung „Steinig“ abbiegen, bis zur Bundesstraße.

Diese überqueren und auf einem Feldweg durch den Ortsteil „Vadiesen“ (immer Richtung W). Der Asphaltweg mündet in die alte Paßstraße, die bis zum Ortsteil „Gand“ führt. Dort geradeaus weiter die Asphaltstraße bergauf, nach ca. 200 m rechts ab (N), relativ steil, dem Schild „Jakobusweg“ folgend. (Schon unten in „Gand“ befand sich ein Schild „Jakobusweg“. Von dort weg aber hätte dieser Weg einen ziemlichen Umweg nach O bedeutet.) Der „Jakobusweg“ führt als Wanderweg am Waldrand (zuerst relativ steil bergauf) nach St. Jakob ①. Oberhalb der Kirche bei einer Abzweigung den Pfad hinunter zur Kirche nehmen. Auf der Hauptstraße durchs Dorf und weiter bis nach St. Anton.

Der etwas längere, aber angenehmere Weg von St. Jakob zur Rosanna hinunter und am Fluß entlang nach St. Anton ist bis zum Jahr 2000 aufgrund einer riesigen Baustelle nicht benützbar.

St. Anton a. A. – St. Christoph a. A. (ca. 2 Std.)

Durch St. Anton hindurch. Die Dorfstraße mündet wieder in die Umfahrungsstraße. Diese nicht überqueren, sondern auf ihrer rechten Seite ca. 50 m nach Westen bis zur Fußgängerunterführung gehen. Dort beginnt der markierte Wanderweg „Rosannaklamm“. Diesem folgen bis zur Einmündung in einen Kreuzweg. Auf dem Kreuzweg gehen wir nach rechts (O) bis zur Kapelle Stie-

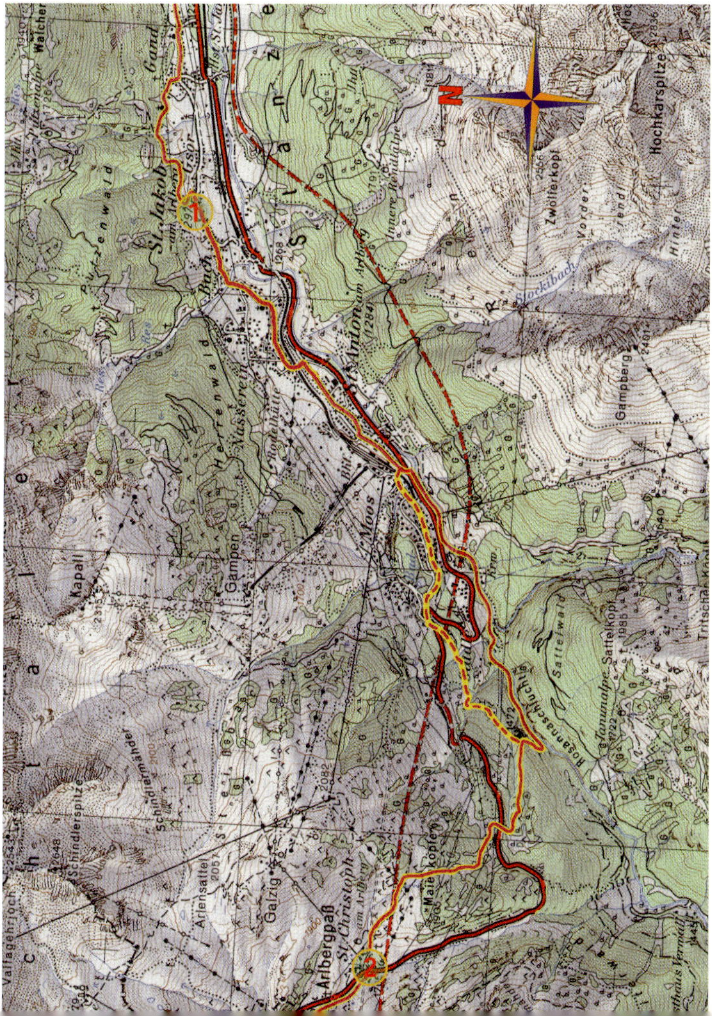

geneck. (Bei Schlechtwetter von St. Anton durch das Oberdorf bis zum „Mooser Kreuz", die Bundesstraße überqueren und auf der kleinen Straße bis zur Kapelle.) Von hier führt ein markierter Weg, der die Bundesstraße quert, über den Maiensee nach St. Christoph ②.

SCHNANN liegt im seit Flirsch wieder breiteren und freundlicheren Teil des Stanzertales an der alten Paßstraße, die übrigens westlich des Ortes – heute noch benützt als Wanderweg – am Waldrand verläuft. Die Pfarrkirche wurde als Pestkirche im 17. Jahrhundert erbaut und ist dem Pest- und Pilgerheiligen Rochus geweiht.

- *Maria Pleifer, HNr. 79, Tel. 05447/5663*
- *Fam. Zangerl, Haus Galzigblick, Tel. 05447/5552*

PETTNEU. Die Pfarrkirche Mariä Himmelfahrt stammt aus der 2. Hälfte des 15. Jahrhunderts – der Turm an der Nordseite könnte sogar im 13. Jahrhundert errichtet worden sein – und wurde später im Inneren barockisiert. Ihre erste urkundliche Erwähnung erfolgte 1385, d. h. der Zusammenhang zwischen

der Ausbreitung kirchlicher Strukturen im Stanzertal und dem Aufkommen der Jakobspilgerschaft (Bau der Straße und des Hospizes) liegt klar auf der Hand.
- *Fam. Burger, „Burgerhof“, HNr. 222, Tel. 05448/8563*

ST. JAKOB AM ARLBERG. Die Benennung der Pfarrkirche nach dem hl. Jakobus bereits um 1275 ist wohl der deutlichste Hinweis auf den Pilgerweg. Die jetzige Kirche stammt aus dem Spätbarock (1773/78, Götzner Schule), aber der romanische Südturm geht noch auf das 13. Jahrhundert zurück. Das Gewölbefresko im Betraum, das die Glorie des hl. Jakobus zeigt, stammt von Johann Perwanger. Neben dem Namenspatron der Kirche findet man interessanterweise im Inneren wieder den hl. Rochus dargestellt, und an der Südseite des Außenbaus befindet sich eine Wandmalerei des Patrons des Hospizes am Paß, des hl. Christophorus, des dritten großen Wegeheiligen.
- *Franz Schuler, HNr. 33 (Zentrum), Tel. 05446/3108*
- *J. Penz, Kesseleckhof, HNr. 52 (Zentr.), Tel. 05446/2840*
- *Josef Feuerstein, HNr. 57 (Zentrum), Tel. 05446/2751*

ST. ANTON AM ARLBERG. Die Pfarre ist die jüngste des Stanzertales (1947), die Kirche ist ein barocker Bau, der 1932 nach den Plänen von Clemens Holzmeister erweitert wurde. Das gotische „Alte Thöni-Haus“ im Ortszentrum wurde 1465 als Salzsäumerstation (Salzstadel) auf der „Salzstraße“ von Hall in Tirol ins Bodenseegebiet errichtet.
Vor dem Anstieg zur Paßhöhe kommt man zur kleinen Wallfahrtskapelle Stiegeneck, die im 19. Jahrhundert an Stelle einer älteren Kapelle errichtet wurde. Interessant sind die Votivtafeln, die auf ihre Art eindrucksvoll das harte und gefährliche Leben in den Bergen widerspiegeln.
- *Widum, Matratzenlager, Pfarrer Bruno Decristoforo, Tel. 05446/2238*
- *Doris Birkl, Haus Rali, Haus Nr. 555, Tel. 05446/3685*
- *Claudia Larl, Dorfstraße 97, Tel. 05446/3367*

Papst Johannes XXIII.: „Hier liege ich im Namen des ...“

ST. CHRISTOPH AM ARLBERG. Die Kapelle und das ehemalige Hospiz (heute Hotel, für Pilger gibt es ein verbilligtes Menü) wurden 1386 durch Heinrich Findelkind aus Kempten errichtet. Er hatte sich zum Bau entschlossen, nachdem er allzu oft hatte miterleben müssen, wie Wanderer und Pilger den beschwerlichen Weg über die Paßhöhe erschöpft, krank und halberfroren weiterverfolgen mußten, ohne Unterkunft und Möglichkeit einer Stärkung. Schon in den ersten sieben Jahren seines Bestehens wurden 50 Menschen vor dem sicheren Tod gerettet.

Wie wichtig und vielfrequentiert die Saumstraße schon im Mittelalter war, belegt die Reise des Papstes Johannes XXIII., der den Arlbergpaß im Jahre 1414 auf der Fahrt zum Konzil von Konstanz überquerte – natürlich nicht zu Fuß. Sein Wagen kippte auf der engen und steilen Straße um, worauf er unsanft im Schlamm landete und recht unchristlich fluchte. In seinem Zorn verdächtigte er gar den Teufel, hier seine Hand im Spiel gehabt zu haben. Vielleicht hatte er sogar recht, auf jeden Fall war dieser Sturz ein böses Omen, denn das Konzil von Konstanz, das einberufen worden war, um endlich das unselige große Schisma der Kirche zu beenden, tat dies, indem es ihn schlicht und einfach seiner Papstwürde beraubte und absetzte. Und der Papstname Johannes XXIII. war wieder frei – für Giuseppe Roncalli im 20. Jahrhundert.

- *Hospiz (Ermäßigung für Pilger, unbedingt vorher anrufen!), Florian Werner, Tel. 05446/2611 (falls geschlossen, gute Alternative im Hotel Sportcafé Arlberg, eine Stunde weiter in Stuben)*

MOUNTAINBIKEEIGNUNG: Von Flirsch nach Schnann sollte man auf der alten Straße bleiben, und ab dem Ortsteil Gand von St. Jakob bieten sich die Straße oder der von Pettneu kommende Rosanna-Uferweg an. Er hört erst knapp vor St. Anton auf, wo derzeit am neuen Bahnhof gebaut wird. Ab St. Anton hat der Biker keine andere Wahl als die Paßstraße.

ÖFFENTLICHER VERKEHR: Alle Orte sind mit Bus erreichbar, St. Anton besitzt einen wichtigen Bahnhof.

Hospiz St. Christoph im Winter

34 km – ca. 7 Std.

Eine relativ lange Etappe, aber machbar, da es ja meistens bergab geht, abgesehen von der Steigung von Radin auf die Gasünd. Dank der Höhenlage und der daraus resultierenden Nichtbesiedlung findet man zwischen St. Christoph und Stuben auch heute noch interessante und auch begehbare Spuren der alten, vortheresianischen Paßstraße, deren Bau im 14. Jahrhundert begonnen wurde. Im engen und arg verbauten Klostertal hingegen (Autobahn, Schnellstraße, Eisenbahn ...) ist von der alten Paßstraße kaum mehr etwas übriggeblieben. Der als „Klostertaler Römerweg" bezeichnete Wanderweg ab Außerwald ist zwar wunderschön zu gehen, aber die Silbe „Römer" ist wohl eher als Versuch zu werten, ihm den Anstrich hohen Alters zu verleihen. Dennoch gibt es praktisch durch das ganze Tal schöne Wanderwege, die nur zum geringen Teil asphaltiert sind. Landschaftlich ganz besonders reizvoll ist der sicherlich sehr alte Übergang über die „Gasünd" nach Bludenz.
Es ist nicht klar, ob sich die Vorarlberger Landesregierung bei der seit Jahren geplanten, aber jetzt anscheinend in Angriff genommenen Beschilderung des Jakobsweges an mein Buch hält. Deshalb rate ich wieder zum aktiven Gebrauch des Führers.

St. Christoph – Stuben (ca. 1 Std.)

Nach dem Parkplatz auf der Paßhöhe gleich hinunter in die Talsenke links von der Straße. Bei einer Verengung – die Straße schließt die Talsenke praktisch wie ein Damm ab – auf die Straße hinauf und auf die andere – rechte – Seite des Tales wechseln. Dort führt die Trasse der alten Straße bis zur Alpe Rauz. Am Rasthaus vorbei hinunter zur Straße. Nach dem Gasthaus und dem Kiosk links hinunter und am Bach und der Schiabfahrt entlang bis Stuben.
Die Trasse der alten Straße ist zwar auch begehbar, aber etwas schwieriger und länger: von der „Alpe Rauz" etwa 300 m in Richtung Lech, dann nach links abbiegen und mehr oder weniger direkt unter der Hochspannungsleitung den steilen, verwachsenen und kaum noch sichtbaren Abschnitt der alten Straße nach Stuben hinunter. Im Mittelalter konnten die Fuhrwerke dieses Wegstück nur mit Vorspann bewältigen.

Stuben – Klösterle (ca. 1 Std.)

Von Stuben führt an der linken Bachseite ein Wanderweg talauswärts, der vor Langen in die alte Straße mündet. Noch vor der neuen Straße führt ein Wiesenweg nach links hinunter in Richtung der großen Wohnhäuser. Von dort geht es zurück zur Straße, in die wir unterhalb des Bahnhofs münden, die wir aber vor der Bahnunterführung nach rechts hinauf wieder verlassen, wo wir auf einen Weg stoßen, der uns nach Klösterle bringt. Es wird berichtet, daß man jetzt auf der stillgelegten Trasse der Eisenbahn nach Klösterle gelangt, vom Bahnhof führt ein Steig in den Ort.

Klösterle – Dalaas (ca. 2 Std.)

Am Weg an der Alfenz talauswärts und unter der Schnellstraße hindurch. Gleich darauf hört der Weg auf bzw. führt über die Schnellstraße (Brücke) nach Innerwald hinein. Auf der alten Bundesstraße nach links (W) bis zum Info-Büro. Gleich danach rechts ab in die „Obere Gasse" und weiter Richtung Dalaas (später Schild). An der Kirche vorbei, der Asphalt hört auf, und auf einer Forst-

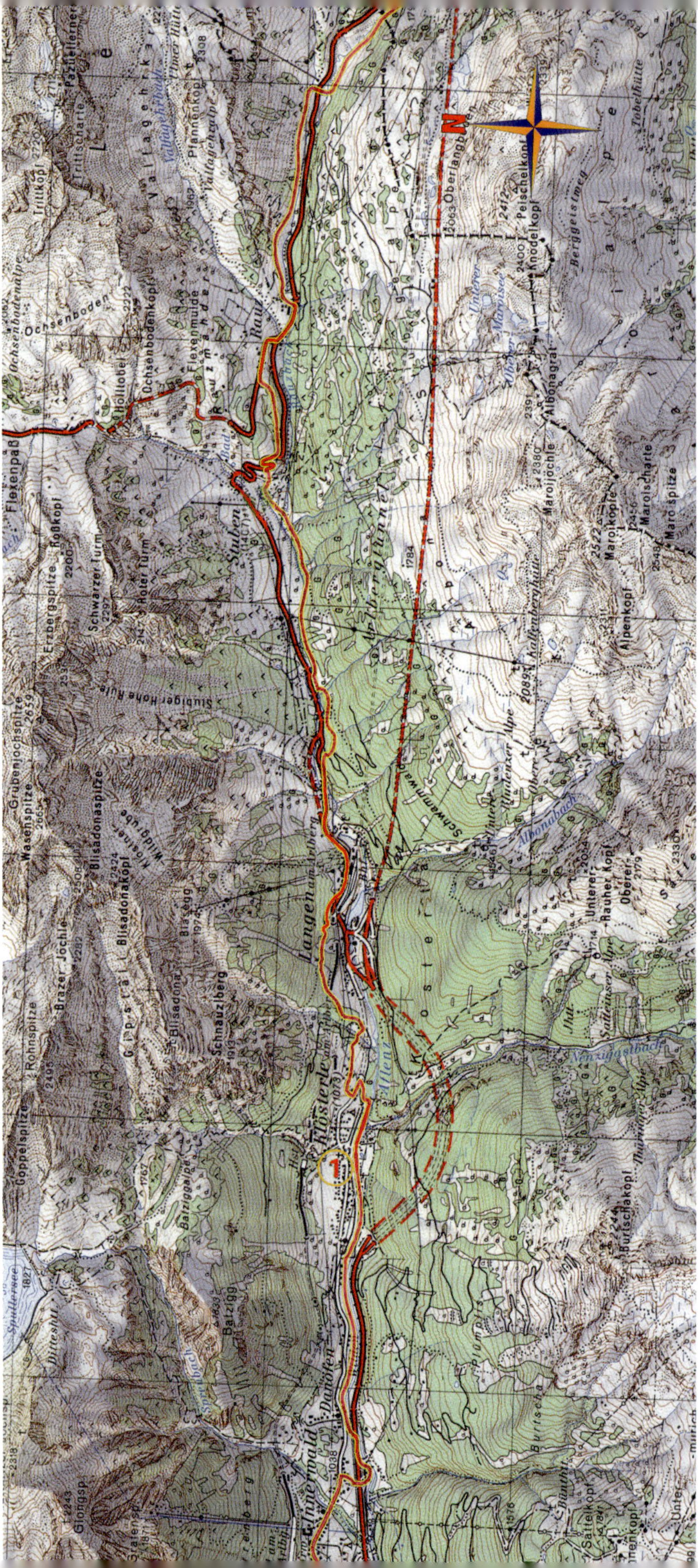
N
Flexenpaß
Stuben
Langen am Arlberg
Klösterle
Danöfen
Alfenz
Albonagrat
Maroijöchle
Maroispitze
Spullersee
Arlbergtunnel
1

straße durch den Wald bergab. Bei der Kreuzung im Wald geradeaus auf der Bundesstraße ca. 100 m bis zur Linkskurve, dort geradeaus. Unterhalb der Straße beginnt neben einem Haus der „Klostertaler Römerweg“ (Schild).
An zwei Kapellen vorbei, immer rechts der Alfenz bleibend. Gleich nach der zweiten Kapelle (hinter einem Bauernhof) beginnt ein Pfad, der praktisch auf dem Dalaaser Tunnel der Schnellstraße verläuft. Danach wird die Straße gekreuzt, die nach Dalaas hinaufführt. Geradeaus, links um ein Haus herum, dann zwischen Fluß und Sportplatz talauswärts. Erst bei der übernächsten Brücke (Schild „Römerweg“) führt der Weg auf die andere Flußseite zur Bundesstraße. (Geradeaus führt kein Weg weiter.)

Dalaas – Radin (ca. 2 Std.)

Die Bundesstraße überqueren, schräg nach rechts bergauf (Schild) und nach ca. 10 Minuten bei einer Gabelung rechts. Geradeaus dem Schild „Wandergebiet“ folgen. Der Weg ist hier gut gelb-weiß markiert und führt der Hochspannungsleitung entlang, später bergab zurück zur Alfenz (Steg). Knapp vor dem Steg eine Forststraße überqueren (auf Markierung achten!).
Nach dem Steg muß die Bundesstraße überquert und die Schnellstraße unterquert werden. Ein wunderschöner Weg führt rechts der Alfenz nach Mühleplatzl (Kapelle, Ortsschild Braz).
Beim Ortsschild Braz nach links über die Schnellstraße, gleich danach nach rechts (Schild „Garvil, Au-Brücke“). Auf dem „Ehalbweg“ bis zum Wehr und dort zurück auf die rechte Flußseite nach Radin. (Auf halbem Weg nicht über die Brücke, sondern auf der linken Flußseite bleiben – Schild „Radin!“).

Radin – Bludenz (ca. 1 Std.)

In Radin auf einer Brücke über die Schnellstraße, gleich darauf die Eisenbahn überqueren und hinauf zur Bundesstraße. 300 m nach links, gleich nach dem Bach rechts hinauf (Schild „Bludenz“) bis zu einem Bauernhof und dort links

Arlbergpaß, alte Paßstraße (links)

ab auf den kleinen Sattel zu („Gasünd“). Vom Sattel führt eine Forststraße, später asphaltiert, bergab. Wir kommen durch den Ortsteil Rungelin und an seiner kleinen Kirche vorbei hinunter nach Bludenz. Am Talboden hält man sich rechts in Richtung Sportplatz und Zentrum.
(Von Radin auf der alten Straße geradeaus weiter kämen wir gleich zur St. Leonhardskirche mit den Pilgergrafitti an der östlichen Außenwand.)

STUBEN ist der letzte Ort auf der Vorarlberger Seite des Arlberges. Von hier stieg früher – Reste sind noch zu sehen – die steile und extrem gefährliche Flexenstraße in engen Kehren direkt den Nordhang hinauf. Stuben ist der Geburtsort des berühmten Schipioniers Hannes Schneider.

- *Hotel Sportcafé Arlberg, Tel. 05582/521*
  (Für durchreisende Pilger gibt es gratis Tee oder „Pilgerwasser", für Übernachtung 30 Prozent Ermäßigung, und Einheimischenpreise auf Speisen!)

KLÖSTERLE. Schon 1218 wurde hier ein Hospiz der Johanniter ① gebaut. Dies beweist, daß der Arlbergpaß schon vor dem Bau der Saumstraße von Pilgern

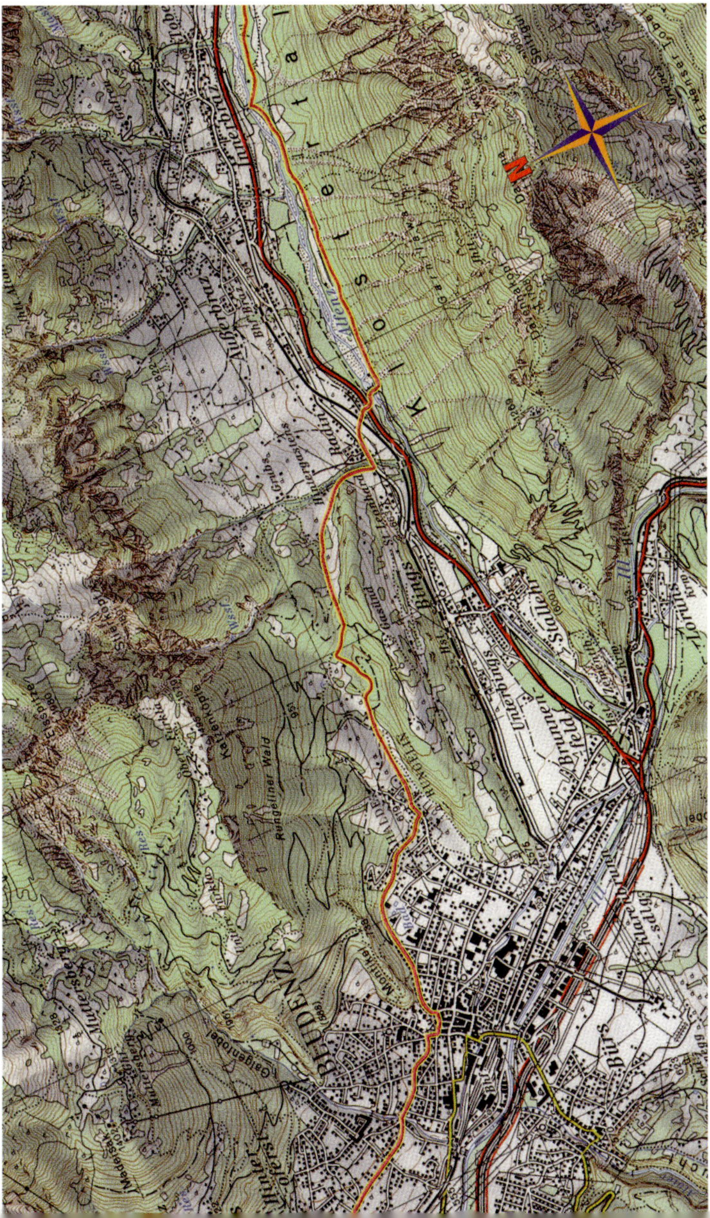

begangen wurde. Die Pfarre ist seit 1332 urkundlich belegt. Die Kirche zum hl. Johannes d. T. wurde nach den Plänen von Clemens Holzmeister 1976 fertiggestellt, der Turm stammt noch von ihrer barocken (1660) Vorgängerin.
- *Berghaus Kessler, HNr. 58a, Tel. 05582/688*
- *Haus Pfeifer, HNr. 57b, Tel. 05582/624*

WALD AM ARLBERG
- *Bauernhof Johann Jenny, Wald 37, Tel. 05585/7257*
- *Gertrud Beutel, Wald 92, Tel. 05585/7504*
- *Georg Gantner, Wald 13, Tel. 05585/7338*

DALAAS hat sich aus einer Bergwerkssiedlung entwickelt, die schon um 1300 bestanden hat. Die ursprünglich gotische Pfarrkirche, von der der Chor noch erhalten ist, wurde 1792 barockisiert. Besonders sehenswert sind der Barockaltar und die Rokokokanzel. An der Bundesstraße steht die Filialkirche zum Heiligen Kreuz (1746).
- *Roswitha Fritz, HNr. 48, Tel. 05585/7642*
- *Isolder Rein, HNr. 46, Tel. 05585/7797*

BRAZ. Wer nicht den Wanderweg am linken Alfenzufer benützt, sondern auf der Arlbergstraße bleibt, die durchs Dorf führt, kann die gotische Pfarrkirche zum hl. Nikolaus (1501) besuchen, die Ende des 18. Jahrhunderts barockisiert (Deckenfresken von 1774) und im 19. Jahrhundert erweitert wurde.
Wer in Braz übernachten will, muß auf der rechten Seite der Alfenz bleiben.

RADIN
- *Hermine Küng, Oberradin 6, Tel. 05552/31770*
- *Brigitte Schwarzhans, Oberradin 1, Tel. 05552/31921*

BLUDENZ. 940 schenkte König Otto I. dem Bischof Waldo von Chur eine Kirche „in loco Plutenes“ (lat. palus = Sumpf). Schon 806 stand an diesem Ort vermutlich eine karolingische Kirche. Die erste Burg wurde im 13. Jahrhundert unter dem Grafen von Werdenberg-Montfort gebaut, 1391 wurde sie an die Habsburger verkauft (Ausdehnung des habsburgischen Herrschaftsbereichs über den Arlbergpaß!). Die Laurentiuskirche aus dem 14. Jahrhundert wurde nach einem Brand wieder aufgebaut (1491–1514) und im Barock (1742/43) verlängert.
- *H. Platzer, Rungeliner Straße 11a, Tel. 05552/68222*
- *A. Sapper, Austraße 67b, Tel. 05552/63060*
- *H. Laterner, Oberdorfweg 21 (Richtung Nüziders), Tel. 05552/62519*

MOUNTAINBIKEEIGNUNG: Es ist wohl das beste, bis Klösterle auf der Arlbergpaßstraße zu bleiben. Erst ab dort ist die Wanderroute wieder befahrbar, mit Ausnahme von Dalaas und dem steilen Anstieg nach Gasünd (vor Bludenz), wo das Rad geschoben werden muß.
ÖFFENTLICHER VERKEHR: Alle Orte sind mit Bus und ab Langen auch mit der Bahn erreichbar.

BLUDENZ – FELDKIRCH

24 km – ca. 6 Std.

Die letzte Etappe auf unserem Weg durch Österreich ist kürzer als die vom Vortag, aber es geht ja auch nicht mehr nur bergab, im Gegenteil, einige spürbare Steigungen erwarten den Pilger und die Pilgerin. Der Weg nach Feldkirch führt über den „Hängenden Stein", einen ins Tal hineinragenden bewaldeten Felsrücken, über den laut Hans Thöni die „echte" Römerstraße verlaufen ist. Wir befinden uns also durchaus wieder auf einem oder besser gesagt in großer Nähe eines tatsächlich historischen Weges. Einen Abstecher wert sind die Wallfahrtskirche von St. Martin in Ludesch und natürlich die Jakobskirche von Bludesch – ein Hinweis auf den Jakobsweg. Der Weg schlängelt sich am Nordrand des weiten Talbeckens zwischen Bludenz und Feldkirch und folgt somit vermutlich tatsächlich der Trasse der mittelalterlichen Wege. Auch auf diesem Teilstück sind die nicht asphaltierten Wege in der Überzahl, es ist ein feines Gehen. Zum würdigen Abschluß des „österreichischen" Jakobsweges empfiehlt sich der Besuch des bedeutendsten Marienwallfahrtsortes Vorarlbergs, der Basilika in Rankweil.

Bludenz – Ludesch (ca. 2 Std.)

Von Bludenz weg immer möglichst am Berghang entlang nach W, bis zur schon von weitem sichtbaren Laurentiuskirche. Um diese herum und auf der Straße nach Nüziders (Schild).

Nach der Kirche weiter nach W, sich leicht links haltend, beim Gasthof Krone rechts ab, dann geradeaus bis zum Gasthof Sonnberg am Ortsrand. Von dort führt ein Weg bergauf in den Wald (Schild „Ludesch", gelb-weiße Markierung). Bei einer Gabelung im Wald (rote Bank) rechts weiter, und nach einem Stück bergab (Rechtskurve) zweigt nach links der Wanderweg nach Ludesch ab (rot-weiße Markierung).

Der Pfad führt zuerst kurz bergauf und dann relativ steil hinunter nach Ludesch. Am Sägewerk am Ortsrand und unterhalb der Kirche St. Martin ① vorbei in den Ort hinein. Die gelb-weiße Markierung führt kurz auf einem Wiesenweg in Richtung Kirche. Über einen kleinen Platz (kleine Kapelle in der Mitte) und an der Schule vorbei zur Kirche.

Ludesch – Schlins (ca. 1 Std.)

Von der Kirche zur Hauptstraße und weiter über den Fluß nach Thüringen. Nach dem Ortsschild „Thüringen" rechts abbiegen („Alte Landstraße"), in den Ort hinein. Unterhalb der Kirche vorbei, bei der Kreuzung schräg nach rechts bergauf. Die erste Kehre über eine Stiege abkürzen, bei der zweiten Kehre geradeaus weiter, die gelb-weiße Markierung beginnt wieder. Wo der Asphalt aufhört, geradeaus (Schild „Jordan, Schlins"), gleich danach bei der Gabelung links (wieder Schild „Jordan, Schlins"). Nach ein paar Metern kommt man zum historischen Jordan-Hof.

Über Wiesen weiter zum Waldrand. Dort bei einer Gabelung links am Waldrand bergab, der Asphalt beginnt wieder, nach ca. 100 m bei einer Kreuzung nach rechts einen asphaltierten Güterweg bergauf (Schild „Schlins"). (Anm.: Nach links führt ein Weg hinunter nach Bludesch – Jakobskirche! ②)

Bei der nächsten Gabelung – der asphaltierte Güterweg führt bergab – nach links leicht bergauf in den Wald hinein. Der Asphalt hört auf, der Weg wird zur

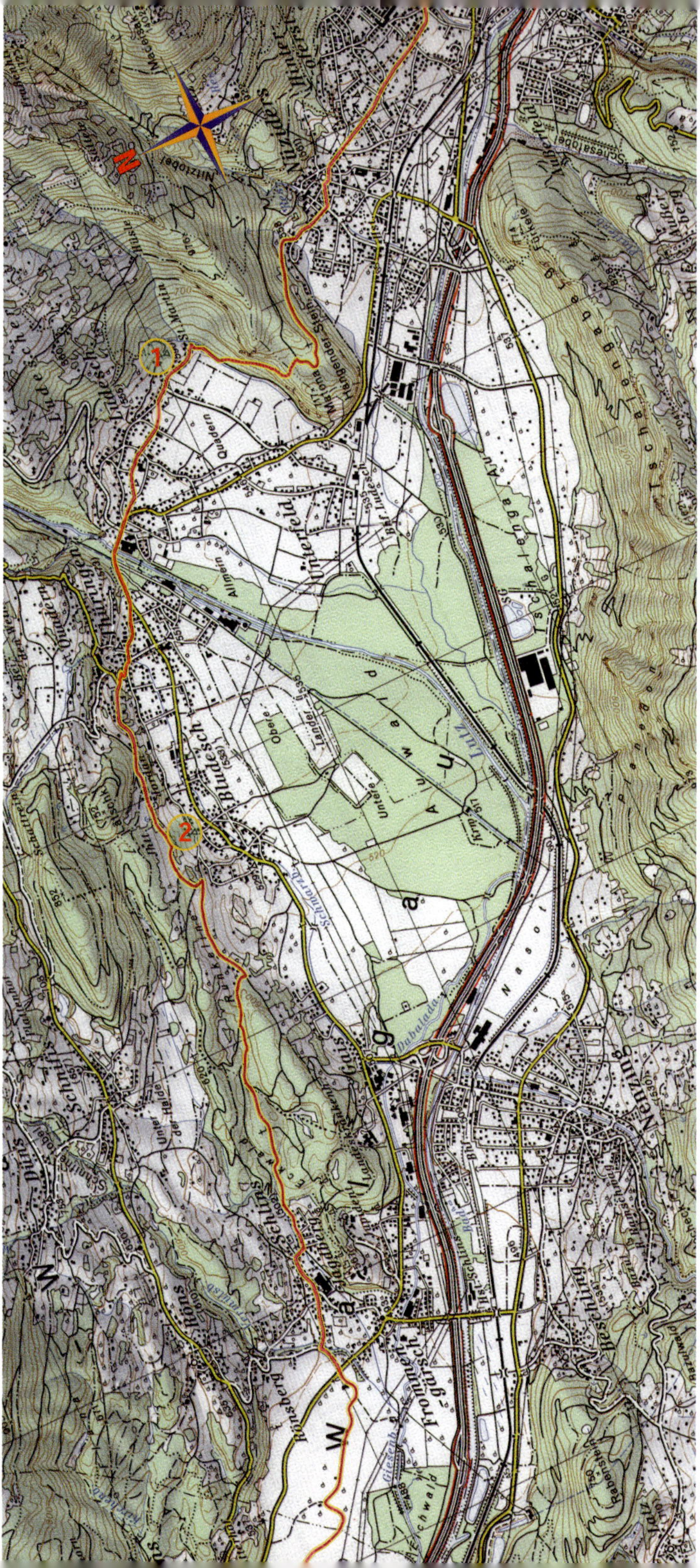

Bludesch
Unterfeld
Thüringen
Nenzing
Frommengärsch
Schlins
Gais

Forststraße, ist aber später wieder asphaltiert. Nach einer relativ steilen Links-Rechts-Kurve zweigt rechts ein Waldweg ab (Schild „Schlins, Fischweiher"), und in ca. 20 Gehminuten kommen wir am Weiher vorbei nach Schlins.

Schlins – Göfis (ca. 2 Std.)

Rechts an der Kirche vorbei, auf der Hauptstraße dorfaufwärts, nach ca. 100 m bei Gabelung rechts und unmittelbar danach links, hinaus bis zur Straße nach Röns. Bei der Kreuzung nicht nach Röns, sondern links hinunter zur Landesstraße. Diese überqueren (Kapelle), links um ein großes Bauernhaus herum, auf dem asphaltierten Güterweg nach W. Der Weg wird zum Wiesenweg, wird undeutlich. Zwischen zwei Pfostenreihen auf einen alleinstehenden Hof im W zusteuern, der Weg beginnt wieder. Am Hof vorbei; der asphaltier-

te Güterweg stößt auf eine kleine Straße, diese rechts weiter bis zur Kreuzung mit der Straße, die nach Satteins führt.
Die Straße überqueren und am asphaltierten Güterweg weitergehen. Am Kreuz vorbei, einen kleinen Bach überqueren, zur Landesstraße. Etwa 500 m nach W bis zur „Hauptmannkapelle", die an den 30jährigen Krieg erinnert. Dort zweigt eine kleine Straße nach Krist ab (Schild). Beim Kristhof (Schild „Göfis") geradeaus weiter, ca. 100 m auf Asphalt leicht bergab, dann bei der Gabelung rechts bergauf (Schild „Göfis Ortsmitte"). Auf einem Wanderweg, dann Forstweg, leicht bergab zur Straße nach Göfis. Diese hinauf bis zur Kreuzung, dort nach links weiter bergauf in Richtung Ortsmitte.
Hinweis: Die Basilika Rankweil ist vom Ortszentrum Göfis oder vom Bahnhof Feldkirch aus (am Fuße des südöstlichen Abhanges, vor den Geleisen, nach rechts) in rund einer Stunde erreichbar.

Göfis – Feldkirch (ca. 3/4 Std.)

Links an der Kirche vorbei und weiter auf der Straße in Richtung Feldkirch. Am Ortsende bei der Rechtskurve geradeaus in den Wald hinein. Vorbei an einer Kreuzigungsgruppe und durch den Wald zurück zur Straße nach Feld-

Schlins

kirch. Auf der Straße die Linkskurve bergab ausgehen. Gleich darauf führt ein kleiner Steig nach rechts steil bergab, der auf einen Weg stößt, der unterhalb der Straße parallel zu ihr verläuft. Schon ist der Bahnhof von Feldkirch in Sicht. Der Pfad wird zum breiteren Wanderweg (Schild „Bahnhof", „Friedhof"), der nach Feldkirch hinunterführt.

NÜZIDERS. Die Pfarre wird zum ersten Mal 881, dem Zeitpunkt ihrer Eingliederung ins Domkapitel Chur, erwähnt. Sie war die Mutterpfarre des gesamten Klostertales (Innerbraz, Dalaas, Klösterle), 1643 wurde sie dem Stift Einsiedeln übertragen. Die Pfarrkirche St. Viktor und St. Markus ist ein barocker Bau (17. Jh.) mit dem gotischen Chor der Ursprungskirche von 1485. Die romanische Vineriuskirche (mit Fresken aus dem 13. Jh.) ist vermutlich die älteste Kirche des Walgaues. Auf dem „Hängenden Stein" sind noch Reste der Burg Sonnenberg (13. Jh.) zu sehen, hier tagte das „Malefizgericht" des Walgaus.
• *Marlies Krippel (ohne Frühstück), St.-Viner-Straße 5, Tel. 05552/68349*

LUDESCH. Die neue Pfarrkirche zum hl. Sebastian ist ein barocker Bau, der 1640 geweiht wurde. Für Pilger interessanter ist die alte Pfarrkirche St. Martin (schon 842 urkundlich erwähnt) auf einer Anhöhe oberhalb des Dorfes, die einst Pfarrkirche für den ganzen südlichen Teil des Großen Walsertales war. 1480 wurde sie vergrößert, 1615 kam der Turm dazu. Neben dem spätgotischen Hochaltar ist das Fresko des hl. Christophorus an der Westwand sehenswert.
• *Martha Bobner, HNr. 409, Tel. 05550/3889*

THÜRINGEN. Auch hier erfolgte die erste urkundliche Erwähnung einer Kirche 842, 1322 ist der erste Pfarrer dokumentiert. Die heutige Kirche St. Stephan geht in ihren Ursprüngen auf das Jahr 1360 zurück, sie wurde baulich mehrfach verändert, bis sie schließlich Anfang des 18. Jahrhunderts stark barockisiert und 1721 neu geweiht wurde.
• *Annegret Burtscher, Herrengasse 70, Tel. 05550/2740*

BLUDESCH. Die Vorgängerin der heutigen Kirche zum hl. Jakobus dem Älteren wird schon 842 urkundlich erwähnt. Der barocke Neubau (1651) ersetzt die 1650 abgebrannte gotische Kirche. Der Pilgerapostel ist am rechten Seitenaltar zu sehen. Die Nikolauskapelle mit ihren Wandfresken von 1320 im Ortsteil Zitz gehört zu den ältesten Kirchen Vorarlbergs. In ihrem Gestühl haben sich Jakobspilger schnitzend verewigt.

SCHLINS. Schon um 821 stand hier eine dem hl. Hilarius geweihte Kirche. 949 ging sie in den Besitz des Stiftes Einsiedeln über, als eigenständige Pfarre besteht Schlins seit 1503. Die heutige Kirche Unsere Liebe Frau zur Unbefleckten Empfängnis ist ein 1699 geweihter barocker Bau mit einer Orgel des berühmten Orgelbauers Josef Bergöntzle. (Auch die Bludescher Orgel stammt von ihm.) Und in der St.-Anna-Kapelle können wir den hl. Jakobus sehen.
• *Irma Müller, E-Werk-Straße 7, Tel. 05524/8637*
• *Margarethe Lampert, Eichengasse 9, Tel. 05524/8431*

GÖFIS. Es wird vermutet, daß über den Sattel, auf dem der Ort liegt, eine Römerstraße führte. Spuren einer spätrömischen Befestigung weisen darauf hin. Die erste Kirchengründung fand 842 statt, der erste Priester ist urkundlich

1256 belegt. Die heutige Kirche zum hl. Luzius stammt von 1503, sie erfuhr aber wesentliche Veränderungen im 19. Jahrhundert. Sehenswert sind die Grödner Kreuzwegstationen von 1880, für Pilger ist auch die Darstellung des hl. Rochus in einer Seitenkapelle interessant.

FELDKIRCH. Alte Dokumente belegen eine karolingische Besiedlung im 9. Jahrhundert. Die heutige Stadt geht auf eine Gründung von Graf Hugo I. von Montfort (1218) zurück. Die Schattenburg (14. Jh.) diente 200 Jahre lang als Amtssitz der österreichischen Vögte. Es ist die größte und besterhaltene Burg Vorarlbergs. Heute beherbergt sie ein sehenswertes Heimatmuseum.
Die Stadt war im Mittelalter von einer Befestigungsanlage umgeben, von der mehrere Türme und Tore noch gut erhalten sind und ihr ein besonderes Flair geben.
Die erste Weihe der Stadtpfarrkirche St. Nikolaus erfolgte 1287, der heutige Bau wurde 1487 errichtet (der Chor wurde erst 1520 vollendet) und stellt eines der besten – und seltenen – Beispiele des Übergangs von der Spätgotik zur Renaissance dar. Für Pilger von Interesse ist die Heilig-Kreuz-Kapelle, die 1380 vom Grafen Rudolf IV. von Montfort zum Dank für die gesunde Rückkehr von einer Pilgerfahrt nach Jerusalem gestiftet wurde.
Zu guter Letzt sei noch die St.-Johannes-Kirche erwähnt, die 1218 von den Johannitern (siehe Klösterle!) als Ordenskirche gegründet wurde. Leider ist sie derzeit nur von außen zu besichtigen.

- *Jugendherberge (nur mit internat. Jugendherbergsausweis), Reichstraße 111, Tel. 05522/73181, passenderweise im im Jahre 1362 „als längst schon bestehenden Siechenhaus“ für Leprakranke untergebracht.*
- *TVB Oberland/Feldkirch, Herrengasse 12, Tel. 05522/73467*

Abstieg nach Feldkirch

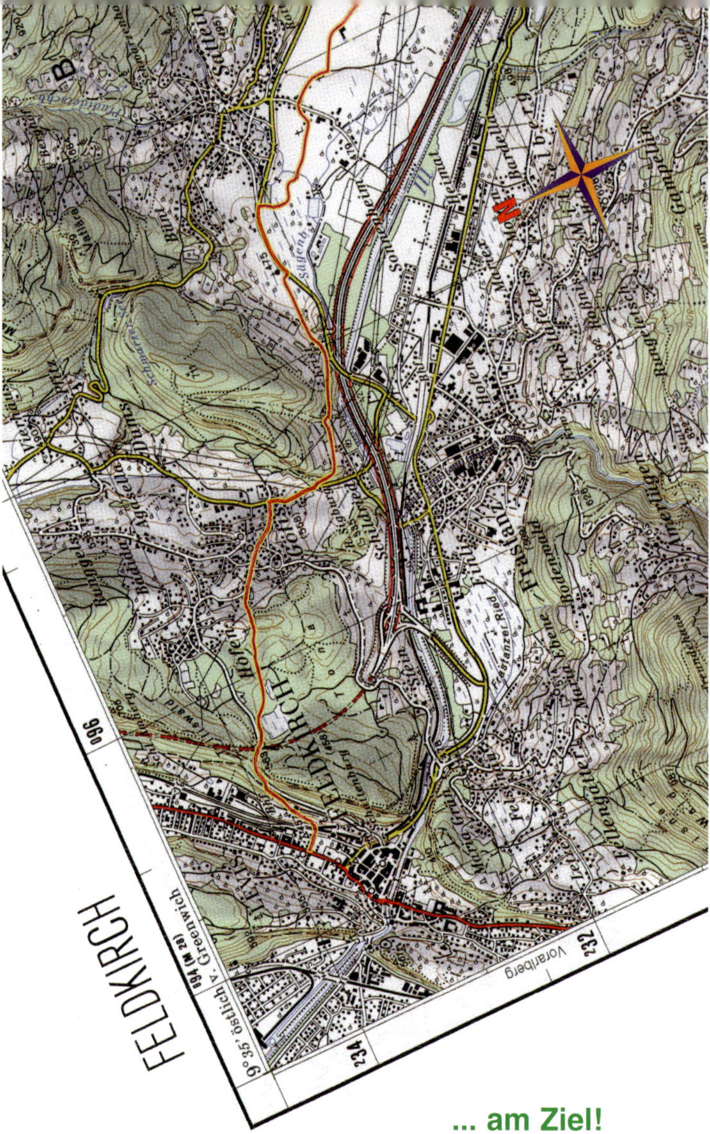

... am Ziel!

MOUNTAINBIKEEIGNUNG: Der Pfad vom „Hängenden Stein“ hinunter nach Ludesch ist nicht befahrbar. Es empfiehlt sich, im Tal zu bleiben und den „Hängenden Stein“ zu umfahren. Am Ende der Etappe sollte der Radfahrer, um hinunter nach Feldkirch zu gelangen, ein Stück länger auf der Straße bleiben, bis der breitere Wanderweg zum Friedhof und zum Bahnhof rechts abzweigt.

ÖFFENTLICHER VERKEHR: Alle Orte sind mit Bus erreichbar. Feldkirch ist ein wichtiger Bahnknotenpunkt mit Verbindungen nach Deutschland und in die Schweiz.

FELDKIRCH – MARIA EINSIEDELN

ca. 100 km – 3 Tage

*Wer den Anschluß an die historische „Obere Straß“ vollziehen will, muß für die etwa 100 Kilometer nach Maria Einsiedeln zusätzlich drei bis vier Tage einplanen. Der Weg führt zunächst von Feldkirch über Sargans entlang des Walensees nach Niederurnen. Von dort weg weicht er von der Route ab, welche die Pilger früher genommen haben. Sie gingen über Lachen weiter nach Pfäffikon und stießen dort auf die von Konstanz kommenden Pilger. Da der Weg von Niederurnen nach Pfäffikon durch äußerst dicht besiedeltes und befahrenes Gebiet verläuft und uns außerdem einen großen Bogen schlagen ließe, beschreibe ich einen direkteren – und meiner Ansicht nach auch schöneren – Weg, der von Niederurnen über das Melchertli-Joch, Vorderthal und das Sattelegg nach Maria Einsiedeln führt. Die Strecke Feldkirch–Maria Einsiedeln wurde von mir bewußt als Anschlußstück recherchiert. Weil es bereits außerhalb des österreichischen Jakobsweges liegt, beschränke ich mich auf die Wegbeschreibung und die photographische Dokumentation. Als Karten empfehle ich die Blätter **237 „Walenstadt“** und **236 „Lachen“** des Eidgenössischen Bundesamtes für Landestopographie.*

Feldkirch – Sargans (31 km, ca. 7½ Std.)

Für die 7 km vom Bahnhof Feldkirch bis zum Bahnhof Nendeln müssen wir die Hauptstraße benützen, denn es gibt keine Alternative, die nicht gleichzeitig auch einen riesigen Umweg bedeutete. Freilich kann man auch mit der Bahn nach Nendeln (oder gleich bis Schaan) fahren.

Vom Bahnhof Nendeln gehen wir auf der Straße parallel zu den Geleisen nach SW, bis sie einen Knick im rechten Winkel nach NW macht und auf einen baumgesäumten Güterweg zuführt. Diesem folgen wir nach S und stoßen wieder auf die Geleise, denen wir nach SW folgen. Wir kreuzen die Schienen und gelangen auf die Hauptstraße, auf der wir Schaan durchqueren.

Nach der ampelgeregelten Kreuzung (Straße nach Buchs) biegen wir bei der zweiten Straße nach rechts, genau nach W ab und kommen zum Rhein. Stromaufwärts gelangen wir zu einer Brücke und wechseln ans andere Ufer. Eine weitere Brücke führt uns über die Autobahn, und gleich darauf kommen wir zum Wertenberger Binnenkanal, dem wir stromaufwärts folgen. Wo er eine Rechtskrümmung vollzieht, bleiben wir auf dem Feldweg geradeaus, der

Jakobskirche Flums

dann ziemlich genau nach S führt und schließlich, asphaltiert, in einer Rechtskurve auf die Bahnlinie zusteuert. Die Bahn wird überquert, und wir kommen in den kleinen Ort Weite. Die etwa 3 km bis zum nächsten Ort Trübbach müssen wir auf der Straße gehen, ebenso den ersten Kilometer nach dem Ort, bis wir nach links auf einen parallel zu den Schienen verlaufenden Weg gelangen. Bei der nächsten Gelegenheit überqueren wir die Geleise und einen Kanal. Diesem folgen wir bis zur Straße, die uns nach Sargans bringt.

Sargans – Flums (10 km, ca. 2½ Std.)

Von Sargans nach Heiligkreuz gehen wir wieder auf der Straße (von Kirche zur Kirche etwa 25 min). Dort nehmen wir nicht die recht frequentierte Straße, die zwischen dem Ort und der Autobahn verläuft, sondern durchschreiten den Ort, an dessen Ende wir – wieder auf der Hauptstraße – nach links (SW) abbiegen, um Eisen- und Autobahn zu überqueren. Auf einer parallel zur Autobahn verlaufenden kleinen Straße gehen wir weiter nach NW, stoßen nach einem bewaldeten Hügel (rechts) auf die Seez und gehen ihr entlang. Auf der von rechts kommenden Straße, die über den Fluß führt, gehen wir links nach Flums hinein. Wir durchqueren den Ort in westliche Richtung und gelangen zur Brücke über den Schils-Bach. In der spätromanischen Pfarrkirche St. Justus entdecken wir Reste der karolingischen Vorgängerkirche. Sehenswert sind v. a. die Fresken im Chor (1452) und das Sakramentshäuschen (1488).
Von der romanischen Jakobskirche (um 1100) am Hang oberhalb von Flums ist noch der Chor mit dem ältesten Glasgemälde der Schweiz (um 1140, das Original befindet sich im Schweizerischen Landesmuseum) erhalten. Das spätgotische Langhaus wurde um 1450 errichtet.
Übernachtungsmöglichkeit im Café Stähli, Tel. 0041/(0)81/7331153

Flums – Escherkanal (24 km, ca. 6 Std.)

Wir überqueren den Bach und gehen auf der Straße in Richtung Burg Gräpplang (N). In einem kleinen Gehölz führt die Straße über einen Bach, und gleich danach, bei einem Wegkreuz, zweigt nach links der Weg hinauf zur Jakobskirche ab. Dieses romanische Kleinod ist ein rares Indiz für die Existenz einer Verbindung Feldkirch–Maria Einsiedeln im Mittelalter. Auf dem gleichen Weg gehen wir zurück zur Straße, umgehen die Burg und halten uns auf dem Forstweg am Waldrand in Richtung Westen. Wenn wir Pech haben, ist der Weg wegen Schießübungen der Schweizer Armee gesperrt, und wir sind zu einem Umweg von etwa 2½ km (gelbe Schilder „Mols“) gezwungen. Wenn der Weg frei ist, bleiben wir am Waldrand und steuern, leicht bergauf, auf den Sattel vor uns zu. (Vor dem Sattel stößt die Umleitung wieder auf den Weg.) Nach dem Sattel gehen wir im Wald ein kurzes Stück bergauf, dann bergab bis zu einer Gabelung. Wir folgen nicht dem gelben Schild „Wanderweg“ bergauf, sondern verlassen den Wald bergab und kommen an einem Bauernhof vorbei auf einen Güterweg. Dieser führt über die Autobahn und hinunter nach Mols am Walensee. Über einen Fußweg oberhalb der Kirche kürzen wir den Weg zum See ab. Unten angelangt, gehen wir auf der Straße ein Stück nach W, unterqueren beim Bahnhof Mols die Schienen und gelangen zum „Seepfad“ für Radfahrer und Fußgänger. Diesem folgen wir in westliche Richtung, an Unterterzen, Murg und Mühlehorn vorbei, bis Mülital. Dort trennen sich Rad- und Wanderweg bis zum Restaurant Walensee. Ab dem Restaurant nehmen wir den Radweg, der am Ufer und parallel zur Straße verläuft. Knapp

am Seeufer, teilweise durch Tunnels, kommen wir am westlichen Seeschluß zum Escherkanal. (Zur Übernachtungsmöglichkeit im Frankiskanerkloster Mariaburg in Näfels, Klosterweg 10, Tel. 0041/(0)55/6122818, gelangen wir, indem wir am Escherkanal weiter flußaufwärts bleiben.)

Übernachtungsmöglichkeit in Quarten: Bildungs- und Ferienzentrum Neu-Schönstadt, Tel. 081 7391818

Übernachtungsmöglichkeit in Murg: Frau Anita Giger, Strandboden, Tel. 081 7381632

Escherkanal – Niederurnen (6 km, ca. 1½ Std.)

Wir folgen dem Kanal flußaufwärts und gehen unter der Eisen- und Autobahn durch bis zur nächsten Brücke. Auf dieser überqueren wir den Kanal und halten uns in NW-Richtung. Wir kommen an einer Schweinefarm vorbei (der Geruch hilft uns bei der Orientierung), gehen eine Rechts- und eine Linkskurve der Straße aus und bei der Straßenkreuzung geradeaus weiter. Fast parallel zur Autobahn gelangen wir zur Straße, die rechts von Weesen kommt. Auf dieser gehen wir nun etwa 150 m nach links, dann gleich wieder nach rechts. Wir sind jetzt auf der Straße, die über die Schnellstraße nach Glarus und die Eisenbahn gerade nach Niederurnen hineinführt.

Niederurnen – Chratzerli (17 km, 4½ Std.)

Vom Zentrum von Niederurnen verläuft die Hauptstraße nach links, während nach oben zwei kleinere Straßen abzweigen. Wir nehmen die rechte (rechts vom Brunnen) und gehen auf der orographisch rechten Bachseite bergauf. Die Straße wird steiler, führt an einem kleinen E-Werk vorbei und bleibt bis „Morgenholz" sehr steil. In diesem steilen und anstrengenden Anstieg bewältigen wir 600 Höhenmeter, so viele wie noch nie in einem Stück auf der ganzen Strecke seit Hainburg! Wir bleiben auf der bergwärts führenden Straße und folgen der Beschilderung „Morgenholz, Bodenberg", und am Talschluß „Melchertli-Grat". Ab Morgenholz wandern wir in einem wunderschö-

Am Satteleck

nen Hochtal (mit zahlreichen Biwakmöglichkeiten). Die Abzweigungen links und rechts werden nicht beachtet. Der Weg führt bis zum Grat (1424 m) durch den Wald. Von dort gelangen wir über sumpfige Almwiesen zur Groß-Feldredertenalm, wo wir uns nach links wenden (Schild „Ramseli“). Nach einem kurzen Anstieg über eine Kuppe senkt sich der Pfad hinunter zur Steinschwantlialm. Von dieser geht es weiter bergab, aber wir halten uns eher links am Hang, die Markierung ist ziemlich undeutlich. Im Wald wird der Pfad wieder deutlicher und bringt uns hinunter zur Ramselialm, schon fast 400 Höhenmeter unterhalb des Melchertli-Grates. Von dort bleiben wir etwa 1½ Std. auf der talauswärts führenden Schotterstraße (Schild „Vorderthal“). Die Straße macht einen großen Bogen nach NW-W und stößt auf die nach Vorderthal führende Straße, der wir für etwa 500 m nach S folgen. Wir sind im zu Vorderthal gehörenden Ortsteil Chratzerli.

Chratzerli – Maria Einsiedeln (14 km, ca. 3 Std.)

Bei der Abzweigung der Straße nach rechts auf das Sattelegg beginnt die zweite große Steigung des Tages. Diesmal sind es etwas mehr als 450 Höhenmeter, die uns von den 1190 m des Satteleggs trennen. Gleich nach der Brücke über die Wägitaler Ach, den Abfluß des Wägitaler Sees, gehen wir ein kurzes Stück auf der alten Straße nach Siebnen nach rechts, biegen aber gleich auf die alte Satteleggstraße (Schild) nach links ab. Sie ist fast bis zum Sattelegg begehbar, und wir ersparen uns das mühsame Wandern auf der vielbefahrenen neuen Paßstraße, die außerdem um einiges länger ist. Die neue Paßstraße wird dreimal gequert, bei der ersten Weggabelung im Wald halten wir uns rechts (bergauf) und bei der darauf folgenden links. Der Weg verläßt den Wald und führt – schwach zu sehen – über den Almboden zur Aschenaualm und weiter zur – rechts oberhalb zu sehenden – neuen Paßstraße. Die letzten 1½ km bis zur Paßhöhe legen wir auf ihr zurück, weitere etwa 3 km müssen wir auch bergab auf ihr bleiben. Bei der Stelle, wo die Straße parallel links vom Bach verläuft, verlassen wir sie nach rechts und folgen dem Schild „St.-Wendelin-Kapelle“. Wir überqueren auf einem Steg den Bach, gelangen über Almwiesen zur Kapelle (wunderschöner schattiger Rast-

St.-Wendelin-Kapelle

und Jausenplatz!) und von dort wieder zurück auf die Straße. Auf ihr erreichen wir in knapp 5 min den Ortsanfang von Willerzell am Sihlsee. Bei der Kreuzung gehen wir geradeaus (Schild „Sackgasse") weiter bis zum See. Uns rechts haltend kommen wir zur Straßenbrücke, die den See in nicht enden wollenden, schnurgeraden 1,1 km überquert. Am anderen Ufer gehen wir auf der Straße bergauf in Richtung Maria Einsiedeln (Schild). Vom Ortsteil Birchli führt nach links ein Wiesenweg (Schild „Kloster") direkt zur Abtei hin. Noch die letzte kleine Steigung, und die großartige Klosteranlage liegt vor uns.
Pilger, die im Mittelalter das Kloster zum ersten Mal zu sehen bekamen, wußten, daß sie nun gut aufgehoben waren. Ab Maria Einsiedeln befanden sie sich auf der „Oberen Straß", einem der zwei wichtigsten „Zubringer" aus dem deutschsprachigen Raum zu den zwei südlichen französischen Jakobswegen, der „Via Tolosana" (von Arles bzw. St.-Gilles) und der „Via Podensis" (von Le Puy im Zentralmassiv). Wir können uns entscheiden, ob wir, jetzt, wo wir doch so gut bei Fuß sind, gleich weitergehen, oder ob wir – der Urlaub neigt sich seinem Ende zu – nur noch die paar Schritte zum Bahnhof von Maria Einsiedeln gehen und wieder in den zivilisierten Alltag zurückkehren. Auf jeden Fall haben wir ein wunderschönes Stück Mitteleuropa hinter uns gebracht.

MARIA EINSIEDELN. Die Benediktinerabtei wurde 934 über der Zelle des 861 ermordeten Einsiedlers Meinrad gegründet. Unter Otto I. wurde sie zum Reichskloster ernannt und spielte bei den Klosterreformen des 10. und 11. Jh. eine wichtige Rolle. Im 13. Jh. fand ein Patroziniumswechsel von St. Salvator zur hl. Maria statt (aufbauend auf der Legende von der Engelweihe, Festtag ist der 14. September). Seit dem 14. Jh. ist die Abtei nicht nur *der* Sammelpunkt der Jakobspilger aus dem Süden und Osten Mitteleuropas, sondern Wallfahrtsort von europäischer Bedeutung. Zwischen dem 14. und 29. September 1466 wurden 130.000 (!) Pilgerzeichen verkauft, die Pilger kamen sogar aus Skandinavien. Heute besuchen den Ort etwa 150.000 Pilger jährlich. *Unterkunft, falls nicht im Kloster, im Hotel St. Josef am Hauptplatz.*

Maria Einsiedeln

ORTSVERZEICHNIS

(Postleitzahl bei den Orten, in denen Quartiere angegeben sind)

ADRESSEN

Österreich:

- *Österreichische Jakobusgesellschaft, Peter Lindenthal*
  Großvolderbergstraße 16a, 6111 VOLDERS
  Tel./Fax: 05224/56339

- *Jakobusgemeinschaft Salzburg, Adelbert Pointl,*
  Tegetthoffstr. 4, 5071 WALS bei SALZBURG
  Tel. und Fax 0662/855365

- *Jakobsgemeinschaft Innsbruck, Franz Lair*
  Domplatz 6, 6020 INNSBRUCK
  Tel. 0512/583902, Fax: Durchwahl 17

Deutschland:

- *Deutsche St. Jakobusgesellschaft e.V.*
  Harscampstraße 20, 52062 AACHEN
  Tel. 0241/4790127, Fax 0241/4790222

- *St. Jakobsbruderschaft Düsseldorf e.V.*
  Rathausstraße 29, 42659 SOLINGEN
  Tel./Fax: 0212/815747

- *Jakobusgemeinschaft Rohrdorf*
  St. Jakobusplatz 3, 83101 ROHRDORF
  Tel. 08032/5252, Fax 08032/1216

Schweiz:

- *Schweizerische Vereinigung der Freunde des Jakobsweges,*
  Madeleine Blum
  Sonnengertenstraße 24, 8630 Rüti/Zürich
  Tel. 055/2406435

TYROLIA

www.tyrolia.at

3. Auflage

Peter Lindenthal

Nach Santiago – wohin sonst!
Meine Pilgerfahrt auf dem Jakobsweg
Die „Via Tolosana"

160 Seiten; 20,5 x 12,5 cm;
9 sw. Abb.; 2 Kartenskizzen;
Klappenbroschur
ISBN 978-3-7022-2344-1

„... sein neues, sehr persönliches Buch über seine zweimonatige Pilgerfahrt nach Santiago de Compostela ... beschreibt einen ebenso abenteuerlichen wie (im wahrsten Sinne des Wortes) bewegenden Fußmarsch von Arles in Südfrankreich bis Santiago, durch Regen und Schnee, durch physische und psychische Hochs und Tiefs."

Wiener Zeitung

„Sein Wandertagebuch ist packend geschrieben – und macht Mut, es selbst zu probieren ..."

Niederösterreichische Nachrichten

„Eine Pilgerreise bringt uns näher zu uns selbst und lehrt uns, zwischen wesentlich und unwesentlich zu unterscheiden."

Peter Lindenthal

TYROLIA-VERLAG

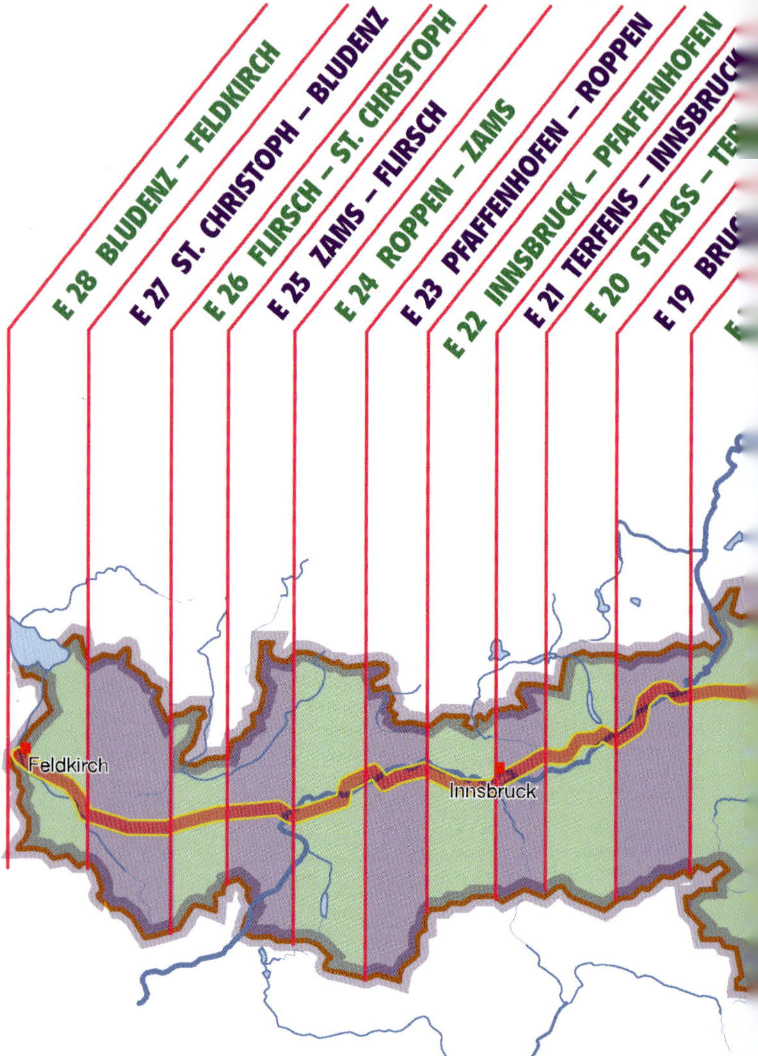
E 28 BLUDENZ – FELDKIRCH
E 27 ST. CHRISTOPH – BLUDENZ
E 26 FLIRSCH – ST. CHRISTOPH
E 25 ZAMS – FLIRSCH
E 24 ROPPEN – ZAMS
E 23 PFAFFENHOFEN – ROPPEN
E 22 INNSBRUCK – PFAFFENHOFEN
E 21 TERFENS – INNSBRUCK
E 20 STRASS –
E 19
Feldkirch
Innsbruck